페렐만의 신수사학

수사학총서 · 10

페렐만의 신수사학

—새로운 세기의 철학과 방법론

미에치슬라브 마넬리 | 손장권 · 김상희 옮김

Perelman's New Rhetoric
as Philosophy and Methodology
for the Next Century

Mieczyslaw Maneli

고려대학교출판부
KOREA UNIVERSITY PRESS

Perelman's New Rhetoric
as Philosophy and Methodology for the Next Century
by Mieczyslaw Maneli

저자 서문 및 감사의 말

이 책은 카임 페렐만Chaïm Perelman의 뜻을 받들어 내 나름대로 그의 철학과 방법론을 해석한 연구논문이지만, 개인적으로 그의 큰 도움을 받았다.

아까운 생애를 마치기 약 2년 전에, 페렐만 교수는 나와 나눈 사적 대화에서 일반 대중과 대학생이 활용할 수 있는 '신수사학New Rhetoric'에 관한 간명한 개설서를 한 권 낼 것을 제안하였다. 그는 나에게 자신의 논증이론에 관한 '지침서'를 만들어내는 데 도움을 아끼지 않겠다고 확약했다. 그러나 그는 여러 가지 이유를 들어 스스로가 자신의 이론을 보급하거나 선전하는 역할을 하고 싶지는 않다고 말했으며, 또한 어떤 "신념의 주창자主唱者"(그 자신의 표현에 따르면)가 되는 일은 하고 싶지 않다고 강조했다. 당시 나는 이미 신수사학에 대한 여러 편의 논문과 글을 발표한 상태였다. 또 많은 국내 및 국제 학술회의에 참가하면서 신수사학의 연구에 매달렸고, 유럽과 미국의 여러 학회에서 신수사학 이론을 적극적으로 지지하는 연구자의 한 사람으로 알려져 있었다.

나는 자신이 쓴 간행물들을 통해서 페렐만의 이론에 단계적으로 접근하게 되었으며, 마침내는 그것을 나 자신의 철학과 방법론으로 받아들였다. 특히 최근의 논저 《법실증주의와 인권*Juridical Positivism and Human Rights*》과 《자유와 관용*Freedom and Tolerance*》은 신수사학의 세계관으로부터 영향을 받은 것이다.

우리는 신수사학의 입문서를 어떻게 쓸 것인지에 관한 토론을 시작했으며, 구체적인 첫 개요를 잡는 일에 아무런 어려움을 겪지 않았다. 불행하게도 그의 죽음으로 인해 우리의 작업이 잠시 중단되었지만, 그 기간은 그리 오래 가지 않았다. 페렐만 교수의 부인 펠라 페렐만Fela Perelman 박사는 탁월한 재능과 천부적인 열정을 지닌 학자로서, 페렐만의 추모사업과 서구의 지적 유산에 대하여 대단히 헌신적이었으며, 페렐만 교수가 미완성으로 남겨놓은 작업을 지속적으로 추진하려고 노력했다. 그녀와 그녀의 딸인 노에미 페렐만 매티스Noemi Perelman-Mattis 박사는 정신적으로 나를 지원했으며, 또한 내가 이런 저런 어려움을 이겨내고 페렐만의 대작을 체계적이고 시대에 맞는 틀로 제시하려는 연구를 지속할 수 있게끔 분위기를 조성해 주었다.

나는 이 자리를 빌려 기 아르셰르Guy Haarscher 박사에게 감사를 드린다. 그는 내가 브뤼셀에서 얼마 동안 머물면서 자유대학The Free University의 강의를 맡을 수 있게 배려해 주었다. 그 결과 나는 페렐만이 작업했던 창의적인 분위기와 환경에 친숙해질 수 있었다.

페렐만의 동료였던 아르셰르 교수와 잉버Ingber 교수는 자신들이 지니고 있는 깊은 통찰력으로 신수사학의 기원과 발생 및 발전단계에 대해 나와 많은 대화를 나누었다. 그들의 호의와 조언 그리고 창조적 지적이 없었더라면, 나 자신의 지식은 편협한 수준에 머물고 말았을 것이다.

또한 이 저서의 자료수집, 편집 및 제반 준비과정에 카임 페렐만 재단이 재정적인 지원을 아끼지 않은 것에 대하여 감사한다. 미셸 메이에르Michel Meyer 교수는 출판사와의 협상에 큰 도움을 주었다.

페렐만 재단의 재정담당자인 라파엘 립스키Raphael Lipski 씨는 나와 많은 시간을 함께 하면서 페렐만의 인품과 그의 사회적 · 정치적 활동에 관한 기억을 들려주었다.

또한 사반세기 동안 나와 깊은 우정을 쌓아온 리처드 크레이머Richard Kramer 박사에게 특별한 감사를 드린다. 그는 이 원고 전체를 읽고 편집해 주었을 뿐만 아니라 많은 비판적 논평과 건설적 제안으로 나의 생각을 수정하고 보다 명확하게 표현하는 데 큰 도움을 주었다.

엘리자베스 프레비티Elizabeth Previti 부인은 본 저서를 비판적인 시각에서 읽어 준 첫 독자이자 편집자였다. MIT대학의 엘즈비에타 에팅거 초다코브스카Elzbieta Ettinger-Chodakowska 교수는 이 원고 전체를 읽고 자신의 견해를 들려주었다. 변함없는 도움과 정신적인 지지를 보내준 절친한 친구 스테파니 실버스Stephanie Silvers 부인에게 특별한 사의를 표한다.

말할 필요도 없이, 이 저서에 관련된 모든 잘못은 전적으로 나의 책임임을 밝혀둔다.

미에치슬라브 마넬리Mieczyslaw Maneli

▌저자의 다른 출판물

Freedom and Tolerance(1984, 1987)
Juridical Positivism and Human Rights(1981)
War of the Vanquished(1971)
History of Political and Juridical Ideas, 5 vols.(1963-1968)
Foundations of Political Science, 3 vols.(1967-1968)
Machiavelli : A Monograph(1968)
Art of Politics(1967)
The Functions of the State(1963)
The Activity of a Socialist State(1957)

서문

카임 페렐만의 저서는 전 세계에 잘 알려져 있다. 그는 브뤼셀 자유대학의 교수였으며, 현대사상에 크게 기여한 논증 이론과 정의正義의 개념을 발전시켰다.

그의 논증 이론은 철학적 · 도덕적으로 근본적인 문제, 즉 행위에 있어서의 이성의 사용이라는 문제를 제기하고 있기 때문에 지극히 중요하다. 인간은 행동하면서 방법과 가치를 선택한다. 그러나 문제는, 어떻게 인간이 이 목적들을 양립시킬 것인가에 있다.

전통적인 합리주의 형이상학이 원했던 것처럼 하나의 결정이 유일한 '진리'임을 증명하는 일이 가능하다면, 다른 나머지 가능성들은 오류 또는 불합리한 것이 되어버린다. 견해를 달리하는 사람에게는 그러한 것은 결국 객관적 증명의 타당성을 부정하는 결과를 초래하며, 따라서 그들의 견해는 전혀 중요하지 않게 될 것이다. 행위에 있어서의 이성을 '증명적' 개념으로 보는 견해는 결국 타인들의 생각에 대한 관용과 존중을 부정하게 될 것이다. 이렇게 된다면, 우리는 정의 및 참다운 삶과 관련하여 다만 참 진술과 거짓 진술이라는 두 극단적 경우에 직면하게 될 것이다.

페렐만이 거듭 말한 것처럼, 지금 시대에는 "누구도 참과 거짓에 대해 논쟁하지 않는다." 그는 도덕적이고 사회적인 삶은 너무나 복잡하고 미묘해서 그러한 추상적 대립으로 단순화되지 않는다는 사실을 알고 있었다. 그는 윤리학이나 정치학의 문제에 있어서 자신만이 진리를 소유하고 있다고 생각하는 사람들의 독단에 내포된 잠재적인 위험성에 대항해 전 생애에 걸쳐 투쟁하였다.

또한 페렐만은 앞의 위험과 매우 흡사한 또 다른 위험이 존재함을 강조한 바 있다. 즉 증명적인 이성이 인간의 문제에 적합하지 못하다고 하더라도, 어느 누가 도덕적 선택은 주관적일 뿐이고, 이성은 목적과 가치가 관련되어 있기 때문에 무력한 것이라고—실증주의자들이 주장하는 것처럼—결론내릴 것인가? 만약 그렇게 되면 현실의 삶이란 폭력과 야만적인 힘만이 지배하는 왕국과 동일하게 될 것이라고 페렐만은 주장하였다.

페렐만의 공적은 이러한 양자택일의 극단적 사고를 거부하고 이 문제에 대한 해결책을 제시했다는 점에 있다. 즉 우리는 어떤 선택이 다른 선택보다는 낫다는 점을 남에게 설득하도록(그보다 먼저 우리 자신을 설득해야 하겠지만) 해 주는 '올바른 이성'을 제시할 수 있으며 또한 마땅히 늘 그것을 제시해야만 한다. 그러나 이 올바른 이성에는 증명이 지니는 강제적 특성과 물리적 구속력은 전혀 없다. 그것들은 보다 융통성이 있으며, 덜 절대적이며, 보다 '중용적中庸的'이다. 그러므로 우리는 결코 자신이 행한 선택이 절대적으로 타당하다고 확신해서는 안 되며, 이는 곧 타자와의 대화를 통하여 우리가 '배울 수 있다'는 것을 의미한다.

페렐만은 아리스토텔레스 수사학에 대한 재해석을 통해 위와 같은 보다 약화된 합리성이라는 개념을 도출하였다. 이러한 맥락에서 우리는 페렐만에 의한 고대 논증 기술의 부활이 도덕 · 정치 · 방법론 · 철학 등의 분야에 왜 그토록 큰 영향을 끼쳤는지를 이해할 수 있다.

여기에 마넬리 교수가 등장한다.

페렐만은 그가 그렇게 원했던 철학적인 종합을 완성하지 못하고 1984년에 타계했다. 마넬리의 과업은 논증 이론의 철학적 결론을 이끌어 내는 것이었다. 그는 많은 중요한 저서들을 발간했는데, 그중 주된 업적으로 10여 년 전에 발간된 《자유와 관용》은 페렐만으로부터 그 가치를 높이 평가받은 바 있다.

마넬리는 《자유와 관용》에서 다원주의적, 민주주의적, 관용적 사회라는 개념에 철학적 근거를 제공하기 위해 이미 페렐만의 논증 이론을 활용하고 있다.

그렇기 때문에 카임 페렐만 재단이 마넬리 교수에게 '신수사학'과, 그리고 다양한 분야에서 신수사학이 갖는 일반적인 의미에 대한 저술을 집필해 달라고 요청한 것은 극히 당연한 일이다.

마넬리는 페렐만과 개인적인 친분을 가졌으므로, 그는 페렐만의 삶과 업적을 매우 긴밀한 방식으로 연결 지을 수 있었다(이 책의 제1장 '1. 페렐만의 정신적 퍼스낼리티' 참조). 마넬리는 특히 '신수사학'의 기원과 토대, 변증법과의 관계, 신수사학과 관련된 정치 · 도덕적 문제, 신수사학 이론에서 매우 중요하다고 여겨지는 법리적 요소, 그리고 무엇보다 신수사학의 휴머니즘적 성격들을 논의하고 있다. 이 책의 마지막 장은 마넬리의 연구 중 가장 창의적인 부분으로, 신수사학을 21세기를 위한 철학과 방법론으로 체계화하려는 시도라 할 수 있다.

마넬리는, 페렐만의 논증 이론이야말로 공산주의 퇴조 이후의 세계가 직면한 난관들을 극복해 보려는 오늘의 우리에게 필요한 논리라는 것을 보여 주려 하였다. 즉 한편으로는 헤겔주의적 마르크스주의자들의 변증법적인 합리성을 묵수하려는 합리주의자들의 교조적 태도 너머에, 다른 한편으로는 '포스트모던' 문화의 회의적 상대주의 너머에, 위에서 규정한 것과 같은 이성이라는 개념이 자리 잡을 수 있다는 것이다. 이성에 대한 이러한 다원주의적 관점은, 페렐만이 유대계로서 지녔던 지적 · 실존적 배경에 따른 정의 개념과 관계가 있다. 이러한 모든 문제들이 마넬리에 의해 놀랍도록 명쾌하게 다루어져 있다. 본인은 이 책이 신수사학에 관한 다양한 연구를 수행하는 모든 연구자들에게 그들이 필요로 하는 체계적 관점과 철학적 지침을 제공하리라 확신하는 바이다.

기 아르셰르Guy Haarscher

카임 페렐만 재단 사무총장

차례

제1장

서론—새로운 사상

1. 페렐만의 정신적 퍼스낼리티

카임 페렐만의 철학과 방법론에 관한 이 저작의 필자인 본인은 신수사학의 창시자인 페렐만과 서로 학문적 견해를 교환하고 인간적인 우정을 나눈 사이이다. 필자는 페렐만의 창조적 사고와 그가 내린 결론으로부터 큰 영향을 받았다.

최근에 내가 발표했던 연구물들은 '신논증이론'[1)]의 관점에서 작성된 것들이다. 그러나 창조적 방법론의 관점에서 연구를 수행하기 위해서는, 주제가 직면한 새로운 환경과 요구에 따른 방법론과 철학을 개발해 내지 않으면 안 된다. 나는 이 일을 페렐만의 생전에 이루고자 노력했으며, 나의 두 논저인 《법실증주의와 인권》과 《자유와 관용》에 대해 그가 보여준 호의는 나에게 더할 나위 없는 격려가 되었다.

기실 우리는 동 · 서구의 모든 이데올로기들이 무너지고 있는 시대에 살고

---

1) 페렐만의 '신수사학'은, 그동안 수사학 영역에서 등한시되었던 논증을 아리스토텔레스의 이론에 기초하여 새롭게 부활시키려는 시도라고도 볼 수 있으며, 이로써 그의 '신수사학'은 '신논증이론'으로도 불린다(옮긴이).

있다. 우리는 '사회주의'의 붕괴를 목격했으며, 마찬가지로 자유주의와 족쇄 풀린 자본주의의 붕괴도 목격했다. 지난 두 세기 동안의 모든 이상들은 그 근간에서부터 개조되어야 한다. 사회적 · 정치적 이데올로기에 절대적 진리는 없다는 카임 페렐만의 예지는 사실로 확인되었다. 한편 우리는 어떠한 정치철학과 사회정치체제에서라도 진리와 휴머니즘적 진보 및 자유, 그리고 관용의 요소들을 모색해야만 한다.

신수사학은 그 창시자가 생존했던 시기, 즉 독단적 견해와 사상 그리고 정치적 표어가 무비판적으로 난무하던 냉전 시대보다 그의 타계 이후, 보다 중요시되었고 비중 있는 화두로 떠올랐다.

페렐만의 철학과 방법론은 사고와 행동에 있어 새로운 방식과 함께 모든 정치 · 사회 · 법 제도에의 새로운 비판적 접근 방식을 정교히 다듬어 내는 일을 도와주는 하나의 도구이다. 또한 이것은 동 · 서구 어느 곳에서나 통용될 수 있는 도구이기도 하다. 우파와 좌파, 진보와 정의, 인권과 프라이버시, 국가권위와 내적 자율성과 같은 전통적인 구분은 광범위하게 수정되어야 한다. 신수사학이야말로 이 같은 새로운 접근 방법을 모색하는 데 있어 현재 가장 견실한 방법인 것이다.

민주주의가 내면화된 우리 시대의 모든 사람들에게 페렐만의 철학과 방법론은 참으로 중요하다. 거기에는 보편성과 아울러 그 자신이 물려받은 유산에 대한 아주 특별한 애정이 결합되어 있기에 그가 이룩한 공헌은 높이 평가되어야 한다. 그는 벨기에에서 주로 활동하였으나, 또한 뉴욕, 예루살렘, 바르샤바, 그리고 파리에서 강연하는 일도 하나의 명예로 여겼다.

페렐만이 지녔던 폴란드어 소양과 탁월한 폴란드 문어文語 구사력, 또한 폴란드의 자유주의 성향의 인본주의 철학자 타데우즈 코타르빈스키Tadeusz Kotarbinski와의 정신적 교류, 그리고 폴란드 논리학회와 맺었던 관계들도 또한 중요하다. 이 모든 것들은 페렐만의 시각을 제한하지 않았고 도리어 그의 보편적 관점에 특수한 요소들을 덧붙여주었다.

페렐만을 폴란드계 유대인이라 부르고 싶어 한다면, 이는 다만 노벨상 수상자 체슬라프 밀로즈Czeslaw Milosz가 말했던 다음과 같은 의미에서일 것이다. 즉 그는 유대계 유럽 지식인이라는 특별하고도 독특한 범주에 드는 사람으로 다른 모든 유대인과 비유대 지식인 그룹과는 구분된다.

사실상 그는 벨기에의 애국자로서, 외국인을 만나기만 하면 항상 벨기에에 대한 자신의 정신적 유대를 강조하는 사람이었다. 그는 의식적으로 모든 편협한 민족적, 계급적인 장벽을 극복하려고 노력했다. 그는 '인간적인 사람'이 되길 원했고 '너무나 인간적인 사람'이 되기를 원했다. 그 목표를 향해 그는 매우 모범적으로 노력했고, 동시에 그 노력은 놀랄 정도로 서구적이며 코스모폴리탄적이었다. 그는 한 나라의 선구자를 넘어 세계적으로 인정을 받았다.

현대철학과 사회과학에 끼친 페렐만의 공헌은, 통상적으로 20세기 후반을 풍미했던 서구 전통 및 지적 풍토와 관련해 평가되어야 한다.

물론 페렐만이 단순히 아리스토텔레스의 생각들을 되살린 것만은 아니다. 그는 그런 경지를 훌쩍 뛰어넘었다. 그는 잊혀졌던 옛날의 지혜를 부활시키고, 새로운 갈등과 대립의 관점에서 그것을 제시하면서 늘 혁신과 큰 진전을 이루었다.

어찌 보면 페렐만은 '절대적 진리' 또는 '독단적 주장'에 대한 신념과 정반대되는 새로운 방법론과 철학을 만들어내려 했다고 설명될 수도 있다. 이러한 절대적 진리와 독단적 주장은, 좌파와 우파의 교조적 이념뿐만 아니라, 현대의 고도로 발달된 서구 의회민주주의에도 잔존하는 권위주의적—철저한 전체주의는 아닐지라도—세계관의 근간을 이루는 것이다. 그는 또한 정치, 가치, 법 그리고 도덕에 대한 이론에서 오늘날 팽배해 있는 상대주의를 반대했다. 그는 다양한 유형의 실증주의 또는 실용주의를 폐기해 버렸으며, 특히 과학적으로 따질 경우 스스로를 지탱해 낼 수 없어 결국 가치 판단이 자의적으로 밖에 만들어질 수 없는 이론을 폐기해 버렸다. 그는 이러한 개념들을 학문적 사유에 재앙이 되는 것으로 간주하였다.

그럼에도 불구하고 그는 실증주의적이고 실용주의적 접근들이 역사적으로 수행해 온 진보적 역할에 대해서는 전혀 이의를 제기하지 않았다. 그는 단지 그러한 접근들이 지닌 한계와 본래의 생산적 사고방식으로부터의 '일탈'에 맞서 싸웠다. 그러나 어떤 사람이 지닌 비판적 신념이 원칙 없는 상대주의로 변형되거나, 형식논리학이 독선적 주장을 하려는 의도로 사용될 경우, 그는 목소리를 높여 '합리적인 것rational'과 '이성적인 것reasonable' 간에는 본질적인 차이가 있다고 천명하였다. 이 점에서 그는 데카르트로부터 결별하기 시작한다. 그리고 다음과 같은 명제에서 그의 반박은 정점에 이른다. 즉 똑같은 사회적 상황에 관해서 두 사람이 다른 생각을 표현했을 경우, 적어도 둘 중의 하나는 반드시 틀린 것이라고 말한 데카르트의 단정은 오류라는 것이다. 페렐만은 데카르트의 단정을 반박하며, 둘 다 옳거나 혹은 두 사람의 관점은 대화와 논증의 과정에서 사실상 최종적으로 증명될 수 있을 거라고 말한다.

이 개념은 '불합리하기 때문에 나는 믿는다credo quia absurdum'라는 테르툴리아누스Tertulian[2)]의 유명한 말과는 전혀 관련이 없으며, 삶의 진정한 변증법을 근거로 하고 있다. 가령 서로 배치되고 모순되는 사회적 · 정치적 프로그램들을 만들고 실현한다는 것은 가능하고 이성적인 일이며, 이 프로그램들은

---

2) 160년경 카르타고에서 태어난 퀸투스 셉티미우스 플로렌스 테르툴리아누스는 라틴 신학의 교부로 불리는 신학자로 수사학과 법률을 공부한 사람이었다. 그는 정통 교회를 벗어난 몬타누스주의, 즉 엄격한 신앙생활을 지지하면서 수사적 기교로 가득 찬 30권이 넘는 저서를 남겼다(옮긴이).

제한된 범위 내에서는 둘 다 사회에 득이 된다는 사실을 입증할 수 있다.

페렐만은 형식논리의 범주에 근거하지 않는 판단도 또한 이성적이며 합리적일 수 있다고 믿었다. 그렇기 때문에 이성의 범주는 형식논리에만 근거한 합리성과는 반대되는 것으로 그의 철학에서 중요한 역할을 한다. 나는 개인적으로 이러한 페렐만의 학문적 공헌이 새로운 가능성을 열어주고 있으며, 교조주의와의 싸움에서 더욱 효과적인 무기가 될 수 있다고 생각한다.

특히 전대의 실증주의자들 및 실용주의자들의 추론과 페렐만의 추론의 차이는 다원주의와 대화라는 보다 확장된 개념에 있다. 그의 철학에서 대화란 견해의 단순교환일 뿐만 아니라, 주어진 시간과 상황에서 최선의 해결책을 마련해 보려는 지칠 줄 모르는 열띤 논쟁을 분발시키는 사회적 범주이기도 하다. 그러나 현실적 요인 가운데 하나라도 바뀌게 되면, 시간이 좀 걸릴지라도 또 하나의 타당한 근거가 대화를 재개시키게 되며 가장 근저에서부터 그 상황을 재평가하게 된다. 이러한 재평가의 과정에서는 그 어느 것도 신성불가침하거나 완전무결한 것으로 간주되어서는 안 된다.

학자, 작가, 철학자, 정치가, 그리고 사유하고 싶어 하는 모든 사람을 포괄하는 '무제한적' 청중(이는 페렐만의 또 다른 이상이기도 하다)과의 대화야말로 상대적 진실과 상대적으로 좋은 해결책을 찾기 위한 훌륭한 기준이 된다. 물론 이 해결책도 단지 일시적인 것으로만 고려되어야 한다.

이러한 접근은, 형식 논리적 추론의 범위를 벗어난 판단은 어떠한 것이라도 자의적일 뿐이며 이성에 근거한 것이 아니라고 주장하는 형식논리학자들이 저질러 온 온갖 종류의 월권越權에 대한 창조적인 거부이다.

페렐만의 철학에서 본다면, 자신의 논증을 전개하는 능력은 단지 실제적인 논쟁을 위해서만 필요한 것이 아니다. 기실 그것은 진실과 좋은 해결책을 모색하기 위한 본질적인 요소다. 나도 개인적으로 《자유와 관용》에서 똑같은 결론을 내렸으며, 오류에 이르는 길은 많지만 진실에 이르는 길은 '오직' 하나라는 디드로Denis Diderot의 생각을 거부하는 형식으로 그 결론을 제시했다. 그 유명한 생각이 디드로로 하여금 18세기에 《백과전서*Encyclopédie*》를 쓰게 만들었지만, 나는 그렇게 보지는 않는다. 때문에 나는 페렐만 철학의 맥락에서, 진리에 이르는 길 또한 '많이' 있다고 썼던 것이다.

이러한 생각을 페렐만은 수사학적 또는 논증적 접근법이라고 불렀는데, 이것은 우리로 하여금 법 해석상의 이성적인 이론을 도출해 낼 수 있게 해 준다. 그의 도움으로 우리는 법 해석에 관한 이론에서 '객관주의자들'과 '주관주의자들' 간의 교조적 대립을 극복하게 되었다. 법률 전문직에서는 이러한 교조적 이론들의 과장된 역할을 무시하는 것이 중요하다. 내가 《법실증주의와 인권》에서 증명하려고 노력했던 것처럼, 페렐만의 철학은 '자연법', 즉 '순수이성의 명령' 등과 같은 개념을 언급함이 없이, 또한 '신성불가침의 권리'를 말하지 않고도, 법의 해석과 인간의 권리에 대한 이성적이고 합리적인 이론을 만들어 낼 수 있게 해 준다. 페렐만의 이론은 또한 인류의 역사적 체험에 근거한 사회적 가치를 위한 합리적인 논증을 제시할 수 있게 해 주며, 이러한 성찰들을 신학자와 교조주의자 등이 대부분 가지게 마련인 선험적 판단이나 자의적인 판단의 영역으로 밀어 놓지 않는다.

페렐만은 정의와 평등에 대한 자신의 생각을 제시하면서, 정서적 · 정치적으로 민감한 정의正義에 관한 이론이 매우 풍부한 학문적 분석 대상이 될 수 있다는 사실을 훌륭히 보여 주었다. 페렐만이 제시한 섬세한 분석이 없었다면, 오늘날 누구도 정의와 평등에 대한 진지한 연구 논문은 아예 기대할 수 없었을 것이다.

페렐만 교수는, 자신이 만든 신논증이론의 기초가 공고해지고 그 업적으로써 응분의 인정을 받은 이후 타계했다. 그는 이어 독창적인 다음 단계의 연구,

즉 방법론에 대한 철학적 기반을 다지고 확장하는 연구를 시작하려는 참이었다. 앞에서 언급했듯이, 신수사학은 처음부터 새로운 유형의 서구 합리주의, 즉 도덕·가치·법률 및 정치 영역에 의식적이고 지속적으로 적용되는 비형식논리적 추론의 새로운 방법론으로 간주되었다. 그러나 《신수사학》과 뒤이어 나온 저작들을 통해 페렐만의 방법론이 실질적인 내용을 갖추고 확장되었을 때, 방법론으로서의 신수사학과, 넓은 의미로 존재론과 인식론의 통일체로 이해되는 형이상학 간의 관계는 어떤 것인가라는 물음이 불가피하게 제기됐다. 우리는 또한 다른 측면에서 이러한 물음을 제기할 수도 있다. 신수사학은 그 자체로서 철학일 수 있는가? 수사학 방법론의 진일보한 발전은, 하나의 방법론이자 또한 존재·가치·사회변동 및 정치의 의사결정에 관한 일반이론으로서의 신수사학을 완전한 학문으로 만들 수 있는가? 페렐만과 가장 가까운 친구·동료·협력자들은 이러한 문제들을 그와 함께 오랫동안 논의했다. 우리들은 그의 창조적인 정신이 구상하고, 다듬고, 파기한 다양한 개념과 뉘앙스에 익숙해 있다. 최종적으로 그는 자료 수집을 시작했으며 또한 자신의 학문상의 기본 원리에 대한 구상을 저술하기 위해 필요한 정신적·철학적 준비를 새롭게 하였다. 그가 이 작업을 마치지는 못했지만, 그 사실이 '신수사학은 엄연한 하나의 철학'이라는 나의 확신을 손상시키지는 못했다.

죽음 때문에 저자의 노력이 좌절되긴 했지만, 보다 높은 단계로 이어지는 신수사학의 발전은 계속 진행되었다. 페렐만의 사상에 영향을 받은 사람들은 그의 사상을 지속적으로 응용하고 발전시키고 있다. 철학을 이해한다는 것은 철학을 창조적으로 응용하는 것이라는 페렐만 철학의 특성이 여기에 잘 드러난다.

페렐만 교수와 개인적으로 친밀했고 그의 연구를 잘 이해하는 사람들은 진솔하고 열린 마음을 지녔던 친구이자 사상가 그리고 투사이자 정치지도자였던 그를 한없이 그리워하고 있다. 생전에 말했던 것보다 더 많은 할 말을 그가 가슴 속에 품고 있었다는 사실을 우리는 잘 알고 있다. 그러나 그의 작업을 중지시킨 죽음이 도리어 예기치 못한 결과를 가져 왔다. 이제 페렐만의 유산이라 할 수 있는 신수사학은 그의 죽음이라는 한계 때문이 아니라 그 자체가 지닌 위대성 때문에 미완일 수밖에 없다는 것이 점점 더 분명해지고 있다. 그의 위대한 업적은 내적으로 일관되고 사회적으로 유익한 사상들이 조화롭게 모인 하나의 구성체이다. 그의 사상은 잘 조직되어 있으며 또한 자유 · 관용 · 진보라는 새로운 이상 및 인생에 대한 새로운 철학을 구축하기 위한 비옥한 토대를 형성한다. 오늘날 우리는 과거 어느 때보다 페렐만의 사상이 법학과 정치학뿐만 아니라 철학의 많은 영역에도 지속적인 영향력을 키워나갈 것이라고 전망한다. 이는 한 위대한 창조자가 세상을 떠난 후에도 그가 뿌린 지성의 씨앗이 번식되고 퍼져감에 따라 그 사상이 보다 영향력을 갖게 되는 하나의 고전적 사례라 할 수 있다. 그로부터 개인적인 주목을 받았고 함께 토론하는 영광을 누렸던 나는 그의 사상을 발전시키고 보급하는 것을 의무로 여기고 있다. 이것이 나에게 있어서는 그를 기념하고 그의 인격에 대해 보답하는 길이다.

카임 페렐만은 무엇보다 일관성 있는 합리주의자로서, 인간관계의 합리적 조직화와 진리의 성공적 탐구에 관련된 인간 이성의 힘을 믿은 사람이었다. 그에게는 금기도 없었고 금지된 주제도 없었다. 이성과 휴머니즘의 대의를 북돋우기 위해 노력하는 과정에서, 그는 때로 이제까지 신성불가침으로 여겨져 온 몇 가지 어떤 명제와 법칙들을 극복해야 했다. 그는 헤겔 철학에서 말하고 있는 '지양Aufheben', 즉 창조적 부정만이 그것들을 발전시키고 지속시킬 수 있는 유일한 길임을 발견했다. 그는 '이성'과 '명확성'에 대한 그의 가치를 변함없이 내 걸었다. 그 자신이 그의 사상을 '명쾌하고 분명하게' 표현했다. 그는 기초교육을 받았고 상식이 있으며, 지적 호기심을 갖춘 사람이라면 누구나 이해할 수 있는 방식으로 글을 썼다. 그는 심원한 사상의 소유자였지만 보통사람의 눈높이에서 글을 썼다. 그는 결코 자신의 박학다식을 과시하는 법이 없었다. 그는 다른 사람들을 설득하고, 확신을 심어 주고, 그들이 스스로 사유하도록 북돋아 주기 위해 말하고 글을 썼다.

특정주제를 분석하는 데 있어서 이러한 접근방법이 가지는 진정한 장점이 무엇인지를 누구나 쉽게 파악할 수 있다. "친구여, 모든 이론은 회색빛이다"라는 《파우스트》의 말에서도 이 점은 잘 나타난다. 오직 생명의 나무Lebensbaum만이 영원히 푸르고, 그것만이 어떤 이론이라도 검증할 수 있는 최상의 것이다. 페렐만의 이론은 '회색빛'이 아니라, 생명의 나무를 푸르고 생기 있게 유지해 줄 필수 불가결한 도구이다.

2. 사회적 적대관계와 신수사학

신수사학의 뿌리를 이룬 많은 사상들은 사회 · 정치 및 지적 분야로 확산되고 있다. 그러나 페렐만 자신은 몇 가지 중요한 아이디어만 논했을 따름인데, 그것은 명쾌하고도 여러 가지 유익한 점을 시사하는 것이었다.

페렐만은 실증주의적인 윤리문제와 규범적인 의사결정을 자의성이나 비합리주의로 미루어버리려는 태도를 거부하였다. 그의 새로운 접근방법을 이룩한 또 다른 지적 원천은 진리의 문제에 관한 일관된 반독선주의적 접근법에 기초하고 있다. 수사학 연구에 몰두하기 이전에도 그는 새로운 사유 방식의 필요성을 강조했다. 그것은 상대적 진리와 절대적 진리의 관계에 관한 자가당착적이고 때로 독단적이기도 한 해석을 극복하기 위한 것이며, 또한 '객관적 진리들'이 지닌 객관적 · 주관적 양상들의 끝없는 혼전混戰을 극복하기 위한 것이었다.

그는 사회문제를 해결하고 추론하기 위해 그때까지 일반적이고 보편적인 도구로 받아들여졌던 형식적이고 전통적인 논리가 보여 주는, 오만하다고는 하지 않더라도, 지나친 요구를 염려스럽게 주시했다. 그는 결코 형식논리를 과소평가하지는 않았지만, 그것을 적합하지 않은 곳에 적용하는 것을 거부하였다.

그는 다원주의를 생활양식과 추론 방식으로 고려하기 시작하면서, 종국에는 새로운 개념의 논증과 설득이 필요하다고 느꼈다.

이런 식으로 지칭하는 것이 가능하다면, 그의 지적 원천들은 긍정과 부정을 동시에 내포한 것이었다. 그는 다양한 경향과 요소들을 점검하고 동시에 그것을 지속시키려고 노력했다.

우리는 먼저 논증의 사회적 · 방법론적 관점이라는 문제에 초점을 맞추고자 한다. 이 문제를 두고 페렐만 자신이 어떤 용어를 사용했든지 그리고 어떻게 선별적으로 설명했든지 간에, 새로운 논증이론의 창시자인 그의 사고와 감정에 가장 큰 영향을 준 것은 경제적 · 이념적 적대감이 복합적으로 작용하는 사회적 모순들이었다는 것은 의심의 여지가 없다. 새로운 논증이론이 애초 지역 · 국가, 그리고 국제적 규모의 사회적 모순을 해결하기 위해 만들어진 도구였다는 것을 생각해 보면 이 점을 잘 알 수 있다. 새로운 논증이론은 또한 사회적 · 이념적 투쟁이 불러일으킨 증오로 인한 상처를 치유하는 한 방법이기도 하였다.

여기서 나는 불가리아의 오시아틴스키Wiktor Osiatynski 박사와 그가 나누었던 유명한, 그러나 아직은 과소평가되고 있는 대담을 특별히 언급하고자 한다. 페렐만은 특히 그의 생애 말년에 인간성이 지극히 위험한 시기까지 도달했음을 깨달았다. 계급적 적대감은 자연 발생적이라기보다는 의도적으로 국제관계의 영역으로 확장되었고 냉전의 주요 원인으로 공공연히 인식되었다. 그는 냉전이 단순히 동 · 서 간의 투쟁, 즉 사회주의와 자본주의—이 용어를 굳이 사용하기를 주장한다면—간의 투쟁만이 아니라, 모든 국가와 대륙의 도처에서 인류 모두에게 영향을 주고 있다는 것을 깨달았다. 정당한 견해 차이가 종종 쉽사리 정치적인 이념 논쟁으로 치닫고, 그 때문에 발생한 적대감으로 인하여 합리적인 어떠한 해결 가능성도 사전에 막혀 버리곤 했다. 모순과 적대감을 극단적으로 단순화하여 해석해 버린 결과, 모든 사건을 선과 악으로 해석하는 지적 태만과 반지성적인 경향이 팽배해졌다.

페렐만이 신수사학에 대한 그의 연구를 발표했던 때는 통상 냉전기라고 알려져 있는, 정치적 · 이념적으로 불안정한 시기였다. 이성적이고 평화로운 해결을 이룩하기 위해 필수 불가결한 도구는 바로 대화라고 그는 강조했다. 그러한 세계정치의 소용돌이 속에서도 이성적이고 평화로운 이해와 해결에 도달하는 것이 여전히 가능하다는 그의 주장을 통해 대화의 중요성은 더욱 강조되었다. 그것은 고도의 정치적 야심과 모순적인 경제적 이해 갈등이 횡행하던 당대에 대한 도전이었다. 철학적 · 심리적 관점에서 볼 때 가장 중요한 것은 페렐만이 당시에 팽배해 있던 지적 침체沈滯에 도전한 일이었다. 우리는 그의 수사학적 도전이 여태까지 과소평가되었다는 사실을, 과거 어느 때보다도 오늘에 와서 생생히 깨닫게 되었다. 지적인 침체야말로 또한 동 · 서 냉전 시대의 가장 견고하고 사악한 유산 중의 하나이기도 하다.

저서와 강연을 통해 그는 더욱 강한 목소리로 우리들의 문명과 모든 인류를 종식시킬 3차 세계대전으로 빚어질 모든 결과들을 생각하지 않으면 안 된다고 경고했다. 즉 전쟁보다 더 나은 어떤 해결책이 찾아져야 한다는 것이다. 결코 드러내 놓고 말한 적은 없지만, 1970년대와 1980년대에 그가 카를 폰 클라우제비츠Karl von Clausewitz[3]의 다음과 같은 유명한 명제를 거부했던 것은 명백한

3) 전쟁이론의 고전적 이론서인 《전쟁론》의 저자 (1780-1831). 프로이센 출신으로 베를린 사관학교를 나와 프로이센의 군사제도상의 개혁을 추진하였다. 1812년 나폴레

사실이다. "전쟁은 단순히 정치적 행위일 뿐만 아니라, 또한 정치적 도구이자 정치적 관계의 지속이며, 다른 방식으로 동일한 목표를 수행하는 행위이다." 전면적 핵전쟁으로 인한 인류의 멸망이 우리 시대에 충분히 예견되는 논리적 귀결이라고 한다면, 정략적인 군비 확산은 영원히 종식되어야 한다. 그러므로 군사적 해결이라는 방식을 배제하는 경우, 호전적인 당사자들은 합의 사항이 충분히 만족스럽지는 못하다 할지라도, 수사학적 대화를 통해 어떤 합의점에 도달할 수 있다는 논리를 납득해야 한다.

우리가 가장 강조해 마지않는 것은, 현대세계의 불가피한 모순이 반드시 평화적 방법으로 해결되어야 한다는 점이다. 그렇기 때문에 정치가나 지도자가 가져야 할 최고의 덕목은 협상에 임하는 능력이어야 하며, 절멸絶滅의 검 대신 설득의 힘으로 생활해야 한다.

의심할 나위 없이, 페렐만은 자신의 신수사학을 어느 사회나 정치 시스템에 속하는 사람들이라도 활용할 수 있고 또 활용해야 하는 하나의 수단으로 여겼다. 즉 동서를 막론하고 독재자나 민주주의자들 누구나 사용할 수 있는 방법이라는 것이다. 우리는 이 점이 때로는 페렐만 자신의 본의와는 달리 해석되어졌으며 심각한 비판을 받았다는 것을 알고 있다. 심지어 수사학적 논증의 전문가들이 자유와 민주를 지향하는 진보세력뿐만 아니라 독재와 교조주의를 따르는 반동 세력에게도 조언자로서의 역할을 맡을 수 있다고 비판하는 사람도 있다. 그러나 우리가 아는 바로는 그것은 전혀 사실이 아니다. 그것은 페렐만이 의도했던 바도 아니었고, 그가 전하고자 했던 바도 아니었다. 다만 그는 우리 시대에 있어 대화의 원칙들이 모두에게 받아들여져야 한다고 믿었다. 왜냐하면 대화

옹과 프로이센의 군사동맹 체결에 반대하다가 러시아로 탈출하여 프로이센군으로 복귀가 허가될 때까지 러시아 군인으로 해방전쟁에 참가하였다. 귀국 후 사관학교장을 거쳐 폴란드 반란 감시군 참모장을 지냈다(옮긴이).

없는 반목은 평화로 귀결될 수 없으며, 단지 누구도 바라지 않는 결과를 수반하는 참혹한 전쟁으로 낙착될 뿐이기 때문이다.

페렐만은 유대인과 팔레스타인 간의 대화를 열렬히 옹호하였다. 우리가 아는 것처럼 그는 PLO 대표들과의 대화에도 기꺼이 참여할 용의가 있었다. 그는 양자의 회동이 열리도록 도왔으나 PLO 대표들이 마지막 순간에 약속을 어기는 바람에 그는 홀로 회의장에 나타났다.

물론 페렐만은 이스라엘의 공식대표 또는 유대인 조직의 고위 인사들이 반드시 자신의 행동 방식을 추종해야 한다거나, 또한 그런 조직의 테러리스트들에게 편리한 시점에 언제나 이러한 식의 대화를 시도해야 한다고 생각지는 않았다. 그럼에도 불구하고, 철학자와 학자는 정치적인 당혹감이나 혼란을 유발하지 않고, 심지어 악마와의 어려운 대화에도 임할 수 있는 특별한 자유와 특권을 가져야 한다고 믿었다. 그러나 한편 그는 지식인들이 이러한 문제에 직면해 논의하는 경우, 그들의 영향력은 조만간에 가장 호전적인 정파나 정부 쪽으로 편향될 수도 있다고 생각했다.

주지하듯이 페렐만의 개인적 행동은 그의 철학의 또 다른 측면을 잘 보여준다. 그는, 철학자 그리고 일반 지식인들이 열린 마음과 관용적인 태도를 가져야 하며, 또한 토론을 갈망하는 모든 사람들과 대화를 나눌 준비가 되어 있어야 한다고 믿었다. 그렇지만 페렐만이 정말로 동료 지식인들에 대해서 기탄없는 최상의 존경심을 품었는지 하는 문제를 시시콜콜 캘 필요는 없다. 명백한 것은 그가 지식인들의 태도나 행위, 그리고 구체적인 지식인들의 배신행위를 비판했다는 점이다.

그럼에도 페렐만은 현대의 세계에서 지식인들이 존경받는 이유는, 오늘날 그들이 수행하도록 요구받는 특별한 기능과 현재의 사회적 관계 때문이라고 믿었다. 국가와 지역과 사람들 사이에는 사고의 교환이 반드시 있어야 한다.

대화에 참여하는 사람들은 어떠한 정치적 구속이나 혹은 자기가 속한 정부를 대변한다는 어떠한 의무감도 없이 이러한 사고의 교환에 참여해야 한다. 만약 헌신적인 지식인들이 이런 과제를 효율적으로 성취한다면 우리는 그에 따른 혜택을 누릴 수 있겠지만, 그들이 실패하면 우리 모두도 실패하게 된다. 그러나 머지않아 보다 개혁적이고 사회적인 분별력을 갖춘 새로운 지식인들이 모든 국가에서 나타나게 된다. 이런 점에서 페렐만은, 1960년대의 암울한 시대에 콜롬비아 대학의 학문 전통 수립을 위하여 노력한 미국의 저명한 사회학자 밀스Ch. Wright Mills와 의견을 함께하여, 서방과 소련의 지식인들은 재난을 가져오는 사건들의 추이를 변경할 자격이 있는 사람들이므로 서로 간에 직접적인 대화가 있어야 한다고 선언하였다. 밀스는 그의 짧은 생애에서 마지막 저작들 중 하나인 《제3차 세계대전의 원인들*Causes of World War III*》에서 그러한 대화의 결여가 제3차 세계대전을 불러 올 주된 요인 중의 하나라고 생각하였다. 60년대에는 많은 사람들이 이와 같은 밀스의 생각을 어처구니없고 공상적인 것이라고 여기면서 그를 점잖게 경멸했지만, 근 20년이 지난 후에 그 생각은 현실적으로 전개되는 생활양식이 되었다.

밀스와 페렐만의 시대에는 거의 상상할 수 없었던 80년대 중반의 새로운 국면을 맞이하게 되자, 신수사학을 보다 대중화하려는 우리의 노력을 강화하고, 그 창시자의 업적을 계승하는 것이 화급한 일로 떠올랐다. 우리는 페렐만이 이룩한 멋진 건축물의 구조 위에 새로운 벽돌들을 더 얹어 놓아야 한다. 새로운 세계 질서, 그리고 모든 개별 국가들과 모든 정치체제가 맞닥뜨린 새로운 환경이 신논증이론의 창조적 적용을 요구하고 있다.

이를 위해 두 가지 추가적인 요소를 특별히 고려해야 한다. 첫째는 페렐만의 '논증의 흐름'이라는 개념이다. 그는 자신의 저술에서 이 표현을 거의 쓰지 않았지만 그 사실이 그다지 중요한 것은 아니다. 결국 신수사학이란 '논증의 과정'에 관한 하나의 이론으로 구상된 것이다. 물론 참여자들에게 보다 깊은 성찰의 기회를 제공하고, 그리고 그들로 하여금 어느 정도까지 달성된 지적 교류의 결과를 실질적인 효과로 전환시킬 수 있도록 하기 위해 이 끝없는 논증 과정의 각 국면은 하나의 명백한 결말을 가져야 한다. 그럼에도 불구하고 논증의 과정은 결코 중단될 수 없는 것이다.

페렐만의 논증은 무한하게 이어지는 과정으로, 다양한 국면과 단계들로 이루어진다. 논증은 실제적이면서 동시에 지적인 하나의 과정이다. 주지하는 바대로 이론가들은 신수사학의 이런 측면을 늘 과소평가해 왔고, 때로 비평가들은 우호적이든 비우호적이든 간에 그것을 무시하기까지 했다.

신수사학은 사회 및 정치 행위에 뿌리를 둔 이론으로 간주되어야 한다. 즉 그것은 깊은 사고를 할 수 있도록 도와주며, 동시에 실질적인 목적에 이바지하는 것을 목표로 하고 있다. 또한 어떤 단계에서도 즉각 대응할 수 있는 가장 툭 트인 태도로 가능한 한 능숙하게 문제들을 해결하는 것을 목표로 한다. 페렐만은 이런 방식으로 상대적 진리와 절대적 진리 사이에 존재하는 잘 알려지고 과장된 모순들을 해결하려고 노력하였다. 우리는 그가 우리에게 충고하는 다음과 같은 논리를 받아들여야 한다. 우리가 행하는 분석 · 탐구 · 추론의 각 단계는 어떤 결론으로 귀결되는데, 그 결론들은 부분적 혹은 상대적 진리로 간주될 수 있다. 이러한 진리는 현실의 부분적 반영이다. 즉 그것은 사회에서 일어나는 여러 과정들을 이해하기 위해 거쳐야 할 한 지점이자 한 단계이다. 이러한 성찰은 불완전하며, 발생하는 제반 현상을 절대적으로 정확하게 제시하거나 이해시킬 수 있는 것은 아니다. 왜냐하면, 프랜시스 베이컨Francis Bacon 경이 그의 《신오르가논*Novum Organum*》에서 말한 것처럼, 우리 마음은 울퉁불퉁한 거울과 같기 때문이다. 그러나 한편, 언제나 진지한 탐구와 분석의 결과로 얻어지는 이러한 부분적 진리는 절대 진리를 끝없이 추구해 가는 과정의 한 부분이자 단편斷片이다. 또한 이것은 우리가 얻으려 애쓰고 있으며, 시간이 경과한 후 얻을 수 있는 성과물이다. 수사학적 관점에서 미래의 절대적 진리는 무한한 부분진리의 총합으로 구성될 것이다.

이런 방식으로 우리는 절대적 상대주의와 절대적 독단주의라는 두 가지 위험에 맞서 싸울 수 있다. 우리는 수사학적—여기에서 수사학은 고대 그리스 시대의 변증법, 헤겔주의 변증법, 마르크스주의 변증법과 일치한다—관점에서 절대적 상대주의는 비이성적이라고 한결같이 응수할 수 있다. 또한 모든 현실적인 지적 성취와 모든 종류의 진보적이자 계몽적인 실천적 행위에는 진리의 요소들이 깊이 스며 있기 때문에 절대적 상대주의는 그 자체가 형용상形容上의 모순contradictio in adjecto이라고 응수할 수 있다. 한편 모든 독단주의자들을 향해서는, 그들의 모든 이념과 철학 그리고 이론에는 상대주의적인 요소들이 불가피하게 들어 있다고 응수할 수 있다. 그렇기 때문에 중용과 관용은 모든 사상가와 정치지도자에게, 그리고 이론가와 정치인에게 필요한 것이다.

신수사학이 20세기 전환기의 철학이자 방법론이라는 우리의 주장은, 신논증이론이 가진 장점에 근거할 뿐 아니라 우리의 현실적이고도 이념적인 제반 사태에 대한 분석에 근거한다. 밀스가 살았던 시기에 이미 전 세계에 걸쳐 이데올로기가 쇠퇴하는 현상이 뚜렷이 나타났고, 페렐만의 시대에는 그 경향이 더욱 확실해졌다. 더구나 이데올로기의 쇠퇴라는 현상은 최근 공산주의 체제와 공산주의의 이념적 토대의 완전한 파산으로 귀결되었다.

공산주의 체제는 삶의 많은 영역에서 몇 가지 진보를 제공할 수 있었지만 기본적인 경제적 문제와 민족주의에서 야기된 문제들을 해결할 수 없었다. 마르크스와 레닌에 따르면, 공산주의 체제의 우월성은 사회주의 정권의 생활수준과 노동생산성이 자본주의자들의 그것보다 더 높을 때만 입증될 수 있다고 한다. 최근 몇 십년간의 기본적인 검증을 통해 정부의 관료적 중앙 집권제보다는 자유시장체제가 상대적으로 우월하다는 것이 증명되었다. 물론 오늘날에도 공산주의 혁명은 단지 몇 가지 부분에서만, 특히 저개발국가의 교육과 과학 분야에서 많은 사회 · 정치 · 경제적 문제를 효율적으로 해결하고 있다. 그러나 이들 국가들이 정부 관료체제의 심대한 노력과 희생에 의해 개발을 이루고 나서 보다 높은 수준의 발전단계에 이르면, 그들의 공산주의 혁명체제는 어쩔 수 없이 용도 폐기되어, 그 자체가 《공산당 선언*The Communist Manifesto*》의 그 유명한 표현처럼, 생산력을 옭아매는 새로운 '감옥'이 될 것이 분명하다.

자본주의에 관하여 목소리를 높인 마르크스와 엥겔스의 예언은 도리어 중앙집권화된 관료제적 사회주의 사회에 완전히 들어맞아 버렸다. 물질적 · 이념적 관점에서 본 사회주의 체제 붕괴가 끼친 충격의 전모는 아직 알려져 있지 않으나, 우리는 전 세계에 걸쳐 보다 더 가속화되는 변화를 예측할 수 있다. 우리가 공산주의 이데올로기와 체제의 붕괴에 대해 언급하고 있는 이유는, 그것이 몇몇 국가들이 현대에 다시 소생시키고자 노력했던, 사전에 구상된 유토피아에 지나지 않기 때문이다. 유토피아를 향한 이러한 노력의 비극적 결과는 다음과 같은 사실을 확인시켜 주었다. 즉 인간의 모든 질병과 재앙을 치유할 것이라는, 사전에 구상된(불가피하게 유토피아적인) 어떠한 원리에 대한 희망이라도 인류가 결국 포기해야 한다는 것이다.

공산주의 체제의 몰락과 더불어 많은 국가들은 맹목적으로 자유시장경제체제를 공산주의와 사회주의의 병폐를 치유하는 만병통치약으로 제시하였다. 우리는 서방세계의 경험을 통해 다양한 형태의 시장경제가 존재하며, 어떠한 서구의 패턴도 공산주의 이후 사회에 기계적으로 적용될 수 없다는 사실을 잘 알고 있다. 우리는 또한 서구 사회의 현 상황이 이상적인 것과는 거리가 멀다는 사실을 알고 있다. 서구의 민주주의로는 치유할 수 없는 사회적 · 경제적 병폐가 많이 있다. 그렇기 때문에 새로운 만병통치약, 즉 성취되어야 하고 또한 성취될 수 있는 이상형으로 서구의 이상화된 경제제도와 의회제도를 동구 국가와 서구의 정치인에게 추천하는 것은 너무 순진한 짓이다.

우리는 현재 공산주의 체제로부터, 어떤 고정된 형식이나 수단으로 단정되지 않는 보다 효율적이고 민주적이며 보다 자유로운 생활양식으로의 전환을 목도하고 있다. 동구와 서구의 각 나라가 겪었던 체험은 완전히 처음으로부터 수단과 목적 양면에서 검증되어야 한다. 이 목적을 달성하기 위한 하나의 이상적인 도구가 바로 신수사학이라 할 수 있다. 그것은 새로운 전망, 좌표, 그리고 상황을 철저하게 평가할 수 있는 하나의 철학이자 방법론이다. 이러한 철학과 방법론이 잘못을 예방하고 피하게 해 줄 수 있다는 보장은 없지만, 오류를 감지하고 교정할 수 있다는 최선의 확신을 주는 것은 분명하다. 우리는 그 길의 끝이 어딘지는 알 수 없다. 그러나 이전의 방법들이 해 왔던 것보다는 덜 고통스럽고 좀더 효과적일 가능성이 있는 방식으로 옮겨가지 않으면 안 된다.

그렇지만 우리 시대에서 정말 중요한 것은 어떤 단일 이념으로서의 공산주의의 파멸이 아니다. 자본주의 체제의 변모 또한 불가피하다. 공산주의가 몰락함에 따라, 전과 같이 반공反共을 강요하면서 공산주의 국가를 '사악한 제국'이라고 몰아붙이던 원색적인 구호들 역시 설득력이 없어졌다.

대서양 연안에 있는 서구 국가들은, 우리의 자유와 민주주의는 끊임없이 위협받고, 또한 서구 민주주의 체제에 대한 공격도 자주 자행된다는 사실을 경험했다. 우리는 자본주의적 권위주의의 극단적 형태로 파시즘 · 나치즘 및 종교적 근본주의와 미국에서의 매카시즘 등이 나타났음을 알고 있다. 우리는 또한 서구 사회에 소위 "비열한 전체주의creeping totalitarianism"[4]라고 불리는 것을 포함하여 다양한 유형의 전체주의적 성향이 뚜렷이 존재했음을 잘 알고

---

4) Mieczyslaw Maneli, *Freedom and Tolerance*(New York : Octagon Books, 1984), pp. 293-311.

있다.

모든 서구 국가들에서는 행정부를 위하여 입법부의 권한을 제한하려는 경향이 강하다. 우리는 통상 군수산업체와 국가의 재정적 이해가 맞아 떨어진 다양한 형태의 군국주의가 존재하고, 정보의 자유와 언론, 그리고 우리의 소중한 프라이버시에 대한 개념을 과소평가하려고 애쓰는 경향이 존재함을 깨닫고 있다. 우리는 점차로 대기업의 세력이 커지는 것을 목도하고 있으며, 또한 간혹 정부가 국가의 생존 위에 군림하고자 하는 독점적 세력을 제한하려는 노력도 하고 있지만 사실상 그것이 전혀 도움이 되지 않는 것은 아니나 거의 비효율적이라는 것도 알고 있다.

다시 강조하거니와, 서구의 국가들에서는, 보다 자유롭고 안전하며 평온한 나라를 만들기 위하여 국가의 생존 양식을 어떻게 재편할 것인가에 대한 방법론적인 묘안이 마련되지 못하고 있다. 우리는 개혁을 성취하는 것이 요원하다는 것을 안다. 신수사학은 이 목적들을 달성하는 데 있어 점점 더 유용해지고 이론의 여지가 없는 방안이 되고 있다.

신수사학을 사회적 · 정치적 문제들과 연관시킬 수 있는 몇 개의 영역에 대해 논의할 필요가 있다.

이미 강조한 것처럼, 신수사학적 사상의 구체적인 원천은 사회적 모순과 적대감이다. 공산주의와 사회주의 이론, 자유주의 이념의 몇몇 형태들, 사회적 진화론, 그리고 해방신학 등에 따르면, 다른 모든 것들을 규정짓는 가장 중요하고 결정적인 사회적 쟁점들 중 하나는, 바로 계급투쟁이라고 한다. 그 계급투쟁은 관례적으로 마르크스주의에서 기인한 것으로 받아들여지고 있음을 우리는 알고 있다. 신수사학에 의하면 계급갈등의 존재를 부정하는 것은 비이성적이다. 그렇지만 신수사학은 계급 간의 적대감이 모든 상황에서 유일하거나 가장 주도적인 것이라고는 결코 간주하지 않는다. 그러한 지나친 단순화는 아마도 정통 마르크스주의가 아니라, 레닌과 스탈린 및 소비에트 연방의 그들의 후계자들, 그리고 세계 도처의 소위 공산주의자들이나 마르크스주의 운동에서 전형적으로 나타난 것처럼 보인다.

수사학적 관점에서 계급투쟁은 현대 사회의 가장 중요한 갈등 중의 하나로 볼 수도 있지만 결코 그것이 유일하거나 심지어 결정적인 갈등이라고 간주하지는 말아야 한다. 우리는 종교적 · 민족적 갈등이 때로는 더욱 중요하며, 그 갈등들이 열정과 증오와 결속을 더욱 세차게 불러일으킴을 경험을 통해 잘 알고 있다.

공산주의 국가 내부의 계급투쟁이라는 것은 사회의 대다수 사람과 새로운 지배집단(지라스Djilas는 이를 지배계급이라고 부른다) 사이에 존재하는 순수한 마르크스주의적 계급갈등이 아님을 우리는 또한 알고 있다. 그것은 사회 전체와 국가 · 정당기구 사이의 갈등이며 또한 자유와 민주주의를 지향하는 세력과 압제적인 전체주의적 제도를 지원하는 반대 세력 사이의 갈등이었다. 공산제도가 붕괴된 지금, 우리는 최전선이 불명확하게 설정되고 혼란스러운 경향이 있음을 주목하게 된다. 이전의 지배제도와 특권적 행정기구의 구성원들이 지금은 민주주의와 새로운 재생을 지원하기 위해 적극적으로 노력하고 있다. 공산당과 관료제를 반대하는 '신흥지도자들aparatchiks' 가운데는 고르바초프Gorbachev, 옐친Yeltsin, 셰바르드나제Shevardnaze 등이 있었다. 그 결과 동유럽 공산주의 국가의 공산주의 최고 엘리트들은 큰 피해를 입게 되었다. 그럼에도 불구하고 우리는 폴란드 · 체코 · 헝가리 · 불가리아 그리고 심지어 소비에트나 동독의 사례를 통해, 최고위직에 있는 인사들마저도 자신들의 체제, 즉 그들 자신들의 전체주의적 '상부구조'를 거역했으며 피 흘리지 않고 자발적으로 역사의 영역에서 물러나는 것을 익히 보아왔다. 이러한 현상들이 가지는 의미는 매우 깊다.

이러한 사건들은 서로 대화를 나누고 설득하는 과정(1988년과 1989년 폴란드 원탁회의의 실제 대화에서 진행된 바 있는)에서 개발된 새로운 생각들이 겉보기에는 막강한 듯이 보이는 군사·방위 및 행정체제를 잠식하고 결국에는 그것들을 압도할 수도 있다는 사실을 입증하였다.

이러한 사례들은, 어떤 상황에서 발생한 민감하고 심각한 갈등을 해결하기 위해서는 대화의 능력이 필수적이라는 신수사학의 신념이 매우 현실적임을 입증하는 중요한 증거이다. 그것은 밀스가 '괴상한 현실주의crackpot realism'라고 부른 바 있는 외양만의 현실적인 자세나 태도와는 다른 진정한 현실주의를 대변한다.

미국에서 일어났던 매카시Joseph McCarthy의 횡포를 구체적으로 상기해 보자. 많은 사람들은, 매카시가 실세로 부상하는 것을 막을 수 없으며, 또한 그가 국가를 비도덕적으로 만들고 공포 분위기로 몰아넣을 수도 있으며, 어느 누구도 감히 그에게 맞서지 못할 것으로 관측했다. 그러나 주지하는 바와 같이, 얼마 후 매카시의 영광은 상원에서 공화당이 지배력을 상실하고 그 자신도 위원장직을 잃으면서부터 빛이 바래지고 어두워지기 시작했다. 그는 영향력을 상실했다. 그와 그의 추종자들은 오만한 권위와 권력을 영원히 상실한 것이다. 대중들은 그가 브레히트Bertold Brecht의 희곡에 나오는 아르투로 우이Arturo Ui[5]같이 무너뜨릴 수 없는 존재라는 환상을 가졌었다. 그러나 그들은 잘못 생각한 것이다.

이념적이든 혹은 물리적이든 간에 맹목적이고 노골적인 테러를 추론과 설득의 힘이 어떻게 극복할 수 있는가를 이 사례들이 잘 보여 주고 있다.

이들 사건들은 잘 계발된 이성과 정치 그리고 도덕 사이에는 서로 밀접히

5) 제2차 세계대전 당시 나치에 저항한 작가 브레히트의 희곡 〈막을 수 있었던 아르투로 우이의 등장Der Aufhaltsame Aufstieg des Arturo Ui〉에 나오는 인물로 독재자 히틀러를 암시한다(옮긴이).

얽힌 관계가 있음을 보여 준다. 특정 상황의 어떤 시점에서 도덕적 선善과 이성은, 독선적이자 반동적이고 사악한 힘을 분쇄하는 데 결정적인 힘을 발휘한다. 지나간 과거는 비록 매력적이지는 못했지만 수사학적인 개념들을 명백히 설명해 주는 사례들을 양산했다. 그 개념이란 도덕규범들이 합리적일 수 있고 정당화될 수 있다는 점, 또한 도덕적 해결책들이 '괴상한 현실주의'나 혹은 진리라고 명명되었던 '진부한' 현실주의보다 사회에 더 낫고 유용하다는 점을 말한다.

다시 한 번 우리는 다음과 같은 동일한 결론에 이르게 되었다. 현재 우리가 가고 있는 길의 마지막 종착지를 모르기 때문에, 우리는 적어도 현존하는 문제들에 관해 가능한 최선의 해결책을 열심히 모색해야 한다. 불가능한 새로운 꿈을 찾느라 쓸데없는 시간과 노력을 허비하지 말고, 우리는 상대적 진리와 부분적 해결책을 얻도록 노력을 기울여야 한다. 또한 합리적이며 따라서 성취 가능한 그 무엇을 획득하려고 노력해야 한다. 신수사학의 원리에 따르면, 우리는 우리의 상황을 속속들이 분석해야 한다. 그런 다음 우리가 이제까지 해 왔던 일을 계속하거나, 혹은 아무리 잘 알려진 것일지라도 시대에 뒤떨어진 전제들은 폐기해야 한다.

우리가 스스로의 목적이나 방법을 바꾸었다는 이유로 누군가로부터 잘못되었다거나 일관성이 없다는 지적을 받더라도 결코 두려워해서는 안 된다. 수사학적 사유에 따르면, 고집을 부리거나 잘못된 방침을 고수하는 태도, 또는 경험적 뒷받침이 결여되어 실질적인 이익을 산출하지 못하는 정책을 지속하는 태도는 미덕이 아니다. 우리는 '확고부동함', '일관성', '결속' 또는 '원칙'을 위한 어떤 주장들을 추구하지 말아야 한다.

신수사학은 망설이고 반성한 후, 마침내 행동 방향을 수정하는 이들을 격려하는 유일한 철학이다. 수사학적 정치철학에 따르면, 깊이 생각하고, 대화를 재개하고, 열린 마음을 유지하고, 융통성 있고, 남의 제안을 수용하고, 새롭고 합리적인 충고를 기꺼이 따를 줄 아는 능력이야말로 유일한 도덕적 · 사회적 덕목이다. 이러한 수사학적 접근은, 좌로도 우로도 치우치지 말고 곧장 앞으로 나아가라는, 성경에 근거한 전통적인 훈계에 반하는 것이다. 신수사학은 곰곰이 생각하고, 망설이고, 주저하며 회의하는, 그러나 궁극적으로는 신중하게 행동할 줄 아는 사람들을 북돋아 주는 유일한 철학이라고 할 수 있다.

서구 민주주의 체제에서 우리들은 정부의 간섭이 때로는 증가하고 때로는 감소하는 그러한 시기들을 겪어 왔다. 즉 우리는 복지국가의 다양한 단계들을 거치며 살아온 것이다. 가령 미국의 경우 뉴딜 정책, 페어 딜 정책, 뉴 프런티어 정책, 위대한 사회, '공급경제학'과 같은 다양한 형태의 정책이 있어 왔다. 동시에 우리는 낡은 보수주의의 몇 가지 행태들을 부활시킨 로널드 레이건Ronald Regan과 마거릿 대처Margaret Thatcher와 같은 사람들의 정책들을 목도해 왔다. 이제 우리는 서구 전체, 특히 유럽의 모든 국가들의 생활에서 그리고 모든 유럽 그 자체의 생활에서 나타나고 있는 새로운 전환을 뚜렷이 보고 있다. 우리는 다시 한 번 모든 독선적 관념과 '주의'가 거부되고 있고, 혹은 오늘날 우리가 느끼는 바대로 이 두 가지가 거부되었어야 했음을 알게 되었다. 이젠 새로운 길, 새로운 방법, 새로운 목표를 찾아야 한다. 오늘날 우리에게는 '이정표'가 될 만한 이념이 없다. 알려지지 않은 새로운 이념을 탐구하고 입증하기 위해서는 수사학적 사유가 다시 한 번 강력히 요구된다.

전통적 자유주의와 신자유주의, 전통적 보수주의와 신보수주의, 전통적 평화주의와 신군국주의, 전통적 제국주의와 신식민주의, 그리고 다양한 형태의 사회주의와 공산주의 등의 이데올로기가 분명히 사라진 지금, 우리는 완전한 불모지에 우리 자신이 서 있음을 발견한다. 그 불모지는, 사회의 활력과 상상력을 동원할 수 있고 우리가 받아들일 수 있는 어떠한 정치적 이론과 이데올로기도 없는 곳이다.

우리는 매우 조심스럽게 시작해야 하며, 동시에 끝없는 수사학적 대화의 과정을 통해 희망을 버리지 말고 새로운 생각을 토론해야 한다.

신수사학이야말로 20세기 말의 전쟁터에 남겨진 유일한 철학과 방법론이라고 우리가 믿는 이유는 바로 이 점들 때문이다. 이러한 철학과 방법론은 낙원에 이르는 어떤 새로운 길이나 어떤 기적적인 해결을 약속하지 않는다. 오히려 우리는 지상낙원이라는 개념을 불합리하고 비생산적이며 무익한 것으로 간주하여 거부한다.

페렐만은 새로운 철학과 방법론으로 신수사학의 기초를 다져 놓았으나, 그의 작업을 마무리할 수는 없었다. 사실 그의 이론에 따르면 이 작업은 결코 완결될 수 없는 성질의 것이다. 항상 현실이 사유를 훨씬 앞서기 때문이다. 우리는 수사학적 철학과 방법론을 자유와 정의를 위한 영원한 투쟁에서 사람들에게 봉사하는 도구로 발전시키려고 노력해야 한다.

우리가 이 장의 처음과 이 책의 다른 부분에서 언급하는 신수사학의 다양한 근본이론들은 특히 중요한 문제라 할 수 있다. 우리는 신수사학의 창시자가 실증과 부정에서 출발하여 자신의 지적 영감을 발견했음을 강조했다. 왜 그러한가?

페렐만은 때로는 기존의 다양한 개념에 맞서고 또 때로는 많은 전선戰線들에서 벌어진 격렬한 논쟁의 한가운데에서 자신의 새로운 사유방식을 진작시킬 필요가 있었다. 그는 기존의 개념들 중에서 어떤 것들은 철저하게 거부했고, 다른 어떤 것들은 적어도 부분적으로 흡수하려고 노력했다. 새로운 이론을 창조한 거의 모든 사람들이 직면하지 않으면 안 되었던 것처럼, 그 역시 비판가들에 맞서 캠페인을 전개해야 했으며 또한 자신의 새로운 생각을 방어하고 가다듬는 작업이 필요했다. 초기 저술들이 출판된 이후, 페렐만은 그의 이론의 몇몇 양상들을 보다 이해하기 쉽게 설명해야만 했다. 그러다 보니 때로는 이론의 전체적인 이미지나 방법론의 특정 요소가 과장되거나 왜곡되기도 했다.

이미 고인이 된 페렐만은 이 모든 문제들에 대해 더 이상 우리들과 함께 뚜렷이 밝히고 해명할 수 없는 처지이기 때문에, 우리는 창시자가 저술한 책의 내용을 간략히 반복하는 데 그치지 않고, 그 체계 내적 논리를 밝히는 것으로써 그의 이론을 보여 주고자 한다. 이는 그의 소망과 의도를 따르는 것일 뿐 아니라 나아가 보다 균형 잡힌 완벽한 방식으로 페렐만의 이론을 제시한다는 뜻 깊은 일이기도 하다. 20세기의 전환점에 와 있는 우리는 이러한 작업을 수행하면서, 최초의 민법 법전 해석자들이 사용했던 저 유명한 '민법을 통해서, 그러나 민법을 넘어서서par la code civile mais au delà de code civile'라는 의미심장한 금언을 신수사학의 원칙들에 적용시키려 한다. 이렇게 하는 것은 현재 발간되어 있는 수사학 저술들의 지평을 넘기 위한 것이다.

이러한 제안은 결코 수정주의적인 것이 아니다. 우리는 수사학적 이론 또는 방법론의 기본 원리를 수정하거나 바꾸려 하는 것이 아니다. 그러나 우리는 페렐만과는 완전히 다른 상황에 처해 있다. 창시자 자신은 부인했지만 비평가들은 신수사학의 새로움을 일종의 사치에 불과하다고 끊임없이 공격을 가했다. 현재 우리는 그러한 비평의 직접적인 압력과 스트레스로부터 자유롭다. 이제 우리는 충분한 시간적 여유를 가지고, 신논증이론의 모든 요소를 한데 묶어 균형 있게 잘 정돈된 전망으로 제시할 수 있다.

페렐만은 신수사학에 대한 분석적 측면을 저서의 서문에서 먼저 기술하면서, 독자들이 선입견이나 자기 확신이나 독선을 피할 수 있도록 수사학적 대화에 편견 없이 접근할 필요성을 습관적으로 강조했다. 진지한 토론은 그 시작부터 고정관념에서 자유로워야 하지만, 생각을 서로 교환하는 자리에서는 될 수 있는 대로 사실들뿐 아니라 보편적인 결론을 도출해 내는 것이 그 목적이 되어야 한다.

대화의 목적은 사소한 것과 의미 있는 것을 분리하고, 사실과 판단의 비중을 저울질하는 것이다. 이는 사실과 판단에 똑같은 비중을 부여하기 위해서가 아니라, 대신 그 가치를 구별하고 그렇게 함으로써 형태 없는 모자이크를 하나의 이성적이고 기능적인 실체로 정돈해 주기 위함이다. 이러한 실체는 실용적인 목적과 그리고 더 나은 이론적 탐구에 활용될 수 있을 것이다.

수사학적 분석의 목적은 쓸모없는 사실들의 축적을 지양하고, 사리에 맞는 자료를 분명한 목적 아래 재평가하고 재정돈하는 것을 목표로 한다. 칸트의 표현을 빌리자면, 수사학적 분석과 종합은 "그 자체로서 그리고 스스로를 위한" 회의주의를 강화하는 구실을 해서는 안 된다. 도리어 그것들은 일련의 새로운 관념들을 개발하고 행동과 탐색에 있어 새로운 합리적 유형을 개발하기 위하여, 낡은 우상들의 폐기를 추구하는 회의주의의 한 도구로서 취급되어야 한다.

신수사학은 "구렁에서De profundis"[6] 또는 "카디시Kaddish"[7]를 부르짖으며 이데올로기의 전반적인 몰락이라는 현실을 애도하는 것이 아니다. 신수사학은 거부된 체계들 속에서 무엇이 비생산적인지, 무엇이 이성적인지 비이성적인지, 무엇이 성취할 만하고 결실을 맺을 수 있는 것인지 혹은 무엇이 해로우며 제어하기 힘든 것인지를 규정하려고 노력한다. 오늘날 우리는 정치·경제적 이념과 체제가 묻혀 버린 역사의 거대한 무덤 앞에 서 있는 것이다.

그럼에도 불구하고 우리들의 과업은 절망하는 것이 아니고 가치들을 찾아내는 것이다. 그것은 재평가될 수 있고, 재활용되고, 재순환되어 일련의 새로

---

6) 성경 〈시편〉(131 : 2)에 나오는 "야훼여, 깊은 구렁 속에서 당신을 부르오니"라는 구절을 인용하고 있다(옮긴이).

7) 유대교에서 예배가 끝났을 때 읊는 기도의 노래 또는 사망한 근친을 위해 올리는 기도(옮긴이).

운 계획 · 법 · 제도로 재조립될 수 있는 가치들이다. 이것이 신수사학의 요지이며, 또한 그것은 이념적이자 동시에 비이념적이다. 그렇기 때문에 우리의 논증 이론은 정치를 초월해 비당파적인 종합을 이루는 한 방법으로 활용될 수 있다.

제2장

신수사학의 기원과 토대

1. 초기의 딜레마—이성과 도덕

〈신수사학—실천적 추론의 이론〉이라는 논문에서 페렐만은 그 자신의 지적 발전에 대해 언급하고 있다. 그는 정의正義에 관한 첫 연구를 1945년에 출간하면서, 사실에 대한 판단과 가치 간에는 극복할 수 없는 장벽이 존재한다고 말했는데 여기에서 이미 우리는 그가 지녔던 회의적 요소들을 발견하게 된다.

그는 논리경험주의가 "실천적 이성이라는 어떤 이상, 즉 이성적인 행위를 설명할 수 있는 모델과 법칙을 확립한다는 이상을 제공할 수 없기 때문에"[8] 그 한계를 벗어나지 못하는 철학적 탐구에 대하여 깊은 불만을 가지고 있었다.

이러한 사고의 틀 속에서 그는 스스로에게 다음과 같이 질문했다. "이해관계, 열정, 편견 및 신화에 바탕을 둔 비합리적 선택에만 의존하는 대신, 가치들에 대해 추론할 수 있게 하는 가치판단의 어떠한 논리가 존재하는가?"[9]

---

8) Ch. Perelman, "The New Rhetoric : A Theory of Practical Reasoning", *The Great Ideas of Today 1970*(Chicago : Encyclopaedia Britannica, 1970), p. 280.

9) *Ibid*.

페렐만은 그의 가치이론에 주관주의, 회의주의, 절대주의, 또는 직관주의 중 어느 것도 용납할 의향이 없었다. 그는 실증주의적 경험론과 합리주의적 관념론에 대한 실존주의의 비판을 높이 평가했지만, 실존주의가 가졌던 주관주의는 용납할 수 없었다.

그런 딜레마를 해결하기 위해 그가 찾아내었던 실마리는, 수학자들이 사용한 추론을 분석했던 독일 논리학자 프레게Gottlob Frege가 활용한 방법이었다. 이러한 탐구의 결과와, 윤리학자 · 정치가 · 저술가들이 가치판단을 내리기 위해 사용했던 실제적 · 경험적 · 논리적 추론의 과정들은 그의 《신수사학》에 기록되어 있다.

페렐만은 다음과 같이 쓰고 있다.

> 올브레히트 티테카L. Olbrechts-Tyteca 부인과 나는 근 10년 동안 이 점에 대해 탐구하고 분석했다. 그 과정에서 우리들은 둘 중 어느 누구도 기대하지 않았던 결과를 얻었는데 그것은 바로 아리스토텔레스 논리학의 한 부분을 재발견한 것이었다. 이는 우리가 알지도 못했고 바랐던 바도 아니었다. 이는 오랫동안 잊혀져 왔거나 아니면 간과되고 무시된 것으로, 증명적 추론과 구별되는 변증법적 추론을 다룬 부분이었다. 비형식적인 추론의 분석을 다루고 있는, 새롭게 부활된 이 연구 분야를 우리는 '신수사학The New Rhetoric'이라 불렀다.[10]

이렇게 고전수사학은 되살아났다. 그러나 '재탄생'이란 지난 과거의 단순한 재탄생이 아니다. 그것은 새로운 요소들을 지니고 있으며, 새로운 환경 아래에서 새로운 방식으로 작용한다.

신수사학은 우리들 세기의 사회적 · 지적 발전이 제기한 실천적 · 이론적 필요성의 결과로 탄생하였다. 전통적 경험주의, 실증주의, 신실증주의, 실용

10) *Ibid.*, p. 281.

주의, 합리주의, 그리고 이들이 제시한 모든 새로운 형식들은 오늘날 거세게 밀려오는 시대적인 쟁점에 제대로 응답할 수 없었다. 삶에 대한 새로운 요구가 시급하였다. 사람들은 결정을 내려야 했고, 자신들의 결정이 합리적인 방법이기를 바랐다. 특히 20세기에, 우리는 신흥국가뿐만 아니라 모든 것이 잘 확립된 서구 민주주의에서도 좌파와 우파의 전체주의에 의해 야기된 비합리주의의 성향이 지속적으로 기복을 이루어 왔음을 목격해 왔다.[11] 애초부터 신수사학은 삶의 양상들을 분석하는 하나의 방법으로 사용되어 왔다. 이 방법은 형식논리학의 한계를 초월하는 것으로, 형식논리학은 삶의 제반 양상들을 포괄하지 못하며 그 때문에 통상 이성의 의식적인 적용과는 거리가 먼 방법으로 폄하되어 왔던 것이다.

2. 합리적인 것과 이성적인 것—단일주의와 다원주의

신수사학은 일관된 합리주의 철학으로서 방법론적 근간을 구성하는 세 가지의 기본요소를 갖는다.

- 이성적인 것과 합리적인 것 간의 관계에 대한 새로운 해결
- 청중의 문제
- 대화의 문제

어떤 명확한 논증을 논리적이면서 동시에 참되게 입증코자 할 경우, 지식인

11) Cf. Stephen Haseler, “The Totalitarian Temptation by Jean-Francois Revel”, *Commentary* 64, no. 2(August 1977), p. 80. 1939년에 이미 조지 오웰George Orwell이, 명백한 사실에 대해 간략히 재진술하는 것이야말로 지식인의 의무가 되었다고 말했던 것을 기억할 필요가 있다. 이러한 상황은 지난 반세기 동안 개선되지 않았다.

들은 삼단논법과 진리의 단순한 힘이 사유할 수 있는 모든 사람의 마음속에 결정적인 영향을 끼치기에 충분할 것이라고 항상 믿어 왔다.

이러한 지식인들은, 만약 두 사람이 똑같은 일에 대해 상반된 판단을 내릴 경우 두 사람 모두 잘못일 수도 있겠지만, 적어도 한 사람은 잘못이거나 비합리적임에 틀림없다고 말했던 데카르트를 신봉한다. 어쨌든 데카르트가 말했던 것처럼 만약 둘 중 하나의 추론이 확실하고 분명하다면, 그는 그 추론이 가진 진실성을 통해 상대방을 납득시킬 수 있을 것이다.[12)]

논증 이론은 데카르트와는 출발점이 다르다. 신수사학에 따르면 데카르트 학파의 주장은 과장되어 있고, 이치에 맞지 않는다. 페렐만이 의도하는 바는, 인간적 · 실제적 · 정치적 · 도덕적인 문제들은 참 혹은 거짓이라는 이율배반의 명제로 축소될 수는 없기 때문에 양자의 입장이 다 옳을 수 있다는 것이다. 거기에는 형식논리의 범주로 제시될 수 없는 문제들이 있으며, 그것들은 삼단논법으로 표현되거나 증명될 수 없다. 합리적인 것과 이성적인 것 간에는 차이가 존재하기 때문에, 다양한 견해들이 동시에 모두 '이성적'일 수 있다. 이러한 구분은 페렐만의 신수사학과 다원주의에서 핵심적인 위치를 차지하고 있다.[13)]

다양한 형식의 철학적 · 법리적 실증주의에 따르면, 형식논리는 증명과 입증의 유일한 도구이다. 합리적이라는 것을 좁은 의미로 정의해 버린다면, 정치와 도덕 등과 같이 행위와 관련된 거의 모든 영역은 "불합리한 것이 되어 버리고 만다."[14)]

이것은 대중적으로 영향력을 행사하는 공리주의적 접근의 경우이다.

---

12) 페렐만은 이러한 생각을 〈결정의 불일치와 합리성Disagreement and Reasonableness of Decisions〉, p. 2에서 분석하였다.

13) 다원주의에 대한 문제는 뒤에 논의될 것이다.

14) Ch. Perelman, *A Theory of Practical Reasoning*, p. 54.

단 하나의 이성적 결정이란 이익만을 추구하는 공리주의적 계산에 따르는 것처럼 보인다. 만약 그렇다면, 모든 목표는 쾌락 즉 공리라는 오직 하나의 것으로 축소될 것이며, 가치를 에워싼 모든 갈등은 쓸모없는 이념에 근거한 것이므로 폐기될 것이다.[15)]

합리성을 단 하나의 원칙으로 축소시키는 것은 '비합리적 다원주의' 또는 '단일주의'를 초래한다. 가치에 대한 단일주의적 생각은 보통 비합리적이고 비이성적이다. 단일주의는 흔히 권위주의 정권들, 특히 합리적 근거('괴상한 현실주의')를 가진 것처럼 위장하는 권위주의 정권에서 보통 사용돼 왔다.

예를 들어, 도덕에 관해 소련에서 공식적으로 표명하는 스탈린주의 이론은, 널리 알려진 다음과 같은 공리를 사회주의자의 윤리적 근거로 소개해 왔다. 전 세계에 걸쳐 공산주의의 승리를 성취하는 데 이바지하는 것은 그 어느 것이든 도덕적이다.[16)] 분명 이러한 개념은 도덕의 문제를 현재의 정치적 전략의 요건으로 축소시키게 된다. 비록 주어진 전제가 일단 수용되어, 도덕과 관련되고 동시에 삼단논법 상 올바른 모든 결론들이 합리적이라는 것을 쉽게 '증명'할 수 있을지라도. 그러나 그 결론들은 정말 이성적인가? 그것들은 인도적인가?

나치는 그들의 전제로부터 '순수' 독일 민족에게 좋은 것은 정치 · 법 · 도덕에 있어 최상의 기준으로 간주되어야 한다는 결론을 도출해 내었다. 이러한 결론은 같은 방식의 추론이 논리적으로는 정확히 적용된 것이라고 말할 수 있다. 이렇게 '합리적인' 나치의 결론을 어떻게 반박할 수 있겠는가? 논리적 ·

15) *Ibid.*, p. 55.

16) P. Kolonitsky, "Communist Morality and Religious Morality", *Molodoy Bolshevik*, November 1951 : "공산주의 도덕은 공산주의의 건설이라는 대의에 복무한다"(p. 53) ; "공산주의 도덕을 포함하여, 공산주의의 전체 이데올로기는 노동자의 해방이라는 대의에 종속된다"(p. 60).

실증주의적 방법이란 것이 과연 충분한 것인가? 우리는 오직 형식논리를 넘어서서 이성의 개념을 확장시킴으로써, 나치, 스탈린주의자 그리고 그 외의 비인도적 이념들을 비이성적인 것이라고 증명해 낼 수 있다.

> 행동의 영역에서 가치를 단일주의로 그렇게 제한하는 것을 수용하려 하지 않고, 가치를 축소시키지 않는 일이야말로 우리의 자유와 정신생활의 토대라는 믿음으로 그러한 축소를 거부한다면, 그리고 또한 다양한 분야—정치 · 도덕 · 법사회과학, 그리고 무엇보다 철학—에서 정당화가 어떻게 이루어지는가를 고려한다면, 우리의 지적 도구들은 어느 것도 형식논리로 축소될 수 없다는 것이 명백해 보인다.[17)]

신수사학은 형식논리를 배제하지 않으며, 연역과 귀납에 관련되는 삼단논법의 가치를 거부하지 않고, 오히려 인간의 총체적 추론 속에 그것들이 자리잡을 수 있는 적절한 위치를 마련해 준다. '이성적'이라는 개념은 본질적으로 다원적이다. 그것은 단일주의나 전체주의의 주장들과는 양립될 수 없다.

'합리적인 것rational'과 '이성적인 것reasonable' 간의 구별은 새로운 것이 아니다. 그것은 주로 근대 합리주의의 흥기 이후 지금까지 다양한 명칭과 용어로 논의되어 왔다.

합리적인 것과 이성적인 것, 이 두 용어는 똑같은 내용에서 갈라진 것이다. 두 용어 모두 이성에 부합한다는 의미를 내포하고 있지만 상호 대체되지는 않는다. 하나는 논리적 합리의 법칙에 따르는 연역을 요구하지만 반드시 이성적이지는 않다. 그렇지만 타협은 이성적인 것이라고 부를 수 있다. 합리적 결정도 비이성적일 수 있으며, 역으로 비합리적인 결정도 이성적인 것이 될 수 있다

---

17) Ch. Perelman, *A Theory of Practical Reasoning*, p. 55.

는 점을 잊어서는 안 된다.

예를 들어, 페렐만은 고드윈Godwin이 제시했던, '자신의 아버지가 다른 사람보다 더 훌륭한 인간임을 증명할 수 없다면 그가 자신의 아버지를 다른 사람보다 더 사랑한다는 것은 합리성이 없다'라는 유명한 논증을 분석한다. 고드윈의 생각은 논리적이고 합리적일지 모르지만 누가 그것을 이성적이며 또한 인간적이라고 할 수 있겠는가고 페렐만은 비판한다.

이러한 사례와, 이와 같은 다른 많은 예들은 "이성적인 생각은 적어도 두 개의 정반대되는 방법으로 제시된다"는 사실을 보여 준다.[18] 이러한 성찰은 정치적 · 법률적 · 도덕적 다원주의를 구성하는 가장 중요한 철학적 전제 중의 하나이다. 편협하게 해석된 합리주의는 우리를 단일주의와 절대주의로 유도할 가능성이 있으며, 반면 이성적인 것은 세상에 대한 다원주의적인 전망으로 유도할 수 있다.

'합리적인 것'은 "수학적 이성과 상응한다. 즉 어떤 의미로 그것은 필연적 관계를 포착하는 신적神的 이성의 반영이다"라고 설명될 수 있다.[19] '합리적인 것'은 "그것이 경험이나 대화와는 관계가 없으며, 또한 교육에도 의존하지 않고 환경 또는 시대의 문화에도 의존하지 않기 때문에" 자신의 관점을 모든 이성적 존재들에게 강요한다. '합리적인 것'은 "자명한 진리"와 관계된다.[20]

러셀Bertland Russel에 따르면 "합리적 인간이란 단지 비인간적인 괴물에 지나지 않는다."[21]

언제나 합리적이고자 노력하는 사람은 이성을 다른 능력으로부터 분리한

---

18) Ch. Perelman, "The Rational and the Reasonable", *The New Rhetoric and the Humanities : Essays on Rhetoric and its Applications*(Dordrecht : D. Reidel, 1979).

19) *Ibid*.

20) *Ibid*.

21) *Ibid*.

다. 그는 마치 기계처럼 기능하는 일방적인 존재이다.

반면 이성적인 사람은 언제나 '합리적'이지는 않다. 그는 '상식' 또는 '양식'에 의해 영향을 받으며, 자신이 처한 환경 속에서 그리고 가능하면 모두에 의해 수용될 수 있는 일을 하려고 노력한다. 그는 변화하는 상황, 사회 발전, 감수성, 도덕적 진전, 예의범절의 변화하는 기준들을 고려한다. 왜냐하면 "오늘 이성적인 것이 내일은 이성적인 것이 아니기 때문이다".[22] 이성적인 것에 대한 그러한 폭넓은 개념 없이는 이성은 진부한 것을 거부하는 어떤 수단이기보다는 보수의 보루, 즉 고착화의 도구로 전락될 수도 있다. 이성적이라고 하는 것은 인류가 변화하듯이 변화한다. 이성적인 개인은 언제든지 다양한 집단들과, 그리고 수많은 관념들 및 철학들과 공존할 수 있다. 그는 다원적 세계에서 생활할 준비가 되어 있는 사람이다.

합리적이라는 것은 쉽사리 편견에 빠질 수 있으며 사회적으로 받아들일 수 없는 결론으로 이끌리기 쉽다. 이런 현상이 발생했을 때 우리는 전체의 체계를 다시 평가해야 한다고 페렐만은 말한다. 그는 이어서 법에서 "이성적이라는 것은 공평한 해결에 상응하는"[23]관념이라고 말한다.

일반적으로 '이성적인 것'은 기존의 현실을 무비판적으로 수용하는 것을 반대한다. 즉 이성적인 것은 다원적 변화를 촉진하는 데 반해 합리적인 것은 안정성에 적합하다.

페렐만의 '합리성' 개념과 밀스의 '괴상한 현실주의'의 개념은 놀라울 정도의 유사성을 갖는다. 밀스는 동서양의 통치자와 그들의 유사 지성주의pseudo-intellectualism에 대해 언급한 많은 저서와 논문에서 이 표현을 사용한다. 밀스는

22) *Ibid.*

23) 덧붙여 말하자면, 이성적인 것의 변증법과 정의 및 평등의 변증법 사이에도 또한 어떤 연결고리가 있다.

다음과 같이 쓰고 있다.

> 미국의 화이트칼라 계층과 소련의 인텔리겐치아의 중간 계층에서—아주 상이한 방식이지만 때로는 놀라울 정도의 유사성을 가진—괴상한 현실주의자들이 발흥하는 현상이 나타나고 있다. 이러한 모든 유형의 계층들은 어떤 공통의 에토스ethos, 즉 이성이 없는 합리성을 나타내고 있다.[24)]

밀스는 세계적 재앙을 초래할 게임의 법칙을 합리화하는 동서 양 진영 세계의 통치 집단을 비난한다. 그들은 자신들의 '비이성'을 무마하기 위해서 논리와 현실주의에 호소한다. 그들에 따르면 '이상주의자'가 된다는 것은 단순히 권력 엘리트들이 수용한 것들과는 다른 가치를 인정한다는 것을 의미한다.

> 그러나 사실은 그들이 현실주의의 이름 하에 미친 사람 같이 행동하는 자들이 아닌가? 사실은 그들이 이상주의자들이 아닌가? 실천적이고 현실적이며 지상에 발을 붙인, 바로 이러한 생각과 행위를 두고 이 괴상한 현실주의자들은 다만 '이상적'이라고 부르고 있다. 우리는 지금 이러한 상황에 처해 있는 것이 아닌가?[25)]

여기서 우리는 '비이성적인 것'이 가진 또 다른 의미를 파악할 수 있다. 그것은 가능한 것과 바람직한 것을 옹호한다. 그것은 '필연적 현실'에 승복하지 않는다. 합리주의자들이 현실을 '주어진' 것이거나, 하나의 전제로 받아들이고 또한 '필연적인' 어떤 것으로 수용하는 데 반해, 진정으로 이성적인 사람은 진부해져버렸거나 그렇지 않다면 바람직하지 않게 되어버린 것을 극복하려고

---

24) Ch. Wright Mills, *Power, Politics & People*, ed. Irving Louis Horowitz(New York : Oxford University Press, 1974), p. 393.

25) *Ibid.*, p. 402.

노력한다.

제한된 현실주의 또는 유사 합리주의는 현대의 '비지성적' 보수주의의 철학적 기반으로 오늘날 사용되고 있다.[26)]

> 지식인들이 신보수주의의 온건성에 매료되어 있는 동안, 말없는 보수주의자들은 정치적 권력을 장악했고 〔…〕 이 사람들은 지성을 상투적인 말로 대체했으며 〔…〕 자신들보다 우세한 지성의 견제가 없다는 사실을 그들 대부분은 믿고 있었다. 이들 괴상한 현실주의자들은 현실주의라는 이름 아래 편집증적인 현실을 구축해 왔다.[27)]

밀스는 여러 가지 사회학적 · 정치학적 개념들이 사실은 이성 부재의 현대적 '합리성'에 지나지 않는다고 주장한다. 우리는 그것을 차라리 '이성적인 것이 없는 합리주의'라고 부르고자 한다. 그들은 사회적 현 상태를 정당화하고, 아울러 모든 개혁과 민주적인 다원주의를 선험적으로 적대시하는 보수적인 비지성적 태도를 정당화한다. 현대의 합리주의가 '체제순응적'인 경향과 획일화의 경향이 있음에 반해, 이성적인 것은 항상 획일화를 거부하고, 어떤 형태의 절대적 질서도 무너뜨리며, 물질 · 정신 · 경제 · 정치 등의 모든 생활영역에서 다원주의를 북돋운다.

도덕과 정치에 적용될 경우 신수사학은, 사람들이 정치적 규범은 물론 행위규범을 정당화하기 위한 이성적인 근거를 찾을 수 있고 또 찾아야 한다고 주장

---

26) 공식적으로 비합리적인 생각들에 근거를 둔 보수주의가 존재한다. 그러나 현대 서구와 동구의 보수주의자들은 오히려 자신들을 합리적인 사회질서와 운동을 추구하는 사람들이라고 말한다.

27) Ch. Wright Mills, *Power, Politics & People*, pp. 603-610. 밀스는 공산주의자와 자본주의적 '현실주의자'와 합리주의자들이 지닌 동일한 특성에 대해 언급하고 있다.

한다.[28]

흄 이후, 많은 철학자들은 일련의 도덕적 법칙이 다른 법칙보다 선호된다는 것을 증명하는 것이 불가능하다고 논해 왔다.

만약 논리학자들이 '당위Sollen'의 영역에 있는 이성에 근거한 단순한 선호 가능성을 논외로 해 버린다면, 그때 논리학자들의 연구영역은 확장되어야 한다고 신수사학은 주장한다. 이러한 확장은 "소크라테스 이후 변증법이라고 불리어졌던 것의 연구를 통해" 형식논리를 보완할 것이다. 그리고 "나는 그것을 논증이라 부르고 싶으며, 그것을 증명이론으로 구상된 형식논리학과 대비시키고 싶다"고 페렐만은 말한다.[29]

도덕적 원리를 구성하는 이성이 존재하기 때문에 도덕적 원리들이 구성된다는 사실을 우리는 결코 간과해서는 안 된다. 그렇기 때문에 우리는 그 원리들이 이왕에 채택되었어야 했는지를 논의해야 하고, 만약 그렇다면, 주어진 상황과 논쟁에서 어떻게 적용되어야 하는가를 논의해야 한다.

실증주의자들은 규범의 정당화를 명제들의 논리적 증명과 동질의 것으로 받아들인다. 우리의 행위와 결정이 '진리'일 수 없기 때문에 우리의 행위(그 행위의 원리들)에서 진리의 문제는 의미가 없다. 그것들은 도덕적 규범 또는 법적 규정에 따라서 옳고, 편리하고, 이성적이고, 평등하고, 사려 깊은 것이라고 설명될 수 있다. 우리들의 결정과 행위는 물론 사실들과 관련된 정보에 의존한다. 그 정보는 사실일 수도 허위일 수도 있으며, 그것이 진실인지 혹은 허구인지의 문제가 우리의 결정과 행위에 영향을 줄 수도 있다.

신수사학은 순수한 관조적 이론이 아니다. 그것은 다양한 논쟁에 의해 분열

---

28) Ch. Perelman, *The Justification of Norms*, p. 1 Leonard G. Miller, "Koral Scepticism", *Philosophy and Phenomenological Research* XXII(1961), pp. 239-245.

29) *Ibid.*, p. 4.

된 대중의 지지를 최대한으로 확보할 수 있는 가장 타당하고도 충분하며 공정한 결정을 내리는 방법을 찾으려는 실제적인 목적을 위한 논증의 이론이다. 신수사학은 직접적으로 행위를 겨냥하면서, 실천적이면서도 이성적인 결정을 내리는 데 의식적으로 도움을 주고자 하는 이론이다.

3. 대화와 청중

대화는 논증과정의 형식이며 영혼이다. 수사학적 관점에서 본다면, 법정法庭 담론은 대화의 한 형식으로서 또한 미국 및 유럽의 법 이론과 법의 실행에 대한 하나의 철학적 근거가 된다.

대화가 존재하기 위한 첫 번째 선행조건은, 생각을 교환하고 지식인의 지지를 얻어내는 일에 있어서 적어도 두 참여자의 관심을 유도하는 것이다.

대화가 존재하기 위한 두 번째 선행조건은 참여자에게 자유를 부여하는 일이다. 대화자는 질문을 던지거나 반대논의를 제기하는 것을 두려워하지 말아야 한다. 대화에 적극적으로 참여하기를 두려워하거나 머뭇거리는 사람들은 지지를 얻어낼 수 없다.

화자 혹은 저술자는 누구나 자신의 '청중'을 어느 정도 알고 있으며, 자신이 어떤 대중을 대상으로 하고 있는가를 알고 있다.

"수사학의 목표를 달성하기 위해서는 청중의 개념이 명백히 규정되어야 한다고 생각한다. 청중이란 화자가 논증을 통해 영향력을 행사하려는 사람들 그 전체이다."[30]

신수사학의 구조에서 청중의 개념은 아주 중요하다. 우리는 때로는 개인을 설득하려 하고 또 어떤 때는 전체 사회 집단을 설득하려 한다. 화자는 한 집단과

---

30) Ch. Perelman, "The New Rhetoric", *op. cit.*, p. 19.

다른 집단의 사회적 환경이 어떤 점에서 다른가를 알아야 한다. 그는 "청중이 행사하는 사회적 기능"을 알아야 한다.[31] 화자와 저술자는 그가 대하고 있는 청중이 항상 변하고 있음을 깨달아야 하며, 그렇기 때문에 진정 위대한 연설자는 "지속적인 적응"[32]의 기술을 터득해야 한다. 그러나 데모스테네스Demosthenes[33]와 같이 페렐만은, 수사학을 격하시켰던 단순한 '아첨'을 '적응'과 동일시하지 않았다. 신수사학은 위선의 기술이 아니다.

> 청중을 효과적으로 설득할 수 없을 때 연설자는 자신이 내키지 않는 방법을 사용하는 경우를 제외하고는 거의 모든 경우 청중을 설득하는 일을 자유롭게 포기할 수 있음을 간과하지 말아야 한다. 논증에 관한 한, 설득에 성공한다는 게 언제나 영예로운 것이라고는 생각지 말아야 할 것이며, 나아가 그러한 의도를 갖지도 말아야 할 것이다.[34]

이제까지 우리는 신수사학이라고 볼 수 없는 것에 관해 검토했다. 신수사학은 비도덕적인 목표를 위해 비도덕적인 수단을 사용하는 기술이 아니다. 그것은 어떤 목적을 달성하는 데 있어 미심쩍은 방법을 사용하는 기술이 아니다. 수사학적 논증은 전제적 지배자나 전체주의적 지배자들에 의해 악용될 수도 있다. 그러나 신수사학은 두려움을 느끼지 않는 대중과의 자유로운 대화를 전제조건으로 하며, 이러한 대화는 전제주의 하에서는 있을 수 없다. 자유로운

---

31) *Ibid.*, p. 21.

32) *Ibid.*, p. 23.

33) 고대 그리스의 정치가이자 웅변가. 청년기부터 법정 연설로 명성을 떨쳤으며 특히 정치 및 법정 연설문의 작성에 능했다. 당시 아테네를 제패하려는 신흥도시 마케도니아에 대항해 쓴 연설은 특히 유명하다. 그러나 아테네를 부흥시키려는 시도가 결국 무산되자 그는 자결했다(옮긴이).

34) *Ibid.*, p. 25.

대화가 요구되는 이유는, 오직 적극적인 청중만이 의도적인 거짓말이나 그릇된 설명을 조만간 간파하고, 그 잘못을 수정할 수 있기 때문이다.

논증이 기대했던 효과를 거두지 못했다고 해서 논증의 전제가 완전히 잘못되었다거나, 부당하다거나, 터무니없다는 것을 의미하지는 않는다. 청중은 여러 가지 이유로 논증을 거부할 수 있다. 그러나 논증이 자유롭게 교환될 때 나왔던 거짓말들은, 그것이 다른 많은 상황들에 부닥치게 되면 즉시 밝혀지게 되어 있다.

신수사학은 어떤 것도 당연한 것으로 여기지는 않는다. 공공연한 것이든 은폐된 것이든, '내가 명확하고 확실하게 목격한 것'이 진리라는 이론의 모든 잔재들에 대해 페렐만은 반대해 왔다. 이러한 그의 투쟁은 20세기의 사이비 지성에 대항하는 새롭고 일관된 지성주의의 가장 중요한 전투가 되었다.

20세기 들어, 상식은 신홉스주의자들의 '암흑의 왕국'에서부터 시작된 새로운 공격에 맞설 수 있는 효과적인 무기의 구실을 하지 못했다. 왜냐하면 새로운 왕국은 애초 그 자신을 이성의 제국으로 제시했기 때문이다.

그렇기 때문에 이성은 새로운 논증이론으로 강화되어야 하고 이성적 해결책은 다원화되지 않으면 안 된다. 정말로 증명이 필요한 사안을 두고도 많은 사람들은 그것을 명백하고 합리적인 것이라고 당연시하는 경향이 있음을 신수사학은 잘 알고 있다. 상황이 급격하게 변해도 사람들은 전통적인 생각을 그대로 수용하게 마련이다.

형식논리는 주어진 전제를 의심하지 않는 반면, 신수사학은 모든 것에 대해 비판적이다. 신수사학은 모든 것을 당연한 것으로 여기지 않으며 과거에 확립된 것이라고 해서 그것을 의심 없이 그냥 수용하지는 않는다. 즉 신수사학은, 상식 그 자체의 뿌리와, 사실과 진실 그 자체마저도 잘라 버리기를 사람들에게 강요하는 모든 명시적이거나 묵시적인 가정 · 전제 · 명제들을 거부한다.

논증이론의 관점에서 보자면, '사실'이란 현재의 청중이 논쟁의 여지가 없다고 동의한 것을 지칭한다.[35] 그렇지만 어떤 '사실'은 다음과 같은 경우에는 사실일 수 없다. 현재의 대중들이 그것에 대해 의문을 제기하거나, 혹은 원래의 청중이 확대되어 기존의 구성원에게는 검증이 필요치 않는 것에 새로운 멤버들이 의문을 제기하게 되는 경우가 그러하다.[36]

이는 '사실'이란 것이 완전히 주관적임을 의미하는가? 문제는, 수사학적 논쟁이 모든 의구심을 일소하려는 사소한 문제들과는 별 관계가 없다는 것이다. 예를 들어, 어떤 청자의 태도와 아예 무관하게 어떤 것을 사실이라고 단정해버리는 어떤 정당이 있을 경우 그 정당을 지지할 만한 궁극적인 기준을 찾는 것은 불가능하다.[37]

배후에 논증의 지원이 없는 '사실'은 견해를 달리하는 사람들의 세계에서는 독자적으로 생존할 수 없다. 어떤 '사실'은 자립적으로 생존하기 위한 독자적인 능력과 힘을 갖고 있지 않다.

'사실들'에 대한 이러한 모든 관찰들은 보다 복잡한 양상을 띠기는 하지만 "진리"에도 적용된다.[38]

수사학적 논증은 결코 결론이 없다. 그것은 같은 강물에 두 번 다시 진입할 수 없는 헤라클레이토스의 강[39]과 같다. 진리는 언제나 변하기는 하지만, 여전

---

35) *Ibid.*, p. 67.

36) *Ibid.*, pp. 67-68.

37) *Ibid.*, p. 68.

38) *Ibid.*, pp. 68-69. 사실과 진리의 차이는 무엇인가? 논증의 관점에서 보자면, 그것은 상대적인 차이이다. "'사실들'이란 용어는 일반적으로 제한적인 동의를 얻는 정확한 대상을 지칭하기 위하여 사용하는 데 반해, '진리'란 용어는 오히려 '사실들' 간의 연관관계에 관한 보다 복합적인 체계에 적용된다."

39) 그리이스 철학자 헤라클레이토스는 흘러가는 강을 보고 "우리는 같은 강물에 두 번 다시 들어 갈 수 없다"고 하면서 "만물은 유전流轉한다 panta rhei"라는 명제를 남겼다(옮

히 만져서 알 수 있고 어디에도 적용 가능한 어떤 것으로 존재한다. 왜냐하면 진리는 무한한 청중과 끊임없는 대화를 나누는 가운데 지속적으로 문제를 제기하기 때문이다. "반대도 좋다 〔…〕 모든 것은 투쟁에서 생겨난다 〔…〕 숨은 조화가 표면의 조화보다 낫다."[40)]

수사학은 수면 아래에 잠복해 있는 참된 관계를 수립하는 데 유용한 도구이다. 최상의 것은 "이질적인 것으로부터" 나온다는 것을 수사학은 우리에게 상기시킨다.[41)]

우리는 끊임없이 의심하고 불안하도록 운명지어져 있는 것일까? "변화 속에 안정이 있으며 〔…〕" 그리고 변화는 "합의와 평화라고 불리지만 〔…〕 파괴를 향해 나아간다".[42)] 이것이 바로 아리스토텔레스 이전 수사학의 원천들 가운데 하나이다. 그 원천들이 모두 신수사학과 민주적 다원주의 사이의 본질적인 연결고리를 결정한다. 완벽한 것은 없고 그럴듯한 질서도 없으며, 절대적 지혜와 지식을 완전하게 장악하는 사회집단이나 정당은 없다.

신수사학은 다원주의적 민주주의 개념을 위한 철학적·방법론적 근거를 구성한다. 그 역도 마찬가지이다. 다원주의는 논증이론으로 우리를 이끌어 가고, 다원주의 자신의 존재를 위해 논증이론의 지원을 필요로 한다. 이론과 방법론은 다원주의와는 불가분의 관계이다. 이러한 일반적인 방법론적·철학적 고찰은, 법과 정치와 도덕의 철학에 직접적인 영향을 준다.

긴이).

40) Heraclitus, "Fragments 46·47", in *Selections from Early Greek Philosophy*, ed. Milton C. Nahm, 4th ed.(New York : Prentice Hall College Div, 1964).

41) *Ibid.*, p. 46.

42) *Ibid.*, p. 83.

제3장

신수사학과 변증법

1. 머리말

카임 페렐만의 신논증이론은 불가피하게 변증법적 방법론을 계승해 왔으며, 동시에 변증법은 신수사학의 토대와 신경계神經系가 되었다. 신수사학은 우리들이 오랫동안 찾아 왔던 핵심적 이론으로서, 이것은 전통적인 변증법에 새로운 활력을 불어 넣었으며 변증법을 창조적이고 발전적인 새로운 국면으로 나아가게 만들었다.

변증법과 수사학은 각자 고유한 역사를 갖고 있다. 변증법적 철학과 방법론의 역사적 발전 속에서 수사학적 사유를 평가하는 것이 오히려 더 바람직할지 모르며, 반대의 경우도 마찬가지일 것이다. 지금 우리가 목적하는 바는 다만 이들 철학의 발전에 있어서 각각의 최고 단계를 살펴보는 일이다. 즉 헤겔Hegel에 의해 발전된 변증법과 페렐만에 의해 다시 태어나고 발전된 수사학이 그것이다.

지난 60년 동안, 큰 영향력을 끼쳤던 일단의 철학자 그룹은, 헤겔 철학의 변증법적 방법론을 발전시킨 사람이 마르크스와 최종적으로는 레닌이라고 주장했으며, 또한 마르크스와 레닌이 변증법의 핵심을 진실로 구현했다고 주장했다. 마르크스와 레닌이 그들 자신의 철학과 정치경제학, 그리고 이념을 뒷받침하기 위하여 변증법적 방법론을 적용하려고 노력한 것은 사실이다. 그렇지만 그들은 헤겔의 변증법적 범주에 새로운 차원의 방법론을 첨가하지는 못했다. 설사 그들이 어느 정도 공헌은 했더라도 그 사소한 것들에 지면을 할애할 필요는 없다.

마르크스는 자신의 변증법적 방법을 두고 헤겔이 "우파를 다시 상향시킨 것"과는 "정반대"라고 썼지만, 사실 "이해 가능하고 의식 있는 방식으로 변증법의 보편적 작용형식을 처음으로 제시한 사람은" 바로 헤겔이었다. 그렇기 때문에 마르크스는 스스로를 "위대한 사상가의 생도"로 자인할 수 있었고, 공개적으로 그렇게 인정되었다.[43]

마르크스의 이러한 주장을 지나친 겸손으로 생각하지 말아야 한다. 마르크스는 헤겔 철학의 방법을 자기 식으로 활용했으나 이러한 방법론을 발전시키지는 않았다(만약 그가 하려고만 했다면 조금이라도 발전시켰을 것이다).

헤겔은 오늘날에도 넘어설 수 없는 고전적 방식으로 변증법의 기본 범주를 다음과 같이 분석하였다. 상호 적대적인 갈등과 통합, 현실적 본질과 '생성werden'으로서의 사유, 양과 질, 필요와 자유, 우연과 법칙, 본질과 외양, 실질과 형식, 부정否定과 지속 등의 범주로 분석하였다.

비록 현실세계의 절대자로서의 '이데아'에 대한 헤겔의 생각은 일종의 객관적 이상주의에 속하지만, 헤겔은 실재에 대한 변증법과 그것이 마음의 거울에 비친 반영, 즉 심상心象을 분석하는 데 크게 공헌했다. 즉 그는 보편과 특수의 변증법, 세계를 이해하고 터득하는 단계로서의 사유의 범주에 대한 변증법에

---

43) Karl Marx, *Capital*(Chicago : Charles H. Kerr & Co., 1921), vol. 1, p. 25.

크게 공헌한 것이다.

변증법과 수사학의 비교는 헤겔의 변증법적 방법과 카임 페렐만이 재생시키고 정교하게 다듬은 수사학을 비교함으로써 적절히 수행될 수 있다.

2. 모순과 상식에 관한 변증법과 수사학

수사학적 논쟁은 하나의 세계에서 진리에 접근하는 수단이다. 그 세계에서는 "모든 것이 투쟁으로부터 생겨나는데"(Fr.46) 그 이유는 "전쟁이 모든 것에 공통적이고,"(Fr.62) 또한 전쟁은 "모든 사물의 아버지이자 왕"(Fr.44)이기 때문이다.[44] 투쟁(또는 전쟁—헤라클레이토스는 보통 이 두 개념을 같은 의미로 사용한다)은 심지어 조화와 정의의 근원이기까지 하다.

모순의 개념은, 모든 '물질적' 또는 '이념적' 변증법의 출발점이다. 그것은 변증법과 수사학 둘 다의 '영혼'이다. 이 개념은 넓은 의미로 보아 헤겔 철학의 논리를 이루는 기초이기도 하다.

헤겔에 따르면 투쟁과 적대감의 복합성을 반영하지 않은 사상은 "익숙한 사상 형태"이지만, 그것들은 단지 그가 《논리학》 2판의 서문에 써 놓은 것과 같이, "생명 없는 뼈 조각들"[45]일 뿐이다. 사상의 역사는 언어의 역사와 관계된다. 언어 발달의 각 단계는 '주관적 변증법'의 산물로서, 동시에 변증법적 사유를 보다 발전시키기 위한 하나의 도구가 된다. 헤겔은 단어들이 단순히 다른 것이 아니라, 그것들이 "서로 대립되는 의미"[46]를 나타낸다는 사실을 흔쾌히 받아들였다.

44) Heraclitus의 모든 구절은 Milton C. Nahm, ed, *Selections from Early Greek Philosophy*, 4th edition(New York : Prentice Hall College Div, 1964)에서 인용하였다.
45) G. W. F. Hegel, *Collected Works*, vol III, *The Science of Logic*(Berlin, 1983), p. ii.
46) *Ibid.*, p. 12.

우리들의 지식이 발전하는 각 단계는, 우리의 언어와 주관적 변증법 전체에 반영되어 있는 모순을 새롭게 발견하는 것을 의미한다.

경험적 관찰과 지성적 반영(사유) 간의 차이는 상대적이다. 이 차이는 실제적이기보다는 이론적이다. 그러나 수사학적 관점에 의거해 볼 때, 우리는 모든 영역, 즉 지식을 습득하는 과정의 각 단계에서 오류를 저지를 위험이 있다는 것을 아는 것이 중요하다.

사유의 영역과 그것의 경험적 자료와의 관계에서 우리는 경험적 자료 또는 '상식'을 과대평가 또는 과소평가할 위험에 항상 노출되어 있다. 헤겔은 "세속적인 부정"[47]으로서의 상식에만 근거를 둔 부정을 요구한다. 여기서 그는 디오게네스Diogenes가 엘레아 학파[48]에 반대해서 행했던 그 유명한 운동에 관한 증명에 대해 언급하고 있다. 디오게네스는 일어나 걸어 보임으로써 증명했던 것이다.

사실 디오게네스의 증명은 세속적인 것이 아니다. 즉 그는 부정할 수 없는 것을 부정하는 지적 기만술을 사용했던 반대파 철학자들에 대항하여 그것을 사용했던 것이다. '세속적'이라는 것은 논증의 질에 의존할 뿐만 아니라 논증이 이루어지는 상황에도 의존한다. 여기서 말하는 상황에는 청중의 인식과 지성 그리고 우리가 설득시키거나 패배시키고자 하는 반대파가 사용했던 수단과 행동이 포함된다.

과학적 탐구로부터 도출된 복잡한 테제들을 반박하기 위해 상식을 사용하려고 할 경우, 그러한 상식의 사용은 항상 우스꽝스럽게 되기 마련이다. 지구가 움직이지 않고 또한 움직일 수 없다는 것을 증명하기 위해 잘못 사용된 것도

47) "A vulgar denial".
48) 엘레아 학파의 시조인 제논은 불생불멸하고 부동하는 유일의 실재를 가르친 스승 파르메니데스의 학설을 이어받아 사물의 운동 자체를 부정하였다(옮긴이).

결국은 '상식'이었다. 코페르니쿠스Copernicus와 갈릴레오 갈릴레이Galileo Galilei의 반대자들은 오랫동안 '상식'에 호소하여 성공적으로 그들의 주장을 관철시켰다. 그러므로 만약 상식을 엄격한 수사학적 비판으로 제어하지 않는다면, '상식'에 의한 증명은 다른 모든 영역에서와 마찬가지로 남용될 소지가 있다.

수사학과 변증법에 있어서 상식에 관한 개념은 사실상 동일하다. 헤겔은 다음과 같이 쓰고 있다.

> 이것이 소위 상식에 대한 일반적인 견해로서, 상식은 '감각적' 명증성과 그리고 관습적인 생각과 표현을 그대로 고수한다.[49)]

일반적이고 인식론적인 관점에서 보자면 "건전한 상식"이란 두 가지 과정에서 만들어진 것이다. 즉 그것은 어떤 한 사회의 신조이자 편견으로서, 가장 보편적이고 널리 퍼져 있으며 순진하고도 극단적으로 단순한 생각과 결합된 감각적인 관찰들이다. 이러한 생각들은 역사적 · 사회적으로 형성되어 왔으며, 이전의 세대로부터 전승된 것이다. 그렇기 때문에 그것들은 앞에서 언급된 명증성, 즉 데카르트 철학이 말하는 명확성과 탁월성이라는 전통에 의해 뒷받침된 힘과 명성을 가지고 있다.

변증법적이고 수사학적인 사고의 근본 법칙을 이해하기 위해서는 표피적인 것에 멈추지 말아야 할 것이 요구된다. 즉 한눈에 보고 얻는 단순한 감각적

---

49) Hegel, *op. cit.*, pp. 337-338. 법관인 Oliver W. Holmes도 이와 비슷하게 말했다 : "내가 보기에, 자연법을 신봉하는 법학자들은 자신들과 이웃들에게 친숙하게 받아들여진 것은, 또한 이 세상 모든 사람들도 받아들여야 한다고 여길 정도로 천진난만한 마음을 가진 것 같다"(Oliver Wendell Holmes, *Collected Legal Papers*, New York : Peter Smith, 1952, p. 312).

관찰의 결과를 수용해서는 안 되며 현상의 이면까지 깊숙이 침투해야 한다.

헤겔은, "무엇인가를 알았다고 해서 그것을 이해한 것은 아니다"[50]라고 간략히 말했다. 사실 "많은 것을 배웠다는 것이 그 사람으로 하여금 그것을 이해하게 만드는 것은 아니다"(Fr.16)라는 것을 처음으로 발견한 사람은 헤라클레이토스이다. 많은 사람들은 자신들이 체험했던 일을 염두에 두지 않으며, 그들이 배운 것에 대해서는 알지도 못하면서 다 안다고 생각한다(Fr.5). 우리는 우리의 감각을 믿을 때 판단을 그르치고("인간의 눈과 귀란 믿을 수 없는 목격자이다"—Fr.4), 또한 우리가 우리의 감각을 무비판적으로 불신할 때도 판단을 그르치게 마련이다. 왜냐하면 우리들은 "들을 때는 귀머거리처럼 듣고", "현재 그 자리에 있으면서도 없는 것처럼 행동하는"(Fr. 30) 바보와 같기 때문이다. 왜 그러한가? 그것은 "인간의 본성은 숨는 것을 좋아하고"(Fr.10), 쉽게 그 자체의 비밀을 드러내지 않기 때문이다.

변증법은, 외적 현상(혹은 형식)으로 내적인 것, 본질적인 것, 그리고 법칙성을 감추기를 고집하는 하나의 방법이다. 수사학은, 우리를 현혹시키는 형식으로부터 본질을 드러나게 하는 도구이다. 무엇이 본질인가? 변증법에 따르면 본질이란 합일을 지향해 구성된 모순을 말한다.

수사학적 대화에 참여하는 사람들은 내적으로 양립 불가능한 다양한 요소들을 드러내고 그것을 강조한다. 대화의 관찰자와 참여자들이, 드러난 다양한 요소들을 보고 자신들만의 결론을 도출했을 때 그들의 의견은 서로 일치되지 않는다. 누가 맞고 누가 틀린가? 그들의 결론이 상충될지라도 양쪽이 다 옳을 수도 있다는 것이 페렐만의 이론에서 가장 핵심적인 원리 중의 하나다.

어떻게 그것이 가능한가? 그것은 상식에 어긋나고, 형식논리의 원리와 데카

50) Hegel, *op. cit.*, p. 13.

르트 철학의 교의에도 어긋나는 것이 아닌가? 그러나 그것은 변증법과 수사학적인 관점에서는 가능한 일이다. 왜냐하면 대화의 참여자들은 무한히 다양한 현실(앞서 보았듯이, 현실의 각 단편들은 인식론적으로 또한 변증법적으로 무한하다)의 또한 다양한 진정한 양상들(요소들)을 관찰하고 선택(모든 관찰은 하나의 선택이다)하기 때문이다.

수사학적 대화의 목적은, 하나의 끝없는 토론(그것이 비록 교화적인 것이라 할지라도)일 뿐만 아니라 이성적인 선택이자 결정인 것이다. 이러한 실천적 목적을 달성하기 위하여, 수사학적 대화는 무한한 변증법적 심연과 다양한 양상들에 대해 일시적인 제약을 가해야 한다. 즉 예비적 결과를 수용할 것이 권장되며 또한 실제적 적용을 보여 주어야 한다.

이런 관점에서 수사학적 대화는, "보편적 현실"을 향한 과정이자 동시에 "휴지休止의 한 과정"[51]이라는 헤겔 철학의 이념과 같다. 이 휴지란 단지 상대적이다. 왜냐하면 이것은 지속을 위한 하나의 도약대이며 수단이기 때문이다.

3. 신수사학과 다원주의적 변증법

신수사학은 아리스토텔레스가 행했던 연구의 단순한 복사판이 결코 아니다. 신수사학은 아리스토텔레스 수사학을 헤겔 철학으로 지양止揚Aufhebung한 것이다.

그것은 아리스토텔레스 수사학의 지속이자 동시에 그것의 부정이기도 하다. 페렐만 이론의 참신성은 주로 '청중'과 다원주의의 개념을 소개하고 정교하게 다듬은 데 있다.

51) G. W. F Hegel, *Hegel's Lectures on the History of Philosophy*, vol. 1(London : Routledge and Kegan Paul ; New York : The Humanities Press, 1974), p. 293.

페렐만은 변증법적 추론에 대한 아리스토텔레스의 이론과 그 개념을 일반화된 수사학 또는 논증의 일반이론으로 확장시켰다. 이 이론은 다소 무능한 청중뿐 아니라, 모든 종류의 청중 심지어 가장 전문적 청중까지도 포괄하는 이론이다.

이 이론에서 새롭고도 상세히 설명된 또 다른 부분은, 정치학 · 법학 및 다원주의적 철학과 밀접히 연관된 수사학적 담론이다. 다원주의에 대한 수사학적 관념은 순수한 철학적 의미에서 볼 때 하나의 이정표가 되었다. 허구나 신화에 의존함이 없이, 법철학과 정치학상의 많은 전통적 물음들에 대해 답을 줄 수 있게 만들었기 때문이다. 널리 확산된 합법적인 허구들을 없앰으로써 법의 이론과 실제를 정화시키고자 했던 벤담의 꿈은 마침내 성취된 것이다.

〈신수사학—실천적 추론에 관한 이론〉이란 논문에서 페렐만은 자신의 지적 발전에 대해 언급하면서, 자신의 지적 편력의 한 부분을 해명하고 있다. 정의正義에 대한 그의 첫 연구는 1945년에 출판되었다. 1945년에 그가 신봉했던 원칙들 중의 하나는, 우리는 '존재'로부터 '당위'를 도출할 수 없다는 것, 즉 사실 판단과 가치 판단, 존재와 당위 사이에는 넘을 수 없는 장벽이 있다는 것이었다. 이에 따라 다음과 같은 결론이 내려졌다. 모든 규범적 체계는 자의적 · 논리적으로 결정할 수 없다는 것, 즉 규범적 체계는 합리적인 비판에 얽매일 수 없으며, 또 그것은 '형식적 필요성' 및 '경험적 보편성'과 더불어 양립할 수 없다는 것이다.

그는 이 결론에 대해 매우 불만족스럽게 생각했으며, 이런 생각의 틀 속에서 스스로에게 다음과 같이 물었다. "이해관계 · 열정 · 편견 · 신화에 근거한 비합리적인 선택에만 의존하는 대신, 우리로 하여금 가치에 대해 추론할 수 있게 해 주는 가치판단의 논리학이 있는가? 최근의 역사는 이러한 비합리적인 선택이 야기할 수 있는 비극적인 결과를 신물 나도록 많이 보여 주고 있다."[52]

페렐만은 목적 그 자체가 이성적 분석에 종속될 수 없다는 생각을 용납할 수 없었다. 대신 그는 우리들이 에이어A. J. Ayer의 관점(《언어, 진실과 논리》) 또는 무어G. E. Moor의 관점(《윤리적 원칙》)과 같은 것을 제한적으로 선택할 수밖에 없다는 사실을 깊이 확신하였다. 그는 또한 실존주의자들이 강조해 왔던 것과 같은 주관주의를 수용할 수도 없었다.

그는 마침내 이러한 딜레마를 해결할 방법을 찾아냈다.

새 연구의 결과는 그의 저서 《신수사학》과 후속 연구에 기록되어 있다. 소크라테스 이전의 고대 수사학, 소크라테스의 수사학, 그리고 변증법적 전통이 부활한 것이다.

그러나 우리가 앞에서 언급했던 것처럼, '재탄생'이란 언제나 원래의 요소를 간직하고 있으며, 발생할 때의 환경과는 전혀 다른 환경 속에서 새로운 방식으로 작용하게 마련이다.

의심할 여지없이 신수사학은 새로운 실제적 · 이론적인 필요성에 의해 탄생했다. 전통 철학은 새로운 문제들에 대해 응답할 수 없었다. 반면 기초가 튼튼한 서구 민주주의에 비합리주의의 새로운 물결이 나타나기 시작했기 때문에, 사람들은 이성적인 결정을 내리도록 강요당하고 있었다.

카임 페렐만은 그의 스승이며 성실한 조언자였던 탁월한 벨기에 철학자 외젠 뒤프레엘Eugène Dupréel로부터 직접적인 영향을 받았다. 뒤프레엘은 그가 전제적이라고까지 비판했던 고전철학에 맞설 만한 철학을 창조하려고 모색하였다. 그는 소피스트들에 관한 연구를 통해 이 작업을 수행하였다. 페렐만은 뒤프레엘의 생각을 이어받았으나 오히려 그를 더 넘어섰다.

철학자들은 자신들이 사회에 부여하려고 하는 진리와 가치를 추구하며, 이

---

52) Ch. Perelman, "The New Rhetoric : A Theory of Practical Reasoning", *The Great Ideas Today 1970*(Chicago : Encyclopaedia Britannica, 1970), p. 280.

경우 진실과 가치는 단일주의적이라는 공통점을 가지게 된다고 뒤프레엘은 주장하였다.

단일주의의 고전적 개념에 대항하여 뒤프레엘은 자신의 독자적인 다원주의의 개념을 내세웠다. 뒤프레엘처럼 페렐만도 가치론 · 사회학 · 정치학 · 자연과학(학문의 영역을 포함한) 등의 다양한 관점에서 다원주의를 논하였다. 뒤프레엘의 선도적 발의를 계승한 페렐만은, 지식의 사회적 측면을 소홀히 하였다는 이유로 고전적 합리주의를 비판하였다. 이것이 바로 합리주의자들이 정신의 다양성과 다원성이라는 문제를 도저히 이해할 수 없었던 지적 이유 중의 하나였다.

페렐만은 모든 비형식적인 생각과 이론은 불완전하다는 뒤프레엘의 주장으로부터 그의 기본적인 철학적 · 수사학적 결론을 몇 가지 도출해 냈다. 실제적으로 말하면 이것은 각 프로그램, 각 계층, 각 개인이나 의견들의 그룹들이 진보될 수 있다는 것을 의미한다. 만약 그것들이 현재 완벽하거나, 조금이라도 완벽해질 가능성이 있다면, 그때 다원주의는 옹호될 수 없을 것이다.

이렇게 하여 페렐만은 사회의 모든 형식이 완벽하지 않다는 "자연스러운" 결론에 이른다. 서로 출발점은 달랐지만, 헤라클레이토스와 헤겔에 의해서도 똑같은 결론이 내려졌다. 즉 항구적 모순의 개념인 '열정' · 발전 · 부정의 개념이 그것이다.

페렐만은 뒤프레엘의 전제로부터 그러한 철학적 · 정치적 결론을 이끌어 내었는데, 대화의 창조적 역할이라는 결론은 그 이전의 선학들이 결코 명백한 형식으로 만들어 내지 못했던 것이었다.

불완전한 의견들이 대화라는 방식을 통해 다원성을 가지게 된다. 대화의 형식이 어떤 것이든 간에, 남의 의견을 이해하고 또 자신의 의견이 남에게 이해되어야 한다는 것은 꼭 필요한 일이다. 대화는 정신의 자극제이며 자양분이다.

즉 대화는 지적인 발전을 촉진하며 '주관적인 변증법', 그 자체에 속한다. 고립된 사람은 공동체의 한 구성원이나 또는 "다원적 견해들"보다 분명히 더 불완전하다. 화자와 청중 간의 상호관계로 구상된 대화는, 다원주의를 염두에 둔 신논증이론에 의해 소개되었으며 후에 이것은 신수사학의 핵심이 되었다.

페렐만은 진보 자체가 새로운 문제점들과 장애물들을 만들어 낸다는 뒤프레엘의 생각을 발전시켰다. 산업기술이 만들어 낸 진보는 새로운 무질서와 새로운 난관들과 새로운 위험의 원천이 되었다. 왜냐하면 군사제국주의와 경제력 우선주의는 무절제를 낳기 때문이다. 페렐만은 자유에 대한 새로운 위험을 목격했고 그리고 그 때문에 그의 수사학적 다원주의는 의식적으로 그리고 의도적으로 모든 형태의 전체주의에 반대한다. 전체주의는 철학적으로 보아 종국적 획일화, 체제순응주의, 독선주의, 종국적 진리와 절대적 가치에 대한 믿음, 내재된 갈등이 없는 단일질서라는 생각에 대한 믿음을 말한다. 페렐만은 철학과 정치 문제의 핵심은 우리가 직면하는 사회생활에서의 갈등에 있다고 주장한다.[53] 여기서 그는 뒤프레엘의 다음과 같은 생각을 따르고 있다. 가장 힘들고 본질적인 것은 "이러한 갈등을 완화하는 수단을 강구하고, 관습이라는 개념에 중심을 둔 사회적 기술技術을 통하여 적대감을 경감시키는 수단을 강구하는 것이다. 관습은 자유롭게 공통질서를 구축하려는 견해들의 일치로부터 생겨난다. 다양한 관습에서부터 여러 가지의 질서들이 비로소 구축될 수 있다."[54]

다원주의는 이성이 현실화된 '최상'의 생활이란 것은 결코 성취될 수 없다고

---

53) Ch. Perelman, "Dialectik und Dialog", *Hegel Jahrbuch 1970*(Meisenheim am Glan : Anton Hain, 1971), p. 19.

54) Ch. Perelman, "À propos d'Eugène Dupréel. Contribution à un portrait philosophique", *Revue Internationale de Philosophie* 83-84, p. 230.

가정한다. 다원주의는 언제나 타협 · 동화 · 종합을 통한 개선을 모색하고, '불명확한 관념'이 가진 방법론적 중요성에 근거를 두고 있다.[55] 이러한 모든 현상은 하나의 공통적 특질, 즉 '이성적인 것'을 보여 주고 있다.

다원주의가 조정과 타협을 모색해야만 한다고 결론지을 경우, 우리는 또한 개인들도 그들의 이해관계와 확신을 너무 지나치게 밀어붙이지 말아야 한다는 결론에 이르게 된다. 즉 개인들도 온건하고 신중해야 한다. 사람들은 개인으로, 한 공동체의 구성원으로, 한 국가의 시민으로서, 그리고 동시에 이 세 가지 역할을 모두 수행함으로써, 사회구조의 기초를 위험에 빠뜨림이 없이 이성적으로 살아갈 수 있는 것이다. 각 개인은 서로 평형을 유지하면서 서로 돕는 공동생활을 영위할 수 있으며 또한 모든 사람이 수용할 수 있는 생활양식을 추구할 수 있다. 각 개인은 일정한 정도의 자유와 개성을 보존할 수 있다. 절대적 가치를 대변하는 것처럼 보이는 어떤 일원적이고 절대적인 질서 아래에서는, 자유란 다만 순종하는 자유일 뿐이라고 페렐만은 말하였다. 절대적 질서는 순종을 강요하며, 모든 강요된 순종은 창의력과 참된 선택의 자유와는 본질적으로 배치된다. 자유란 서로 간의 차이를 인정하는 다원주의적인 사회에서만이 향유되고 행사될 수 있다. 각 개인은 다양한 방식으로 그 사회에 헌신할 수 있으며 동시에 그가 속해 있는 각 공동체를 넘어설 수 있는 것이다.

"고귀한" 야만인 혹은 고뇌하는 실존주의자들이 말한 바와 같은, 원초적이고 전사회적前社會的인 자유란 결코 존재한 적이 없다. 만약 자유라는 관념이 어떤 의미를 가져야 한다면, 실제 존재할 수 있는 자유라는 것은 "순전히 사회적인 구속으로부터 자신을 해방시키는 사람의 자유이며, 또한 자신의 삶에 의미를 부여하고 자신의 행동에 확고한 방향을 제시해 주는 도덕적 이념을 애써

55) 뒤프레엘은 '불명확한 관념'에 대한 고전적인 논문을 한 편 쓴 바 있는데, 그것은 데카르트의 명확하고 분명한 관념을 근본적으로 비판한 것이다.

만들어 내는 능력을 가진 사람의 자유이다. 그것은 외부 세력의 노리개가 되지 않는, 의식 있는 사람의 자유이다."[56] 결과적으로 사람이 자유롭게 태어났다고 말하는 것은 그릇된 생각이다. 자유는 인간이 원래부터 타고난 속성이 아니라 행동을 통해 나타나는 것이다. "그것은 자신의 생의 방향을 자신의 손으로 조종하려는 의지를 가진 사람, 그리고 자신의 행동에 대해 전적으로 책임을 지는 사람의 것이다."[57]

페렐만은 또 다른 방식으로 자유에 대한 변증법적 접근을 시도하였다. 이때 페렐만의 출발점은 자유를 일반적으로 받아들여지는 "필요성"으로 간주하는 이론이다. 그것은 헤겔의 것과 다르지만 철학적 결론은 유사하다.[58]

뒤프레엘은 비판적 정신과 독선적 정신을 구분하였다. 이러한 구분은 다원주의의 토대가 되는 것으로서 페렐만의 정치精緻한 수사학의 체계와 직접적인 관련을 맺고 있다.

독선은 어떠한 비판이나 의구심도 거부하는 경향을 가지는 특성이 있다. 이러한 정신은 보수적인 사회 공동체의 목적에 이바지하게 된다.

반면 비판적 정신은, 이미 알려진 혹은 장차 발견될 모든 진리를 존중하는 성향이 있다. 그것은 소수의 견해에도 호의를 보이며, 통상 기존의 사회공동체들에 의해 지지되는 독선적 · 보수적 · 묵수墨守적인 생각들에 대항하여 새롭게 나타나는 개념을 옹호한다. 비판적인 마음을 가진 사람은 개인적이며 자유로우나, 독선적인 사람은 전통에 중요성을 부여한다. 전통주의자는 어떤 사람

---

56) Ch. Perelman, "À propos d'Eugène Dupréel. Contribution à un portrait philosophique", p. 231.

57) *Ibid*.

58) 헤겔과 마르크스의 자유론에 대한 필자의 분석은 "Three Concepts of Freedom : Kant-Hegel-Marx", *Interpretation* 7, no. 1(January 1978)과 *Freedom and Tolerance*(New York : Octagon Books, 1984), pp. 46-65에 나와 있다.

보다도 체제에 순응하는 사람임에 틀림없다.

페렐만은 이 점에서 뒤프레엘과 구별된다. 물론 그 출발 자체는 뒤프레엘을 거부하는 것은 아니다. 페렐만은 뒤프레엘보다 더 단호하게 변증법 쪽으로 발걸음을 내디뎠으며, 이것은 문제에 보다 깊이 파고 들어가는 하나의 새로운 탐구 방식이었다.

그는 다음과 같이 서술했다.

> 개인적으로 나는 뒤프레엘의 사상 가운데 매우 중요한 개념이면서, 동시에 그가 철학 및 사회학에서 자주 언급하는 개념에 보다 큰 중요성을 부여하려 한다. 설득이라는 문제와 연관된 '의견들의 동의'가 바로 그것이다. 의견들의 동의와 설득에 큰 중요성을 부여했으며 또한 그리스 철학에 대해 박식했던 뒤프레엘이 정작 그 자신의 철학이 지녀야 할 수사학의 중요성을 인식하지 못했다는 점, 혹은 가치들의 동의를 얻기 위해 동원해야 할 기술로서의 수사학의 중요성을 인식하지 못했다는 점은 이상하다고 말할 수밖에 없다.[59)]

의견들의 합의는 실제적 · 이성적 목표를 성취하기 위하여 결합된 상이한 생각들의 상대적인 통합이라고 할 수 있다. 수사학적 관점에서 볼 때 차별과 모순은 파괴적인 것이 아니라 오히려 생산적인 것이다. 이 둘은 결속을 파괴하는 것이 아니라, 반대로 신수사학이 의견들의 합의(그러나 체제에 순응하는 것은 아니다)를 이루어내기 위해 활용하는 버팀목이다.

페렐만이 이해했던 것처럼, 정치적 사회에 대한 다원주의적 개념은 지속적인 투쟁으로서의 모순에 대한 변증법적 개념에 근거한 일련의 논리적 · 합리적 · 이성적인 결론이다.

---

59) Ch. Perelman, "À propos d'Eugène Dupréel. Contribution à un portrait philosophique", p. 236.

4. 신수사학에 있어서 변증법적 구조에 나타난 대화

대화는 논증과정의 형식이며 그 과정에 생기를 불어 넣는 정신이다.

논증은 우리가 어떤 논쟁에서 비판 · 정당화 · 반대 · 논박을 하려고 할 때 이성적 근거를 요구하거나 제시하는 데에 사용하는 기술이다.

대화가 있기 위해서는 두 개의 사전 조건이 있다 .

· 생각을 교환하는 데 있어서 화자(저술자)와 청중의 관심,
· 참여자가 상호간에 솔직하게 말할 수 있는 자유. 서로 자신의 견해를 이야기하기 두려워하는 사람들은 결코 상호간에 확신을 줄 수 없다.

청중은 신수사학의 체계에서 대단히 중요한 개념이다. 신수사학적 관점에서 볼 때 청중은 일반적으로 "화자가 그의 논증을 통해 영향을 주고자 하는 사람들의 집합"이라고 규정된다.60)

대화의 결과가 반드시 정당하고 진실되며 또한 사회적으로 바람직한 것이어야만 하는가? 그렇지 않다.

때로 우리는 다른 한 개인을 설득하려는 경우가 있다. 그러나 일반적으로 말해, 사회적으로 타당한 근거를 제시하기 위한 출발점은, 개별적인 감정 · 편견 · 개성을 지닌 개인이 아니라 본질적으로 필수적인 공통된 견해와 관심으로 결합된 사회적 공동체를 설득의 대상으로 삼아야 한다는 것이다. 화자는 한 사회적 환경이 다른 것과 어떻게 구별되는지를 알아야 한다. 즉 사회학적 관점에서 볼 때 가장 중요한 요소들이란 '청자들이 행사하는 사회적 기능'이라는 점을 화자는 이해해야 한다. 화자(저술자)는 현재 대면하고 있는 청중에 자신

60) Ch. Perelman, L. Olbrechts-Tyteca, *The New Rhetoric : A Treatise on Argumentation*(Notre Dame : University of Notre Dame Press, 1969), p. 19.

을 맞추려고 할 것인지 혹은 그들을 적대시하는 모험을 감수하든지 양자택일해야 한다. 그가 깊은 인상을 심어 주려고 하는 청중들 중에는 그를 인간적으로 좋아하고 탁월한 인격체로 인정하는 사람도 있겠지만 그러나 그가 주창하는 근거를 거부하는 사람도 있을 것이다.

진정한 수사학을 이해하기 위해 가장 중요한 점은 무엇이 수사학이 아닌지를 아는 것이다. 그것은 부도덕한 목적을 이루기 위해 부도덕한 수단을 사용하는 기술이 아니다. 그것은 부도덕하게 여론을 조작해 내는 선동가들에 의해 사용될 수 있는 기술이 아니다. 선동가들은 그 어느 것도 전할 의도가 없으면서도 모든 것을 약속하는 독재자나 폭군, 또는 부패한 정치가들을 섬기는 자들이다. 신수사학이 왜 보편청중이라는 개념을 도입했는지를 이러한 사실이 잘 설명해 준다. 이때 보편청중이란 개념에는 오직 진정으로 수용 가능한 논거들만을 받아들이는 철학자들도 포함된다.

논증을 진행시키는 과정에서 고정관념에 얽매이지 않고 공평무사한 태도를 견지하는 사람들이라면, 사기꾼들에게 필수적인 거짓말이나 왜곡을 금방 알아차리게 마련이다. 우리는 논거들에 의해 설득될 수도 있고 그렇지 않을 수도 있다. 논증이 설득에 실패했다 하더라도 그것이 비이성적이라는 것을 의미하지는 않는다. 논거들은 여러 가지 이유로 청중들로부터 거부당할 수 있지만, 논거의 자유로운 교환에서 사용된 거짓말은 다른 어떤 방식보다도 빨리 백일하에 드러나게 된다. 속임수를 막아낼 수 있는 보장책은 없으나, 대화상대자가 자유롭게 생각하고, 말하고, 자료를 수집하고, 사례를 조사할 수 있다면, 그리고 그가 논증의 과정에 자유롭게 참여하고 또 참여할 준비가 되어 있다면 그 속임수는 결국 탄로 나게 마련이다.

신수사학은 설득의 기술을 의미하며, 천사도 악당도 아닌 보통사람들의 동의를 얻는 기술을 의미한다.

때로 실수를 범하기도 하지만 어떤 쟁점에 대해서 다시 생각해 볼 선의善意를 가진 사람들의 동의와 견해를 이끌어 내는 기술이 바로 신수사학이다. 신수사학은, 불빛이 희미하고 위험스러운 비탈길이 많으며 낯선 지역을 가로지르는 길을 따라 여행하는 사람들에게 디오게네스의 램프의 역할을 하는 것이다.

신수사학은, 진리란 "내가 분명하고 뚜렷하게 본 것"이라는 데카르트의 말을 포함하여 그 어떤 것도 당연한 것으로 받아들이지 않는다.

데카르트는 먼저 의심하고, 그런 다음 "자기가 분명하고 뚜렷하게 본 것"을 진리로 받아들일 것을 요구한다. 이러한 요구는 17세기와 18세기에는 아주 중요하고 진보적인 생각이었다. 당시 공적인 신학 교육은 일반적인 지성을 갖춘 사람이 명확하고 뚜렷이 볼 수 있는 것조차도 거의 제시하지를 못했다. 명징성明澄性에 대한 가장 단순한 데카르트의 원칙들은, 테제들을 가장 단순한 속성으로 나누고 철저하게 그 결과를 검토하는 것인데, 이러한 것들은 그 성격 자체가 반신학적인 것이었다. 그러나 꼭 같은 상식이, 20세기에 들어와서 산업민주주의 사회와 전체주의 국가 둘 다에서 벌어지고 있는 상식의 새로운 왜곡에 대항하는 효과적인 도구가 되지 못하고 있다. 왜 그런가? 이 시대의 새로운 왜곡이 논리의 탈을 쓰고 나타나기 때문이다.

대통령이나 심지어 성직자들이 자기 생각을 '세일즈'하는 경우와 같은 대중사회에서의 대중선전은, 명징성을 핑계 삼아 자신의 생각을 일방통행 식으로 전달하는 경향이 있다. 그것은 유사 '상식'으로서, 뻔뻔스러운 비합리주의와 함께, 현대 산업민주주의 사회에서 이성을 위협하는 가장 위험하고 사악한 적의 하나가 되고 있다.

수사학은 '외양'[61]과 독선과 신화의 힘을 극복하는 수단이며, 동시에 상식이

---

61) Aristotle, *Metaphysics*, 1011a, 19-21, p. 69 : "〔…〕 모든 외양이 진리인 것은 아니다. 왜냐하면 어떤 외양은 딴 사람에게도 외양이기 때문에 모든 외양들이 진리라고 말하는

라는 데카르트식의 '명징한 진리'를 극복하는 수단이다. 논증을 수사학적으로 전개하는 일, 청중에게 호소하는 일, 그를 대화에 참여하도록 권유하는 일, 이러한 일들은 자기들의 직업적 삶에서는 다소 비판적이고 개혁적이며 심지어 창조적이기까지 하지만, 정작 사회적 · 정치적 이슈를 다원적으로 분석하는 데 있어서는 동일하게 요구되는 기준들을 적용하려고 하지 않거나 혹은 적용하지 못하는 사람들의 마음에 깊이 박혀있는 아주 단순한 생각들을 비판하기 위한 도구이다.

신수사학은 비판적 태도가 일반적으로 결여되어 있는 오늘날의 상황을 염두에 두고 있다. 또한 마땅히 증명되어야 할 것을 두고도 많은 사람들이 그것을 논리적이고, 명백하고, 합리적인 것으로 당연시 여기고 있음을 고려한다. 새로운 상황들이 전통적 개념들을 무효화시켰음에도 불구하고 많은 사람들은 그 개념들을 액면 그대로 받아들여 버린다.

이러한 상황에서 모든 '존재', 즉 현실 그대로의 모든 것을 설명하고, 정당화하고, 합리화하는 데 사용할 수 있는 것은 전통적인 논리이다. 형식 논리는 전제들을 문제 삼지 않으나, 반면 신수사학은 모든 것을 검토한다. 신수사학은 그 어느 것도 당연시하지 않으며, 모든 명시적 혹은 묵시적인 가정 · 전제 · 명제들을 거부함으로써 사람들로 하여금 상식 그 자체를 근저로부터 잘라내 버릴 것을 강하게 요구한다.

사실과 진리라는 두 개의 개념은 신수사학과 민주주의에서의 다원주의적 개념 간의 관계를 해명하는 데 매우 유용하다.

토론의 주제나 시기와는 관계없이 토론이 견해 · 확신 · 설득의 문제를 다룰 경우, 우리는 곧 예수의 처형을 지시한 본티오 빌라도Pontius Pilate가 제기했던

사람은 사물을 상대적인 것으로 만들어 버리게 된다."

근본적 질문, 즉 "무엇이 진리인가?"하는 문제에 봉착하게 된다.

헤겔은 "진리는 무한하다"라고 썼다. 변증법적 관점에서 볼 때, 진리란 아리스토텔레스식의 사물과 정신의 조응照應adaequatio rei et intellectus에 근거한 진술에 꼭 들어맞는 것은 아니다. 오히려 진리란 무한한 실체 · 세계 · 자연 · 인성 그리고 사실의 단면들과 모든 사회적 관계를 지적으로 꿰뚫어 보는 과정이며, 조응과 인식의 과정이며, 이해와 앎의 과정이다. 진리는 객관성을 반영하는 변증법적 과정으로서 그것은 주관적인 정신에 의해 수행되는 것으로 생각되므로 또한 무한한 것이다. 헤겔의 견해에 의하면, 진리를 제한하는 것은 그것을 '부정하는' 것이 된다. 사유의 형식들은 실체로부터 나오지만 그것은 실체와는 구분되는 것으로서 '총체적 진리'를 '포용'할 수는 없다. 그러므로 모든 진리란 단지 부분적일 뿐이다. 그러나 부분적인 진리가 진정한 의미의 진리이다. 왜냐하면 부분적인 진리는 인류가 영원의 세계에서 성취할[62] 절대적 진리의 한 부분을 포용하기 때문이다. 만약 절대적인 진리가 영원의 세계 속에만 성취된다면, 그것은 결코 성취되지 못한다고 주장할 수도 있다. 위의 문장에서 나타나는 미묘한 차이는, 진리의 특정 진화단계에서 절대적 상대주의 철학(만약 그것이 실제로 존재한다면)과 상대성의 철학 간의 차이를 의미하는 것이 된다.

인류가 발전해 온 각 단계에서 획득한 지식은 무한한 양의 상대적 진리들로 이루어져 있다. 인간 지식의 특정 단계는 일정량의 부분적인 객관적 진리들을 포함하며, 이 지식은 실제적 행동에 유용하게 쓰일 수 있다.

사유와 행위의 상관관계에 대해 썼던 잘 알려져 있지 않은 글의 한 구절에서 헤겔은 '지적이고 의식적인 행위'는, 야만인과 구별되는 어떤 지식인이 그 자신의 환경, 즉 자연과 사회가 포함된 '직접 에워싼 단일체'로부터 자신을 분리해

62) G. W. F. Hegel, *The Science of Logic*, p. 19.

내어 카테고리들의 '그물망'과 직면한 데서부터 나온 결과라고 말한다.

"이러한 그물망에서 강력한 매듭이 이곳저곳에서 형성되는데, 이 매듭들이야말로 〔…〕 삶과 의식을 구속하고 방향 짓는 핵심이 된다."[63]

인간이 구축한 지적 카테고리란 세계를 알아가는 단계들을 말한다. 그것들이 그물망의 구심점(헤겔은 이를 '핵심foci'이라 불렀다)이며, 그것이 사람들로 하여금 자연을 이해하게 하고 자연을 지배하게 한다. 그러므로 변증법적 방법으로 나아가는 과정에서 우리는, 주인이 되기 위하여 인간은 먼저 대행자가 되어야 한다는 위대한 베이컨의 발언으로 되돌아가게 된다. 그러나 대행자는 인지의 과정에서 수동적인 종 노릇을 하는 것이 아니다. 즉 그는 능동적으로 자신의 실제적인 목적을 위하여 모든 유용한 부분적 진리를 활용한다. 인간은 실제적인 행위를 하는 동안에는 '카테고리들'을 도출한다. 즉 그는 카테고리를 드러내지 않고, 자신의 필연성 속에서 사유를 발전시킨다.[64] 즉 말하자면 사상의 발전은 미지의 결합 · 관계 · 상호의존과 같은 미지의 자연 법칙을 발견해 내는 데에 달려 있다. 그러나 상대적 진리로부터 뻗어 온 길이 반드시 더 높고 더 정치精緻한 진리로 나아간다고 말할 수는 없다. 때로 그것은 '오류와 궤변의 도구'[65]로도 쓰일 수 있다. 이것이 바로 모든 상대적 진리가 우리 앞에 드러내는 현실적인 위험으로, 우리는 의도적으로 그것을 피하려고 노력하지 않으면 안 된다. 오류의 현실적인 위험을 줄이기 위한 방법으로는, 애매 모호성을 적나라하게 드러내는 자유논증, 모든 '카테고리'와 '법칙'과 '행동과정'의 '본원적인' 복합성의 파악, 이 두 가지를 들 수 있다.

수사학적 '진리'란 아리스토텔레스의 '형이상학적 진리'에 대한 반테제가

---

63) *Ibid.*, p. 18.

64) *Ibid.*, p. 22.

65) *Ibid.*, p. 20.

아니다. 수사학적 진리는 형이상학적 진리에 자신의 위상을 설정한다. 그것은 형이상학적 진리를 용도폐기하지 않는다. 수사학적 진리는 형이상학적 진리가 궁극적인 목표가 아니라는 점을 지적함으로써 그것의 한계를 보여 주지만, 그것은 보다 더 진전된 목표들을 성취하기 위한 수단으로 반드시 활용되어야 할 어떤 목표이다.

변증법은 그 자체로 자유로운 검증을 요구하며, 이제까지 지배해 왔던 모든 우상들을 폐기시키려 한다. 변증법은 수사학적 대화를 요구하는데 그 이유는 그것이 자신의 존재를 유지시킬 수 있는 유일한 방법이기 때문이다. 변증법과 수사학은 정치적으로 자유로운 환경 속에서 민주적인 탐구방식을 나타내 주는 두 가지 측면이다. 대화는 참여자가 제지받지 않고 의사 발표를 할 수 있음을 전제로 한다. 만약 그렇지 않다면 비판적 추론 및 반대되는 지식에 호소하는 일은 무의미하게 될 것이다.

변증법과 수사학은 상호보완적이다. 이들 양자는 모두 정치적 민주주의를 필요로 한다. 동시에 민주주의는 변증법과 수사학 없이는 존재할 수도 발전할 수도 없다.

이제 다시 한 번 '사실'에 대한 수사학적 개념으로 돌아가 보자.

진리에 대한 아리스토텔레스의 개념을 잠시 회상하면서 수사학적 인식론을 분석해 보자.

논증의 관점에서 보자면, '사실들'이란 객관적 현실에 근거한 어떤 형태의 데이터라 할 수 있다. '사실들'이란 기존의 청중들에 의해서 논쟁의 여지가 없는 것으로 동의되어 왔던 것을 일컫는다.

그러나 어떠한 진술도 동의 받는 특권을 절대적으로 향유할 수 있을 것이라고 보장할 수는 없다. 왜냐하면 동의는 항상 차후에 이의를 불러일으키게 되며, 논쟁에 참여한 한쪽 편이 상대방의 진술을 사실로 규정하기를 거부할 수 있기

때문이다.[66]

사실은 어떤 과정을 거쳐 사실로 받아들여지지 않는가? 여기에는 두 가지 과정이 있다. 즉 기존의 청중 내부에서 의문이 제기되는 경우와, 기존의 청중이 확대되어 새로운 청중이 기존의 청중들로서는 반박할 여지가 없었던 것에 대해 의문을 제기하는 경우가 그것이다.[67]

그렇다고 해서 '사실들'이 완전히 주관적이라거나, 혹은 '사실들'이 논쟁에 참여한 사람들의 동의에 전적으로 의존한다는 것을 의미하는 것은 아니다. 수사학적 논쟁은, 모든 의심을 완전히 배제해 버릴 수 있는 학문인 자연과학에서 취급하는 것과 같은 좁은 문제들을 다루는 것은 아니다. 논증의 관점에서 보자면, 가령 어떤 정당을 지지할 것인가 혹은 비용이 많이 드는 무기 체제를 그대로 유지할 것인가 하는 문제를 두고, 청중을 설득하고 영향력을 행사하는 것은 논거의 힘이다. 청자의 태도와는 무관하게 어떤 것을 사실로 만들 수 있는 절대적 기준은 존재하지 않는다.

그럼에도 불구하고 우리는 이러한 동의를 유리하게 만들어 주고, 반대자의 불신이나 악의에도 불구하고 그 사실을 용이하게 방어할 수 있는 어떤 조건들이 있음을 인정할 수 있다. 특히 검증한다는 조건에 동의하는 경우가 거기에 해당할 것이다. 인정된 사실들이란 이미 관찰된 사실—아마 이것이 대부분의 전제에 해당되는 경우일 것이다—이거나 혹은 추측되고 동의된 사실들이거나 개연적인 사실들일 것이다. 그러므로 청자에게 강요하거나 혹은 화자가 청자를 강제하려는 많은 요소들이 있다.[68]

사실들은 논증의 과정을 거쳐 비로소 사실로 받아들여지고 동의를 얻게 된

---

66) Ch. Perelman, *The New Rhetoric*, p. 67.

67) *Ibid.*, pp. 67-68.

68) *Ibid.*, p. 68.

다. 그러나 그것들의 수명은 논증의 과정에 따라 단축될 수도 있다. 왜냐하면 사실들은 어느 때든 다른 사실들에 의해 도전받을 수 있으며 또한 다른 사실들에 대항해 자신을 방어하지 않으면 안 되기 때문이다. 배후에 있는 이성의 힘으로 지지받지 못하는 사실은, 경쟁적인 우리의 사회에서는 독자적으로 살아남을 수 없는 법이다. '사실'은 자립적으로 생존할 수 없다.

논증에서 어떤 사실이란, 상대방의 반대논거로 훼손되지 않는 한, 객관적 실체에 대한 주관적 반영에 지나지 않는다.

사실에 대한 모든 관찰은 '진리'에 적용될 수 있으며, 그 진리는 보다 복합적인 문제이다.

사실과 진리의 차이는 무엇인가? 논증의 관점에서 그 차이는 상대적이다. '사실'이란 용어는 일반적으로 정확하고 제한적인 동의의 대상을 지칭하는 반면 '진리'란 용어는 오히려 사실들 사이의 결합관계에 관련된 보다 복잡한 체계에 적용된다."[69]

사실과 진리 간의 관계, 그리고 이들 이론에 관련된 철학적 논의는 너무 많아 여기서 일일이 설명할 수는 없다. 그럼에도 불구하고 위에 든 구분은 논증의 이론에 관한 한 유용할 것이며, 의도된 목적 하에서 담론에 있어서의 실제적 적용을 정당화해 줄 것이다. "양자 사이의 관계를 두고, 어떤 사실에 대한 진술이 진리이며 또한 모든 진리는 사실을 나타낸다고 생각하는 것 역시 가능한 일이다."[70]

이제 원론적인 문제로 되돌아가 보자. 그 원론적인 문제란, 아리스토텔레스식의 《형이상학》(진리에 대한 이론을 수록한)과 신수사학이 재정립한 아리스토텔레스의 《수사학》(논증이론으로서의)의 관계를 말한다. 즉 진리는 '객

69) *Ibid.*, pp. 68-69.
70) *Ibid.*, p. 69.

관적 현실'과 관련되고 또한 진리의 평가 · 인지와도 관련되며, 궁극적으로는 현실에 영향을 미치는 실제 행동과 관련된다는 것이다.

사실과 진리에 대한 광범위한 개념을 갖는 논증이론은 전적으로 변증법적이다. 논증이론은 어떠한 신성한 것이나, 이미 수립된 것 혹은 당연시 여기는 것이 없다는 점을 견지한다. 그러나 진리 · 진보 · 아름다움 그리고 인간의 자유에 대한 모색은 그의 피치 못할 의무이다. (항상 변화하는 내용을 가진) 영원한 가치는 다만 회의와 모순이라는 반석 위에서만 굳건히 설 수 있다.

우리는 지금 아리스토텔레스 이전의 수사학과 아리스토텔레스의 수사학에다 신수사학을 연결시키는 요소를 정립하고 있다. 신논증이론은 아리스토텔레스를 뛰어넘는 것으로, 그 까닭은 다른 무엇보다도 신논증이론이 아리스토텔레스 이전의 소피스트들까지를 의식적으로 흡수할 수 있었기 때문이다. 즉 고르기아스Gorgias와 프로타고라스Protagoras의 가르침은 뒤프레엘이 그들을 계승함으로써 재평가되었다.

서구 정신문명에서는, 인간의 사고가 내리는 모든 결론은 개인적이고 주관적인 확신임이 분명하기 때문에, 그 모든 결론은 반드시 검토되어야 하며 또한 단순히 맹목적인 믿음이 아니라, 탐구의 결과여야 한다고 일반적으로 주장되어 왔다.

수사학적 담론의 이상도 역시 그러하다. 논증의 흐름 속으로 흘러들어간 모든 것은 사유 체계 자체의 본질을 침해하면서, 그 체계 속에서 자신의 의미와 위상을 변화시킨다. 수사학적 담론은 본질을 재형성하는데, 재구성된 본질 자체는 빛을 내면서 보다 보편적이면서 동시에 특수하게 된다. 그것은 더 멀리 퍼져가는 것 같지만 오히려 더 많은 것을 포용한다.

수사학적 논증은 그침이 없다. 즉 그것은 중단이나 휴식이나 휴지休止를 모른다. 그것은 마치 헤라클레이토스의 강물처럼 끊임없이 흘러간다. 모든 진리

란 모순과 조화를 모색하는 가운데 끊임없이 의문을 제기한다.[71]

변증법과 신수사학에 따르면 "최상의 조화는 차이들로부터 나온다."[72]

완벽한 것은 아무것도 없다는 전제가 바로 수사학적 방법론과 변증법 그리고 다원주의를 맺어 주는 본질적인 연결고리라고 할 수 있다. 어떠한 정당이나 교회라 할지라도 절대적인 지혜나 지식을 독점할 수는 없다.

신수사학은 다원주의를 위한 철학적 · 방법론적 기반을 조성한다. 그것은 분석과 종합의 도구이며, 하나의 창조적인 사회적 활동으로 작용한다.

신수사학에 의해 구상된 다원주의라는 이상은, 한스 켈젠Hans Kelsen이 말한 것과 같은 회의주의와 상대주의 철학 및 방법론과는 정반대되는 것이다.

켈젠은, 본티오 빌라도에 대한 그의 유명한 연구에서, 유죄를 선고받은 범죄자의 삶의 가치와 그 자신을 진리의 사도라고 생각하는 사람의 삶의 가치를 구별할 만한 타당한 기준이 없기 때문에, 예수의 처형을 지시한 후 손을 씻었던 빌라도의 행위는 참으로 일관성 있는 민주적 행동이라고 주장했다. 이러한 접근방법을 다시 한 번 살펴보자.

5. 타협과 회의주의가 가진 수사학적 · 변증법적 의미

가치의 영역에서는 진리가 무엇인지 알 수 없으며, 또한 모든 것이 상대적이라는(이 명제 자체의 상대성은 제외하고라도) 상대론적 개념을 우리가 받아들인다면, 그때 우리는 그 시니컬한 로마 총독의 행동과 결정을 정당한 것으로 받아들여야만 한다고 한스 켈젠은 쓰고 있다. 지적으로 일관되고 논리적이고 합리적인 회의주의자나 상대론자라면 켈젠의 결론을 수긍할 수도 있을 것이다.

---

71) Heraclitus, "Fragments 46 · 47", in *Selections from Early Greek Philosophy*, ed. Milton C. Nahm, 4th ed.(New York : Prentice Hall College Div, 1964).

72) *Ibid.*, p. 46.

그러나 논증에 기초를 둔 신수사학이나 다원주의에서는 이러한 켈젠의 결론을 수긍하지 않는다.

신수사학은 모든 도덕적 · 정치적 · 사회적 · 법적 · 철학적 이상을 의미 없고 가치 없는 것으로 거부해 버리지는 않는다. 다만 이러한 이상들과 그 이상을 해석하고 적용하는 데 끊임없이 비판적인 탐구를 가할 따름이다. 신수사학은 사람들에게 갈등을 그만두라고 권유하지는 않는다. 그 까닭은 모든 것이 다 같이 선하거나 악하기 때문이다. 단지 사람들에게 고대 로마의 격언을 가르칠 따름이다. 즉 무슨 일을 행하든지 사려깊게 행하고 목적을 돌아보라quidquid agis—prudenter agas et respice finem. 신수사학은 우리가 궁극적으로 무엇을 하거나 보든 또 무엇을 결정하든 이성적이어야 하며, 이러한 모든 것을 변증법적인 비판과 논증에 맡기라고 가르친다. 또한 옛 폴란드인이 충고했던 것처럼, 코끝 너머의 세상을 보도록 하라고 가르친다.

수사학적 방법론에 따르면, 사회발전의 각 단계에 따라 해결방식들은 더 좋아질 수도 있으며 더 나빠질 수도 있다. 새로운 논거들이 나타남에 따라 나빴던 것이 좋아질 수도 있으며(적어도 그렇게 보일 수도 있다) 반대로 좋았던 것이 나빠질 수도 있다. 더구나 우리는 더 나은 제3, 제4, 제5의 해결방식을 찾을 수도 있다. 왜냐하면 우리, 우리의 삶, 그리고 우리의 사회 · 정치 시스템은 필연적인 양자택일의 논리, 즉 이것이냐 저것이냐 혹은 가질 것이냐 버릴 것이냐 혹은 사랑할 것이냐 증오할 것이냐에 국한되지 않기 때문이다.

신수사학의 방법은 교조주의와는 반대된다. 그것은 다원주의와 민주주의와 무한한 지적 자유를 위한 것이다.

변증법이란 그 본래의 속성상 비판적이며 혁명적이라고 카를 마르크스는 썼다. 그렇지만 우리는 경험을 통해 변증법조차 반진보적이고 비인간적 목표를 위해 사용될 수 있음을 알고 있다. 앞서 언급된 세 사람의 철학자에 대해서만 말해 보자.

헤라클레이토스는 자신이 고안해 낸 불명확한 변증법을 새로이 수립된 반귀족주의적 정부를 비판하는 데 이용하였다. 그의 견해에 따르면, 그 정부는 폭도의 정부로서 장래가 암담한 것이었다. 헤겔의 절대 관념은 부단한 변증법적인 운동 안에 존재해 온 것이었으나, 그것은 프러시아의 빌헬름 프리드리히 2세의 전제적 정치체제에서 절대 관념 그 자체로 회귀해 버렸으며, 따라서 더 이상의 발전은 필요하지도 가능하지도 않았다. 마르크스와 엥겔스는, 헤겔의 철학이 그 속에 내재한 혁명적인 방법론과 반동적 이론 체계 사이에서 치유할 수 없는 내적 모순을 앓고 있다고 비판했지만, 그들 역시 낡은 덫에 빠져 있었다. 그들은 진보와 혁명의 법칙, 부정의 법칙, 그리고 부정에 대한 부정의 법칙을 도그마로 변형시켰고, 공산주의 사회가 출현한다고 비非변증법적인 단언을 만들어내기 시작했다. 그들은 공산주의 사회 속에서는 사회적 필요와 소비의 수단 사이의 모순이 사라질 수 있을 것이라고 말했다. 그들 스스로가 에너지·창의력·생산성·진보의 변증법적인 동력으로 여겨온 이러한 모순들이 사라졌을 때, 도대체 무엇이 이러한 모순들을 대체하여 인간의 진보적 발전을 '견인'해 낼 것인가? 이에 대해 스탈린Stalin, 즈다노프Zhdanov는, 진보를 위한 새로운 동력은 계급 없는 사회의 도덕적 통합이 될 것이며, 계급 없는 사회는 변증법의 도움을 받아 반변증법적인 객관적 이상주의에 대한 망령을 추방 정화하는 방식으로 다시 소생한다고 대답했다. 여기서 말하는 '도덕적 통합'이 무엇을 의미하는지 그리고 그것이 어떻게 추진되었고 유지되었는가는 과거 소련의 관료제가 잘 입증해 왔다.

역사는, 변증법이 비판의 무기로 쓰였을 뿐 아니라 가끔은 사악한 숨겨진 방법으로 절대적 이상과 독단을 강요하는 수단으로 사용되어 왔음을 보여준다.

헤겔로부터 마르크스 · 레닌 · 스탈린 · 마오쩌둥에 이르는 사람들은 변증법을 개작하여 비판력이 부족한 사람들에게 특히 어필했는데, 그 이유는 그들이 절대적 이상을 보다 '온건한' 형식으로 주장했기 때문이다.

그러나 그들의 '절대적' 이상은 역사적 과정 중 프롤레타리아 독재가 이루어졌던 한 특정 단계에서만 선포되었다. 이러한 필요성이 일시적인 것이라 할지라도, 앞날을 내다보는 사람은 이성적이어야 하고 또한 프러시아 전제정치나 소련 혹은 중국의 독재체제를 지지해야 하는 것은 '불가피한' 일이었다.

신수사학, 특히 페렐만 교수 자신은 그의 논문 · 강연 · 논쟁, 그리고 직접 행한 수많은 설명을 통해 헤겔과 마르크스식의 해석 속에 들어 있는 필연성이라는 단순한 개념을 반박하였다.

이것이 변증법과 신수사학의 기본적인 차이 중의 하나이다. 신수사학에 따르면, 어떤 결정은 수사학적으로 수용되는 전제와 '사실들' 그리고 '진리들'에 근거해서 내려져야 한다. 기존의 청중 또는 국가가 용인한 '이상'과 '목표'는 절대적인 가치를 가진 것으로 다루어져서는 안 되며, 그것들과 관련된 모든 것들이 각 국면에서 논쟁될 수 있어야 하고 또한 논쟁되어야만 한다. 신수사학은 대통령이나 의회에 주어진 어떠한 '정치적 권력 위임'이라도 무한정 그리고 무조건적으로 주어진 것이라고는 인정하지 않는다.

수사학적 사유는 모든 종류의 보수주의, 즉 현상 유지의 보수주의와 이념에 대한 보수주의 그리고 강제적 필연성에 반대한다.

수사학적 사유는 '부정의 부정'이라는 구도를 우려할 만한 것으로 보고 거부하는데, 그 까닭은 수사학이 진보에 관련된 모든 요소와 휴머니즘의 발전에 관련된 모든 낱알들을 골라내려고 노력하기 때문이다. 진부한 형식들에 대한 거부 ('부정')는 수사학적으로 수용되고 사회에 의해 지지된 발전의 한 요소로 일어나야 한다.

수사학적 사유는 질과 양의 개념을 거부하지는 않지만, 양적이고 질적인 변화에 대한 변증법적 법칙에 신비스러운 어떠한 의미도 부연하지 않는다. 사회 · 정치 · 도덕의 각 분야에서 질적으로 무엇이 '새롭고' 혹은 '낡은' 것이냐는 문제는 결코 선험적으로 결정될 수는 없으며, 그것은 수사학적 대화의 과정에서 결정되어야만 한다.

똑같은 추론이 다른 변증법적 카테고리, 가령 본질과 외양, 실질과 형식, 부정과 지속, 원칙과 요행, 보편과 특수 같은 것에 적용된다.

이 모든 카테고리들은 유용하긴 하지만, 그들 역시 독선주의와 절대주의의 도구로 전용될 소지도 있다. 그것들은 독립적인 지혜의 원천이라기보다는, 논쟁으로 활용될 경우나 지식을 획득하는 보조수단이 되는 경우에만 유용하다.

신수사학이 다양한 변증법적 전통으로부터 단절된 것이 아니라는 우리의 주장을 뒷받침하는 주요한 이유들이 바로 이러한 것들이다. 신수사학은 오늘날 휴머니즘의 발전을 위한 항구적인 투쟁에 보다 정교한 도구로 사용될 수 있다. 신수사학은 도처에서 바람직하거나 바람직하지 못한 요소들을 찾아내고 있으며, 새로운 해결방안을 위한 투쟁을 돕고 있다. 신수사학은 모든 형태의 급진주의를 반대한다. 모든 급진주의는 사회에 이익이 되거나 될 수 있는 현실적 요소나 기존의 철학을 간과해 버리거나 무시하기 때문이다.

신수사학은 이성적인 타협을 선호한다. 그 까닭은 사회관계나 법체계 또는 정치제도의 발전을 중단시키기 위함이 아니라, 쓸모없게 된 것을 비판적으로 거부하고, 현재 발전하고 있거나 새롭게 생겨나고 존속되어야 할 것을 비판적으로 옹호함으로써 이러한 발전을 촉진시키기 위함이다.

신수사학에서 타협이란 무원칙하거나 혹은 겁에 질려 마지못해 응하는 해결방식이 아니라, 오히려 그 반대이다.

> 이론적 차원에서 볼 때, 가장 많은 노력을 요구하고 또한 정당화하기에 가장 어려운 것은 양립 불가능한 것들에 대한 타협적인 해결방안을 제시하는 것이다. 왜냐하면 그것은 현실의 재구성을 요구하기 때문이다. 반면 일단 타협이 성립되고 그 개념들이 해체되어 재구성되면, 타협은 불가피한 해결방안으로 나타나며, 그 타협안이 내재되어 있는 총체적 개념 전체에 대한 반응이 나타나게 마련이다.[73]

타협은 서로 반대하는 세력 간에 일어나는 갈등의 산물이기 때문에 더욱 나은 발전을 위한 도구이자 원동력이 된다. 타협은 양립할 수 없는 모든 갈등들을 영구히 해결하려는 태도를 취하지 않으며, 반대로 그것은 투쟁과 행위의 새로운 원천을 만들어 낸다. 타협 자체는 다원주의적 사회의 결과물이다. 의식이 있는 이성적인 타협은 민주적 제도의 발전을 촉진시킨다. 수사학적 타협은 협상 가능한 수단과 목표의 잠정적 통합이다.

신수사학은 상대성, 즉 사유의 끊임없는 과정이 지닌 보편성과 특수성으로부터 의식적 선택에 근거한 이성적 결정과 실천적 행위로 이끌어 낼 수 있는 필요불가결한 도구이다. 사유의 끝없는 과정으로서의 지식을 획득할 수 있는 변증법적인 방법에는 어떠한 중단이나 혹은 부동不動의 원칙이란 것은 없다. 사람이란 오로지 생각만 하는 존재가 아니라 일차적으로 행동하고 활동하는 존재이기 때문에, 수용되어지고 동의된 원칙들에 어느 정도 의존하게 마련이다. 이렇게 수용하는 태도가 사람들로 하여금 행동을 지속해 나갈 수 있는 정신적인 토대를 구성한다. 사람들은 다른 사람들을 설득할 수 있고, 또 자신들도 설득당할 수 있다. 상대방에 의해 받아들여지고 또한 상대방에게 반드시 알려

73) Ch. Perelman and L. Olbrechts-Tyteca, *The New Rhetoric : A Treatise on Argumentation*, p. 415.

져야 할 전제들을 수용하지 않는 사람은 절대로 설득될 수 없는 사람이다. 이것이 바로 대화에 있어 가장 기본적인 하나의 규칙이다.

대화를 진전시키기 위해서는, 심지어 가장 비판적이고 혁신적인 견해를 가진 사람이라 할지라도 그들이 장차 수정하거나 거부할 수도 있는 '공리'나 규칙들을 받아들이지 않으면 안 된다. 주어진 청중들에게 있어서의 수사학적 동의란 원칙이 결여된 상호 편의를 위한 계약이 아니라, 바람직한 목표로 나아가는데 가장 중요한 요소라 할 수 있다. 이것은 과거의 경험과 지식에 의해 이룩된 이성적인 결과이다. 만약 청중의 구성원들이 공통의 경험・교육・문화・지식 그리고 (최종적으로 언급하지만 결코 하찮은 것이 아닌) 공통의 이해관계가 없다면 그러한 동의는 결코 이루어 낼 수가 없다. 앨버트 아인슈타인은 1921년 프러시아 과학아카데미에서 행한 '기하학과 경험'이라는 강연에서 이와 유사한 내용을 다음과 같이 말한 바 있는데 이는 우리가 주목할 만하다.

"서로 다른 사람들이 기본적인 명제(공리)에 동의하고 동시에 다른 명제들이 연역될 수 있는 방법들에 대해 동의할 때—이 점을 특히 강조하거니와—그들이 동일한 논리적 결론에 도달할 것이라는 것은 전혀 놀라운 일이 아니다."[74]

모순・연구・논거들의 흐름 속에는, 기본적인 명제에 대한 어떤 동의—물론 일시적이긴 하지만—가 있어야 한다.

그렇기 때문에 변증법적 과정과 수사학적 논쟁에 있어서의 동의는 관습적인 상대성과 주관성을 벗어던진다. 그것은 보다 나은 논증과 합리적인 결정, 그리고 이성적이고 실제적인 선택을 위한 객관적이고 필수적인 출발점이다.

하나의 이론이자 방법론으로서의 신수사학은, 변증법적 사유와 실제적 행동 사이에 가로놓인 간극을 연결하는 현실적인 도구로서 활용된다.

수사학적 방법은 직접적인 실제 목적을 위하여 모든 결론의 상대성을 '지양

74) Albert Einstein, *Ideas and Opinions*(New York : Dell Pub. Co., 1973), p. 227.

止揚'하고, 부정했다가 다시 지속하며, 극복했다가 다시 복원하는 것을 돕는 하나의 도구이다. 그리고 그러한 필요성이 종료되면, 수사학적 접근은 자신의 도움으로 만들어진 그 견고한 상대성을 해체해 버리게 된다.

변증법과의 복합적이고 역동적인 상호관련성 속에서 이해했을 때, 신수사학은 비로소 주관적 변증법의 한 완성체가 된다. 주관적 변증법이 객관적 변증법을 반영한다면, 신수사학은 자연과 사회에 대한 일종의 보편지식(여기서는 일반적인 성찰로서 이해되는)이라 할 수 있다. 인식론이란 결국 존재론으로부터 절대적으로 분리된 것이 아니라 존재론의 다른 측면을 구성하는 것이다.

수사학적 방법론은 현실을 평가하는 데 있어서, 관념과 이상을 비판하는 데 있어서, 또 수용과 거부에 있어서 일관되게 다원주의적 관점을 견지한다. 이제 다원주의는 그 이전에 결여되었던 방법론을 비로소 발견하게 된 것이다. 즉 변증법은 무한한 자기창조의 지주를 확보하게 되었고, 모순들은 표현될 수 있게 되었고 보다 순화된 방법으로 극복될 수 있게 되었다.

제4장

권력과 권위에 대한 수사학적 견해

정치에 적용했을 경우, 신수사학은 합법적인 권위가 가진 권리를 침해하는 데 대항해서 그 권위를 보존하기 위한 이론으로 사용될 수 있다.

일반적으로 정치학의 분야에서는 권위와 권력 간의 구분을 받아들이지 않는다. 그럼에도 불구하고 전통적으로 이 둘을 구분하는 경향이 있다.

페렐만 자신은 존 스튜어트 밀John Stuart Mill의 논저 《자유론》으로부터 영향을 받았다. 그는 특히 다음과 같이 강조한다.

> 자유와 권위 사이의 투쟁은 우리에게 친숙한 초기 역사, 특히 그리스 · 로마 · 영국의 역사에서 가장 두드러진 특징이었다. 〔…〕 자유란 것은 지배자의 전제정치에 대한 방어를 의미한다. 지배자란 통치하는 사람 혹은 통치하는 종족, 또는 카스트로 구성된다. 지배자는 세습이나 정벌을 통해 자신들의 권위를 창출해내지만, 어떻든 간에 피지배자의 호감을 사면서 그 권위를 유지할 수는 없다. 또한 사람들은 통치자의 압제적인 권력 행사에 대해 경계는 할지라도, 통치자의 지배 권력에 감히 항거하려 들지 않았다. 물론 원하지도 않았지만.[75]

페렐만이 밀의 고전적인 저서 《자유론》을 언급한 것은 우연한 일이 아니다. 그는 밀의 추론에서 영향을 받았을 뿐 아니라 밀의 논저에 나타난 정신을 본받아 그 자신의 독특한 자유의 철학을 발전시키려고 했다. 물론 그는 우리가 이미 지적했던 것처럼 이 점에서 밀의 한계점들을 극복하였다. 페렐만은 특히 밀이 자유를, "통치자의 압제에 대한 방어"라고 단순히 규정한 것에서 한 걸음 더 나아갔다. 신수사학은 밀의 개념 규정을 모든 사회적 자유의 전제조건으로 간주하지만, 자유 자체를 이러한 식의 부정적 개념 규정에 국한시키지는 않는다. 물론 자유는 그것이 가진 부정적인 측면보다 더욱 깊이 탐구해야 할 긍정적인 의미를 가지고 있다. 우리 삶의 패턴을 결정짓는 것은 다른 무엇보다 바로 우리의 능력이다. 이러한 관념을 구체화하기 위해 다양한 설득 전략을 폈던 일단의 유명한 현대 유럽 저술가들의 글을 페렐만은 인용하고 있다. 페렐만은 프랑스의 사전 편찬자인 리트레E. Littré의 말을 인용하고 있는데, 그는 권위란 권력을 부여하는 것이며 반면 권력은 어떤 일을 가능하게 만드는 것이라고 정의했다. 그렇기 때문에 권위에는 도덕적 요소가 있지만 권력에는 꼭 그것이 있을 필요가 없다(페렐만, 《신수사학과 휴머니티》, p. 238). 영국의 주교 버틀러Butler(18세기)에 따르면, 권력은 지배와 관련되는 반면 권위는 도덕적 우월성에 근거를 두고 있다고 말한다.

자크 마리탱Jacques Maritain에 따르면, 권위가 없이 행사된 권력은 폭력배나 독재자의 손아귀에 들어 있는 힘이다. 현재의 가장 위대한 가톨릭 정치사상가의 한 사람인 마리탱은 정의에 의해 제어되지 않는 최고 권력은 강도强盜의

---

75) Ch. Perelman, *The New Rhetoric and the Humanities*(Dordrecht, Holland ; Boston : D. Reidel Pub. Co., 1979), p. 138 ; John Stuart Mill, chapter 1 of *On Liberty*, in *The Philosophy of John Stuart Mill*, ed. Marshall Cohen(New York : Modern Library, 1961), pp. 187-188.

왕권summa lactrocinia과 다를 바 없다는 성 아우구스티누스의 노선을 계승하고 있는 것처럼 보인다.

성 아우구스티누스와 토마스 아퀴나스의 영향은 마리탱의 글에 더욱 명확히 드러나고 있다. 마리탱은 권위가 결여된 모든 권력은 정당하지 못한 것이며, 권위로부터 일탈된 권력은 마치 정의로부터 일탈한 강제력과도 같다고 쓰고 있다.

페렐만은 이러한 사람들이 썼던 용어와 철학적 전통을 견지한다. 권위는 항상 규범적인 측면을 지니게 마련이며, 권위가 없는 권력은 개인에게 '존경이 아닌 복종'을 강요한다고 그는 기술하고 있다(페렐만, pp. 139-144).

그러므로 페렐만은 신수사학을, 조직화된 어떤 정치적 공동체에서 진보적이고 인간적인 것을 지향할 책무가 있는, 민주적으로 구성된 권력에 의해서만 행사될 수 있는 하나의 도구로 보았다. 왜냐하면 강제력은 공동체 구성원을 복속시키기 위해 필요한 효과적인 유일한 동기가 될 수도 없고, 또한 되어서도 안 되기 때문이다.

> 권력을 행사하기 위해서는 그 권력이 합법적인 것으로 인식되는 것이 필수적인 요건이다. 또한 권력은 그 권력에 종속된 사람들의 동의를 창출해 낼 수 있는 권위를 가지는 것이 필수적인 요건이다. 이것이 바로 이데올로기가 행해야 할 필수적인 역할이다. 종교적이든 철학적이든 혹은 전통적이든 간에 모든 이데올로기는 진리와 관계없이 권력의 정당성을 열망하는 법이다(페렐만, p. 143).

우리는 이미 이데올로기와 그것이 지닌 의미를 논의한 바 있다. 페렐만의 연구는, 매우 중요하고 실로 매우 민주적인 사유들을 표출하는 경향이 있다. 모든 권력은 하나의 권위처럼 행동할 방도를 찾아야 하며 그리고 하나의 권위로 여겨질 수 있는 방도를 찾아야 한다. 이 말은 권력이 존경을 필요로 함을 의미하나, 그러한 존경은 그냥 생겨나는 것이 아니라 노력에 의해 얻어지는 것이다. 종교적이든 세속적이든 간에 각양각색의 이데올로기들은 기존의 권력을 정당화하려는 경향이 있다. 하지만 이들 이데올로기들은 단지 사람들이 그 이데올로기가 지닌 교의敎義를 높이 평가하고 준봉遵奉하거나 혹은 적어도 그 교의를 지지하기 시작할 경우에만 영향력을 발휘할 수 있다. 신수사학의 역할은 화자의 논거들에 대한 여러 사람들의 지지를 획득해 내고 혹은 증대시키는 것이다. 때문에 신수사학은 정치와 민주적 발전에 있어 중대한 영향력을 발휘할 수 있다.

신수사학은 어떤 권력에 의해 사용되는 단순한 도구를 의미할 뿐 아니라 민주적 권력에 의해 사용되는 도구를 의미하기도 한다. 신수사학은 비지성적인 권위주의에 대한 지지를 획득하는 수단으로 사용될 수는 없다. 왜냐하면 전제나 독재는 무엇보다도 물리적 강제력에 기반을 두고 있기 때문이다. 물론 권위주의가 지지를 얻기 위해서는 대중에게 호소해야 하겠지만, 그러한 지지는 다만 대중적으로 선포된 상투적인 말들이나 무의미한 슬로건에 대한 무비판적인 지지를 획득하는 협박이라는 수단에 의해서만 얻어질 수 있는 일이다.

이러한 지지는 진정에서 우러난 자발적인 것이 아니라, 대중적인 제도와 그리고 대중들이 표면적으로 묵인한 것일 따름이다.

권력 · 권위 · 이데올로기에 대한 페렐만의 이론은, 그 자체를 위해서 뿐만 아니라 그가 다양한 저술들 속에서 이데올로기란 단어를 다양한 의미로 사용하고 있기 때문에 위와 같은 설명이 필요하다. 그는 이 단어를 다양한 방식으로 사용하고 있다. 예를 들어 《권위와 이데올로기와 폭력》이라는 저서(1969년에 브뤼셀에서 초판본이 발간되었고 1970년에 재판본이 나옴)에서 그는 자연주의 및 실증주의 철학과 관련시켜 다음과 같이 쓰고 있다.

> 모든 가치판단은 이해관계를 그 속에 감추고 있는데 이것은 바로 욕구의 합리화라 할 수 있다. 모든 이데올로기는 가장 강한 자를 대변하는 책략으로 거짓된 가면에 불과하다. 이러한 명제를 명확하게 전면으로 부각시킨 것은 마르크스와 니체의 저작에서이다(페렐만, p. 143).

내 생각으로는, 페렐만이 효과적인 이데올로기는 어느 정도 정치적 행위를 진실하게 반영해야 한다는 자신의 일반론을 충실히 지키고 있다손 치더라도, 위의 문장에서 그는 이데올로기를 다양한 의미로 쓰고 있음이 명백하다.

그러므로 페렐만이 지배적 이데올로기에 대한 철학적 비판을 기존 정치 질서를 전복시키는 선구적 혁명 행위로 여겼다는 사실은 지극히 당연하다. 그러한 이데올로기에 대한 철학적 비판은 기존 권위와 권력을 정당화하기 위해 사용되는 '궤변'을 폭로하는 것이라고 페렐만은 쓰고 있다. 언제 진정한 혁명이 시작되는가? 페렐만은 다음과 같이 답한다.

> 권력이 물리적 강제력과 밀접한 관계를 맺고 있다는 사실이 드러나는 순간, 그 권력과의 적대적 이해관계를 위해 이바지하는 혁명 세력은 즉시 그 권력에 대해 항거를 시작할 수 있게 된다(페렐만, p. 143).

페렐만에 의한 이러한 관찰은 혁명적 변화에 대한 보편적인 견해로 간주될 수 있다. 기존 권력은 그것이 권위를 가지는 한에 있어서만 안정적일 수 있다. 왜냐하면 권위를 가진 권력은 존경받게 마련이고 또한 국민 전체를 위해서 활동한다고 믿어지기 때문이다. 이러한 생각이 쇠퇴하는 순간, 권력은 존경을 받을 만한 가치가 없는 순전한 강제력에 지나지 않게 되며, 그 결과 권력은 지속할 수도 없으며 지속되지도 않는다. 현 상태를 변혁시키려고 하는 혁명가들은 자신들의 이상을 보다 나은 질서를 위한 하나의 계획으로 제시해야 하는데 그 질서는 더욱 인간적이고 정의로운 것이어야 한다.

> 덧붙여 혁명가들은 보다 정의롭고 인간적인 새로운 질서를 지켜내어야 한다. 그 새로운 질서는 온갖 종류의 소외로부터 사람들을 구원해 내고 또한 잃어버린 자유를 돌려줄 것이다. 새로운 이데올로기는 기존 질서를 넘어서는 새로운 질서의 우월성을 보여 주는 방식으로 창조되어야만 할 것이다(페렐만, p. 143).

> 이로부터 우리는 또한 보다 잘 짜여진 혁명 이론을 가질 수 있게 되었다. 사람들은 낡은 질서와 아울러 그것의 지배적 이데올로기를 함께 척결하기를 원하는데, 그 낡은 질서는 새로운 질서보다 열등한 것임이 드러나야만 한다. 그리고 그 새로운 질서는 그것이 보다 인간적이고 또한 기존의 소외 현상들로부터 사람들을 구원할 것이라는 사실 때문에 낡은 질서보다 우월한 것으로 인식되어야 한다. 결론적으로 새로운 질서는 개인의 존엄성을 보다 존중하고 또한 보다 많은 사적인 자유, 그리고 민주주의를 제공하는 이데올로기로 선포될 것이다(페렐만, pp. 143-144).

여기서 우리는 신수사학의 정치적 역할을 보게 된다. 신수사학은 인간의 존엄성 및 자유와 더욱 잘 양립할 수 있는 새로운 이데올로기를 정교히 만들어 내는 일을 돕는 도구라 할 수 있다. 이에 따라 새로운 이데올로기는 보다 진전된 민주주의 · 자유 · 정의 · 평등을 추구하는 대다수 사람들의 지지를 획득하고 증대시킬 수 있으며 또한 그렇게 되어야만 한다. 그러나 낡은 이데올로기에 대한 지지가 소멸되는 반면 새로운 이데올로기에 대한 지지가 획득되고 증대되는 것이 필수적이다. 이러한 것이야말로 사회적 · 정치적 발전의 사이클이며, 이러한 발전의 다양한 단계들을 혁명이라 부르든 혹은 개혁이라 부르든 아무 문제가 되지 않는다. 인간에 대한 억압과 폄하는, 다른 사람에 의해서가 아니라 바로 억압받는 개인들 자신에 의해서 인식되어야 한다. 그들이 진부한 지배 이데올로기에 의해서 얼마나 오도되었는지 또한 그들의 삶을 변혁시키고 새로운 이데올로기를 받아들이는 일이 얼마나 필요한지에 대해 설명해 줌으로써 그들의 이해는 촉진될 수 있을 것이다.

동유럽에서 공산주의가 비교적 평화롭게 퇴조한 것은 이러한 형태의 사회적 · 이데올로기적 발전에 있어 가장 좋은 예라고 할 수 있다.

대중은 자신들의 정부와 자신들이 소속된 일터로부터의 소외를 절감했다. 당시 권력을 장악했던 공산주의 이데올로기는 대중이야말로 역사의 '주체'이자 역사의 창조자라고 추켜올렸으나, 대중들은 사실상 자신들이 냉소주의자들에 의해 조작된 장기판의 '졸'에 불과했음을 알게 되었다. 정치적 · 지적 억압, 경제적 궁핍, 그리고 이데올로기의 속임수를 결국 다들 간파하게 되었고, 현재처럼 계속 살아간다는 것은 그들에게 있어 재앙이자 철저히 치명적인 일임을 그들은 명백히 알게 되었다. 다양한 형태의 소외와 억압에 대한 투쟁은 갈수록 강력해졌다. 그들이 내 건 슬로건들은 곧 더 나은 삶과 자유를 약속하는 새로운 이데올로기가 되었다. 공산주의 체제의 붕괴는 경제 · 정치 · 도덕 · 이데올로기 · 철학 등의 전반에 걸친 것이었다. 이 모든 요소들은 하나의 단일체로 간주되고 해석되어야 한다. 정신적 요소와 물질적 요소를 결합시키지 않고서는 새로운 삶의 구축은 결코 성공할 수 없다. 새로운 삶으로 나아갈 수 있는 새로운 도로에는 장애물들이 수없이 많은 법이다.

최근(1993년)까지도 과거 소련에 존재하던 많은 사회집단들은, 1917년 11월 혁명으로 선도되었던 사유체제와 통치체제가 어떻게 그렇게 철저히 실패하게 되었는가를 아직 충분히 이해하지 못한 것으로 보인다. 아마도 당시 국면에서는, 이념적 보수주의가 가진 타성이 국가가 직면했던 비참한 경제적 몰락보다 더욱 강력했는지도 모른다. 그럼에도 불구하고 소련의 새로운 통치 엘리트들은 낡은 방식으로는 더 이상 통치할 수 없다는 사실을 곧 발견할 수밖에 없었다. 소련의 많은 구 통치 엘리트들이 그보다 몇 년 전에 이미 은퇴할 것을 심각히 고려하기 시작했다는 사실은 또한 의미심장한 일이다. 폴란드인 · 체코인 · 헝가리인 · 독일인, 그리고 여타 국가의 공산주의자들은 너무 늦기 전에 이러한 공포를 느꼈고, 그렇기 때문에 진정으로 혁명적인 최근의 전환이 이런 나라들에서는 상대적으로 평화롭게 이루어졌던 것이다. 공산주의 통치자들이 자신들의 권력을 자발적으로 포기하기를 거부했던 곳에서는 모조리 폭력과 유혈사태가 필연적으로 뒤따랐다.

그보다 십 년 앞서 페렐만은 다음과 같은 일반론을 개진한 바 있는데, 이는 우리가 목도했던 유럽사태에 대한 훌륭한 철학적 논평이라고 이 시점에서도 평가받을 수 있다.

> 그러므로 나는 다음과 같이 결론짓는다. 만약 사회적 · 정치적으로 여러 가지 힘들이 완전한 균형을 이루어내지 못할 경우, 인정된 이데올로기에 근거한 권위를 지닌 합법적 권력의 존재를 우리는 인정해야만 한다. 이렇게 인정된 이데올로기에 대한 비판은 다만 또 다른 이데올로기에 의해서 행해질 따름이며, 우리의 현재 정신생활의 밑바닥에는 이러한 이데올로기들의 갈등이 자리 잡고 있다. 이데올로기 간의 갈등을 부정하는 것은 독선주의와 정통주의를 조장하고, 결국은 정치권력으로 하여금 탄력 있는 사고를 억누르게 허용할 것이다. 이데올로기가 지닌 모든 가치를 부정하는 것은, 권력을 장악하기 위한 무장투쟁으로 정치 행태를 회귀시키는 것이다. 이렇게 될 경우 결국은 가장 영향력 있는 군사 지도자가 틀림없이 성공적으로 전면에 등장하게

될 것이다(페렐만, pp. 144-145).

공산주의가 몰락한 지금, 이제는 의회민주주의 국가들을 향해 이러한 경고가 발해져야 한다. 그들은 스스로가 자신들의 존재를 위험에 빠뜨릴 수 있기 때문이다.

제5장

논증의 과정

1. 토론자 이해하기

담론과정에서 우리가 먼저 해야 할 일은, 대화 상대자가 지닌 기본적 생각들을 수립하고 그의 진정한 의도를 파악하는 것이다. 대화 상대방이 자신의 생각이나 의도를 정확하게 표현하지 못하는 잘못을 저지르지는 않는가? 그들은 왜 애매모호하게 또는 부적절하게 표현하는가?

만약 우리가 상대방이 혼란에 빠져 있다는 사실을 알아차린다면, 우리는 그 이유를 찾아야 하며 또한 그의 입장을 보다 뚜렷하고 명백하게 이해하려고 노력하지 않으면 안 된다. 이럴 경우 아마도 우리는 그가 스스로 표명할 수 있는 것보다 더욱 명백히 그의 생각을 이해하도록 노력해야 할 것이다.

때로 어떤 생각이 말로 표현될 경우, 그 생각은 그 사람의 신념과 꼭 일치하지는 않는다는 사실을 우리는 또한 고려해야만 한다. 표현된 생각과 신념 사이에는 명백한 모순이 존재할 수도 있는 법이다. 여하튼 그러한 불일치가 존재할 경우, 표현된 생각과 진정한 의도 사이에는 거의 대부분 차이점이 나타나게 마련이다.

마르크스가 주장했던 것처럼, 이데올로기가 항상 현실과는 반대되는 형상을 제시하는 것은 아니다. 오히려 이데올로기는, 현실의 어떤 요소들을 부각시키거나 왜곡시킴으로써 현실의 몇 가지 측면들을 감싸주기도 하는 것이다. 사실상 이데올로기에는 현실성이 결여되어 있다. 달리 말하면 보수적 혹은 진보적 혹은 심지어 혁명적인 관점에서 보더라도, 이데올로기는 사회적 현실의 참 모습을 언제나 제시해 주지는 않는다. 이데올로기는 절반의 진리로 작용한다. 그러나 이러한 사실을 두고, 어떤 사람이 이데올로기를 통해 의도적으로 남을 기만했다고 해석해서는 안 된다. 대부분의 경우 사람은 자신이 지닌 신념의 희생물이며, 자신이 조작한 지적 편견의 첫 대상물이 되기 때문이다.

철학적으로 모순되고 비논리적으로 보이는 혼자만의 생각을 내뱉는 사람과 토론할 경우, 우리는 그 사람의 말의 근저에 있는 진정한 이데올로기적 의미와 근거를 파악하지 않으면 안 된다. 이것은 하나의 역설이다. 말하고 있는 당사자조차도 명확히 깨닫지 못하고 있는 그 자신의 신념이나 관심사의 핵심, 즉 그 사람의 이데올로기를 우리는 파악해야만 한다. 우리는 그가 자신을 알고 있는 것보다 더 그를 잘 알아야 한다.

우리가 상대하고 있는 사람의 생각(이데올로기)이 보수적인지 혹은 진보적인지를 평가할 수 있는 능력이 특히 요구된다.

그들이 혁신적이거나 개혁적인 사람인지, 아니면 전통적 이데올로기를 고수하는 사람인지를 알아야 한다. 특히 중요한 것은 그가 민주적 자유와 자유선거를 선호하는 사람인지를 알아내는 것이다. 우리는 그들이 가지고 있는 주된 정치적 성향과 분위기를 통해 일차적으로 그들을 평가해야 한다.

2. 보수주의 권력의 본질

일반적인 정치 분위기, 특히 보편화되어 있는 보수주의는 개인들과 언론 그리고 다른 매스미디어에 강력한 영향을 미친다. 즉 그것들은 논증의 전략과 방식에 영향력을 행사하게 되는 것이다.

예를 들어, 《워싱턴포스트》지의 편집장 브래들리Benjamin C. Bradlee는 워터게이트 스캔들에 대한 용기 있는 보고서를 내 큰 명성을 얻었다. 그러나 몇 년 후 레이건 행정부 아래서, 그의 보도는 그 자신도 인정했듯이 공격의 수위가 훨씬 낮아졌다. 이것은 정치적 사건에 대한 《워싱턴포스트》지의 대응이 보다 체제순응적인 방향으로 흘렀음을 의미한다. 왜 그랬던가? 브래들리는 다음과 같이 털어놓았다. "당시 언론은 자신들이 자유주의적 이미지로 비쳐지는 것을 두려워하는 잠재의식을 가지고 있었다. 또 어떤 사람들은, '자, 자유주의자들도 보수주의자들과 잘 지낼 수 있다는 것을 보여 주자'고 말했다. 그래서 우리가 카터보다는 레이건의 백악관과 어느 정도 좋은 관계를 가졌던 것은 사실이다."[76)]

이러한 솔직한 고백은, 어떤 학문적 연구나 분석보다도 정치적 영향력의 메커니즘이 언론이나 매스미디어에 훨씬 효과적으로 작용한다는 사실을 뚜렷이 입증한다.

왜 언론인들은 레이건 시대에는 자신들의 자유주의를 그토록 염려했으며, 결국은 민주당 내에서 가장 보수적인 경향을 나타냈던 카터 시대는 물론이거니와 포드나 닉슨 시대에는 왜 그것을 소홀히 했을까? 가장 설득력 있는 대답은, 아마도 언론인들이 닉슨 시대에는 압박을 덜 받았다고 말하는 것이다. 즉 언론인들은 닉슨 자신의 나쁜 이미지와 그의 치사한 속임수('속임수 부리는 나귀Tricky Dicky')가 워낙 잘 알려져 있었다는 사실 때문에 닉슨을 '함부로 다룰'(닉슨 자신의 표현에 따르면) 수 있었던 것이다. 비도덕적인 정치적 파울 플레이에

76) *The New York Times*, National, June 22, 1981, in *An Editor Who Left his Mark in the Capital*, by David E. Rosenbaum, p. 6.

닉슨이 개입했다는 사실을 당시 어느 누구도 감히 부인할 수 없었다. 반면 레이건은 자신을 완전히 보수적인 정부 체제와 동일시하였으며, 동시에 국민의 이익과도 동일시할 수 있었다. 이에 따라, 국민의 목소리를 대변해야 할 언론이 오히려 현재의 보수적인 정치적 · 사회적 구조에 대해서 적대적인 입장에 서 있다고 인식되는 것을 원치 않았던 것이다. 보수적 체제의 힘은 통상 너무나 거대하여 그것이 단순히 존재한다는 사실만으로도 강력한 이데올로기적 영향력을 행사하게 된다. 그러므로 대화 과정에서 우리는 우리의 논증 효과와 이해에 간접적으로 영향을 끼칠 수도 있는 모든 미묘한 상황들까지 고려하지 않으면 안 된다.

연설자는 보수주의가 바로 그것이 가진 특성으로 인해 혁신적인 생각보다 훨씬 강력하다는 점을 염두에 두어야 한다. 또한 보수주의자들을 위한 가장 강력한 논거는, '자신들이 옹호하는 것은 바로 여기에 존재하는 것'이라는 단순한 사실임을 항상 염두에 두어야 한다. 이런 식으로 보수주의자들은 아무 것도 증명할 필요가 없기 때문에 특권적 지위를 누리게 된다. 통상 대중들은 헤겔이 제시했던 "존재하는 것은 이성적이어야 한다"는 원리를 암묵적으로 수용하게 마련이기 때문에, 보수주의자들은 그들의 입장을 구태여 정당화할 필요가 없는 것이다.

한편, 데카르트의 모토인 "나는 생각한다. 그러므로 나는 존재한다Cogito, ergo sum"를 정치적 보수주의식으로 표현해 본다면 다음과 같은 췌언법贅言法이 될 것이다. "나는 존재한다, 그러므로 나는 현존한다, 그러므로 나는 존재해야 한다." 보수주의자들의 이러한 '지선지미至善至美한 지혜ultima ratio'에 대해 의문을 제기하는 사람은 누구든, 전통과 현실에 대항하여, 그리고 옛날부터 수용되었다는 이유만으로 현실적인 것이라고 인정되는 영원한 가치들에 대항하여 투쟁하지 않으면 안 된다.

왜 이러한 가치들이 논란의 여지가 없으며 영원하고 현실적인 것인가? 만약 당신이 이렇게 묻는다면 그에 대한 대답은 다만 가장 단순한 한 마디일 것이다. "그것이 여기 있기 때문에."

신수사학은 잘못된 현실의 토대와 그것의 이미지를 이루는 토대를 함께 허무는 도구라 할 수 있다. 그것은 전통적인 불의와 편견을 현 상태로 유지하려는 기도에 대항하기 위해 쓸 수 있는 불가결한 연장이다.

3. 논증은 흥정이 아니다—'중도주의'의 문제

수사학적 대화를 하거나 논증을 진행하는 목적은 여러 가지 관점들의 '중용'을 찾거나 '절충'하자는 것이 아니다. 가능하면 우리는 대화를 통해 우리의 논거에 대한 모든 청중의 합의를 획득하는 것이나, 혹은 적어도 우리의 정당하고 잘 표현된 주장에 대한 지지자들을 얻는 것을 목표로 한다.

수사학적 대화는 흥정의 과정이 아니다. 즉 그것은 저 유명한 '내가 대접받고 싶은 대로 남을 대접하라do ut des'는 로마인의 원칙에 기반을 두지 않는다.

사업에서와 같이 정치에서도 종종 타협이 모색되고 또 이루어진다. 타협은 흔히 권장할 만하고 합리적인 것일 수 있다. 흥정에 바탕을 둔 현실적인 타협안을 받아들이는 것이 좋은 방안일 수도 있다. 수사학적 관점에서 본다면, 타협이 이루어진 후에 우리는 그것을 우리가 모색하는 방향으로 개선하기 위해 항상 새롭고 설득력 있는 논거들을 준비하면서 만일의 경우에 대비해야 한다.

가령 1990년과 1991년에 고르바초프Gorbachev 대통령이 채택한 정치적 전략을 한 사례로 분석해 보자. 1990년 가을에 그는 '신소비에트 우파'의 성향을 나타내고 있었는데, 신소비에트 우파는 강경 노선을 견지하는 교조주의자들이었으며, 구 공산주의자들이자 신 보수주의자들이었다. 그들은 보다 전통적인 정치적 · 경제적 시스템에 의해, 그리고 소비에트 유형의 연방제와 전통적인 방식인 공산당의 '지도적 역할'에 의해, 자신들이 이루어 낸 새로운 정치·사회적 업적을 유지하고자 했다.

개혁주의, 진보주의, 그리고 '수정주의'의 지지자들은 자유시장경제로의 조속한 변화, 민주적인 자유의 확대와 합법적 보장, 소비에트 연방의 재조직과 평화적 외교정책 수립에 있어서의 새로운 지도력을 희망하였다.

고르바초프가 임기 초기에 진보진영 쪽으로 기울어지자, 그는 미국과 모든 서방세계로부터 '새로운 세계질서'('냉전' 이후에 선언된)를 유지하기 위해 없어서는 안 될 버팀목으로 환영받았다. 그가 개혁을 주저하거나 보수적 교조주의자들의 편에 서서 협력할 때마다 서방세계는 그를 비난했고, 심지어는 개혁주의자로서의 자격에까지 의문을 제기했다.

1991년 7월 1일자 《유에스 뉴스 앤드 월드 리포트*U.S. News and World Report*》지는 다음과 같이 논평했다.

> 이제껏 소비에트 대통령은, 자신이 기반을 두고 있는 공산주의 체제를 해체시킬 수 있는 준비나 의지 혹은 능력을 보여 주지 못했다. 또한 개혁가나 극우파와 같은 사람들로부터의 도전에서 생존할 능력을 보여 주지 못했다. 이미 신용을 잃은 구제도를 해체시키는 데 있어 고르바초프보다 더욱 열성적인 많은 정치적 라이벌들이 소비에트 내의 도시와 공화국들에서 속속 등장하고 있다. 반면 고르바초프 자신은 마치 문제보다는 해결이 더욱 "핵심"인 것처럼 행동하고 있다(p. 39 ; 강조는 저자).

정확한 수사학적 추론은 다음과 같다. '핵심'은 때로 '해결'이 될 수도 있으나, 만약 그것이 전체적인 문제의 본질이 아니라면 그것은 불가피하게 곧 의문의 한 부분으로 바뀔 수 있다. 일반적으로 여기에 다음과 같은 적절한 지적을 덧붙일 수 있다. 우리가 '핵심'에 대해 논의할 경우, 어떤 관점에서 그 '핵심'이 중심

과제가 되는가라는 근본적 질문을 제기해야만 한다. 또한 판단을 내릴 경우, 어떤 요소와 요인 및 어떤 차원을 고려해야 하는가? 어떤 이익을 희생할 것이며 어떤 이익을 지켜나갈 것인가? 등의 근본적인 질문을 제기해야 한다.

똑같은 추론이 미국 정치에 있어서의 '사회적 대세'라는 것에도 적용된다. 이러한 표현은, 양 정당이 서로 상대방을 '사회적 대세'에서 벗어나고 있다고 비난하게 마련인 선거 시기에 특별히 중요하게 쓰인다. 정치적으로 매력적일 수 있는 이러한 이데올로기적 용어는, 만약 수사학적으로 적절히 설명되지 않는다면 악의적인 것으로 사용 될 소지가 있다. 이데올로기적 용어는 너무 좁게 혹은 너무 '엄격히' 개념 규정되어서는 안 되며, 그것이 가진 여러 측면들과 외양과 풍자적 의미 등 모든 것이 분석되어야 한다. '중도주의' 혹은 '사회적 대세'라는 입장은 유용하고 합리적일 수 있지만, 그것의 합리성은 단지 일시적 편의성이나 목전의 실용적 이익 혹은 언어적 편의성에 따라서만 입증되어서는 안 된다.

4. 청중의 합의를 얻는다는 것은 무엇을 의미하는가

논증의 목적은 단순히 과거 자신이 지녔던 견해를 포기하고 화자의 견해를 수용하는 것은 아니다. 그러한 목적은 너무 협소하고 단순하며 추상적이다. 그러한 목적은 '형식논리자', '수학자', 혹은 심지어 교조주의자(이론가 또는 세속적 이념론자)의 목적일 것이다. 그러나 신수사학에서 말하고 있는 것처럼, 실질적 활동이나 사회적 다원주의의 관점에서 볼 때 대화의 목적은 우리의 실질적 목표를 추구하기 위해 청중의 합의를 얻어내는 것이다. 아놀드 Carrol C. Arnold 교수는 노트르담 대학에서 1982년 출간된 페렐만의 《수사제국*The Realm of Rhetoric*》 미국판 서문에서 확실하고 정확하게 그 문제를 제시하고 있다.

각 논쟁자의 수사학적 상황이 가진 그러한 측면을 논의하면서, 페렐만은 아주 적절한 용어를 선택한다. 그는 어떤 주장을 '수용'한다거나 '거절'한다고 쓰는 대신, 논쟁자가 "청중의 합의를 유발하거나 증가시키려" 한다고 쓰고 있다. '합의'라는 용어는 '수용-거부'나 '승인-부인'과 같은 용어보다 훨씬 나은데, 이를 통해 우리는 '철회할 수 없는 언질'보다는 선택이라는 용어가 논쟁에 있어 우리가 희망할 수 있는 모든 것이라는 사실을 다시금 상기하게 된다. 우리는 다만 합의 수준이나 우리 생각에 대한 지지를 끌어올리기 위해서 딴 사람 혹은 우리 자신들과 대화를 나눌 수 있을 뿐이다. 이것은 형식적 증명이 아니라 수사학적 작업의 영역인 바, 이것이 바로 모든 논증의 본질이라 할 수 있다.

페렐만의 생각이야말로 설득의 문제와 생각의 교환에 관련된 일반적인 휴머니스트들의 이론에 필적할 만한 것으로, 그의 인본주의적 접근의 산물이라 할 수 있다. 일단 인간이란 존재가 로봇이나 기계가 아니라는 데 동의한다면, 우리는 그 인간이 사유하는 개인들이라는 사실에서 출발하여 일관된 결론을 이끌어 내어야 한다. 그 사유하는 개인은, 비록 논쟁자가 제시하는 것들에 대해 적대적은 아닐지라도 그것과는 다른 많은 사유들과 신념을 이미 지니고 있는 존재인 것이다. 더구나 사람들은 현재의 신념과 원칙이 그 사람의 마음을 변화시킬 수 있는 상황에서 생활하고 있는 경우도 있다. 그러므로 화자는 논거들을 통해 사람들의 이성에 호소할 수도 있으나, 반면 사람들은 그 새로운 견해에 저항하기 위한 여러 가지 정서적인 근거들을 마음속에 품을 수도 있다. 따라서 페렐만의 정확한 표현을 빌리자면, 논쟁자는 그가 "청중의 합의를 유도해 내거나 증대"했을 때 이미 그의 목적을 달성했다는 것이다. 달리 말하자면 청중은 자신이 지닌 철학 · 이데올로기 · 종교 혹은 형식적이든 공식적이든 간에 깊이 공감하고 있는 견해들을 바꾸도록 요구받는 것이 아니다. 반면 청중은 엄격히 규정된 공동의 어떤 목표들을 달성하기 위하여 예측 가능한 가까운 장래에 화자와 협조한다는 결정을 내려야 한다. 이것이 바로 청중의 합의를 '유도'해내고 '증대'시킨다는 의미에 해당된다.

페렐만의 추론 가운데 이 부분은, 신수사학이란 것이 어떤 추상적 이론이 아니라, 자각과 분별력에 의해 계발된 현실적 행동 철학임을 또한 보여 준다.

대중으로부터 이러한 '합의'를 끌어내기 위해서, 우리는 한 국가나 사회 혹은 여타의 제한된 청중에 이르기까지 그들이 지닌 보편적인 '정신' 혹은 '태도'를 고려해야 할 뿐 아니라, 청중의 복합적이고 뒤섞인, 심지어 모순된 감정조차도 고려해야 한다.

미국 대중의 복합적인 감정과 논리를 제대로 이해하고 그것을 이용할 수 있었던 대단한 달인 중의 한 사람은 존슨Lyndon B. Johnson이었다. 그는 경험이 풍부하고 영리한 정치꾼으로 결국 부통령으로 뽑혔으며, 나중에는 미국의 대통령 자리까지 올랐다. 실로 그는 한 개인으로서 또한 정치꾼으로서 자기 시대와 국가가 가졌던 적대적 감정을 반영했던 사람이다.

존슨의 전기를 썼던 로버트 댈렉Robert Dallek은, 프랑스 대통령 샤를 드골Charles de Gaulle이 1963년 케네디John F. Kennedy의 장례식에 참석하러 미국에 왔을 때 했던 다음과 같은 말을 인용하였다. "이 분 케네디는 미국의 상징적 얼굴이었습니다. 그러나 이 분 존슨은 미국의 실제적 얼굴입니다"(Robert Dallek, "Lone Star Rising, Lyndon and his Times. 1908-1960", *Newsweek*, 1991. 7. 22, p. 23).

드골의 인물평은, 사회 · 정치 · 국민여론 및 정치 지도자들 사이의 관련성에 대한 신수사학의 기본 개념 중의 하나를 반영한다. 한편으로는 정치문화와 그 사회의 도덕성 간의 어떤 연계, 그리고 다른 한편으로는 그 사회 정치 지도자들의 지적 수준과 도덕적 태도 간의 어떤 연계가 항상 존재하게 마련이다.

드골은, 미국인들이 케네디가 공식적으로 드러났던 것보다 사회적 · 정치적 문제들에서 솔직하고 인간적인 반면, 보다 더 잔혹하다는 사실을 말하고 싶었던 것이다. 미국인들은 내부적인 이상주의와 돈이 많이 드는 외교정책에 대해 돈을 지불할 준비가 되어 있지 않았다. 그들은 너무 현실적이고 너무 '물질주의적'이라 그러한 모험에 돈을 지불할 수 없었다. 드골에 따르면, 존슨은 어느 누구보다도 대중의 '상식'과 편견 그리고 감정에 어필했다. 그는 동정심과 독특한 관용을 이기주의와 결합시키면서, 자조력自助力이 없는 사람들을 비난하는 부류의 사람들에게 어필했다.

한편 다른 전기 작가인, 로버트 카로Robert Caro가 그려 낸 존슨의 퍼스낼리티에 관한 이미지는 이것과 달랐다. "그는 권력으로 가는 길을 식별해 내는 데 천재성을 과시하였고, 그 길에 가로놓인 장애물을 무자비하게 제거했으며, 사기와 기만과 배신에 있어서 외관상 무한한 능력을 발휘하였다"(《뉴스위크 *Newsweek*》, 1991년 7월 22일, p. 53).

카로의 견해와는 대조적으로 댈렉은, 존슨이 실제로는 두 가지 퍼스낼리티를 복합적으로 가지고 있었으며 동시에 다양한 이데올로기를 포용했다고 강조한다.

존슨은 20년 동안 남부 민주당의 동맹자였으나, 1957년에는 첫 번째 시민권리 입법안을 밀어붙였다.

댈렉은 존슨을 대기업, 즉 그의 고향 텍사스의 석유 · 가스재벌의 대변자로 묘사하기도 했지만, 한편으로는 그가 뉴딜 정책을 옹호했고 심지어 그 정책이 시대 상황에 맞지 않게 되었을 때에도 계속 그 정책을 옹호했다고 언급한다. 존슨은 선거법을 위반하였고, 상원의원 직을 해적질했으며, 자신의 전쟁기록을 부풀렸고, 공모를 묵인하였으며, 심지어 목장을 불공정한 방식으로 손에 넣기도 했다. 그렇지만 선출된 공직자로서 그는 누구보다 열심히 일하였고 많은 것을 요구하였으며, 국민들로부터 많은 것을 빼앗은 대신 그만큼 많이 되돌려 주기도 했다. 댈렉은 오직 소수의 정치인들만이 국민의 복지에 깊은 관심을 가진다고 믿었다. 존슨의 많은 전기들이 그의 소문난 사기 행각으로 채워져 있긴 하지만, 동시에 그는 "소외 계층에 대한 진실하고 유별난 동정심을 가지고 있었다. 이러한 동정심은 1950년대 후반과 1960년대 초반에 정치적으로 그에게 유리하게 작용했지만, 사실상 그의 동정심은 흑인과 히스패닉 그리고 텍사스의 백인 빈민들을 돕기 위해 진력하면서, 또한 나치를 피해 미국으로 입국하려는 유대인 난민들을 돕던 1930년대부터 시작된 것이다"(《뉴스위크》, 1991년 7월 22일, p. 53).

결론적으로 말해, 존슨은 자신과 주변 사람들을 가차 없이 몰아붙였다. 사실 그의 업적 목록을 만드는 일은 매우 거대한 작업이었다. 그는 자신의 목표에 헌신하고 동시에 만인에게 보다 나은 선을 위해 헌신하는 일에 있어서는 천재였다.

만약 존슨이 국가의 '상징적 얼굴'이 아니라 미국 국민의 진정한 대변자라면, 그의 퍼스낼리티는 그 나라가 가진 복합성의 한 반영이라고 할 수 있을 것이다. 즉 이기심과 애타심, 잔인과 열정, 그리고 고립적이긴 하지만 휴머니티에 관한 문제들에 책임을 지려고 하는 성향 등, 선과 악을 동시에 지닌 미국인의 복합성을 반영한다는 말이다.

존슨과 미국의 이러한 이미지를 두고 너무 단순하다든가 또는 너무 복합적이라 할지 모르지만, 수사학적인 정치 이론의 관점에서 보자면, 한 국가의 위대한 지도자들은 그들 나라의 국민들, 그들의 현실적 특성과 희망에 따라 나타난 이미지에 의해 창조된다는 것은 의심할 여지가 없다. 지도자들은 국민들의 가장 낮은 수준의 본능에도 자신을 맞출 수 있으며 또한 보다 높은 목적을 성취하기 위해서 국민들을 이끌어가는 방법도 알고 있는 것이다.

존슨으로 대표되는 것과 같은 유형의 지식 · 이해 · 능력을 갖추지 않고는, 어느 화자이든 자신이 원하는 바 논쟁의 소지가 있는 정치적 목표를 지지하도록 사람들의 '합의를 유도하거나 증대'시킬 수 있는 논거를 만들어 내기는 어려울 것이다.

5. 불명확한 정치적 개념들—주권의 문제

세속적이든 종교적이든 간에, 주도적이며 다소간 전통적인 이데올로기들이 이미 파국을 맞이한 지금, 정치적 · 법적 · 철학적 용어 전반에 걸쳐 휴머니티란 말 역시 혼란을 겪고 있다. 법적 · 정치적 용어에 한정시켜 생각해 보자.

정치학 및 법학에서 기본적인 용어 중의 하나는 '주권'이다. 이 문제를 분석하는 데 있어 다음의 질문을 던지는 일이 가장 중요하다. 국민 · 국가 · 정부의 주권들을 각각 구별해야 하는가? 이러한 개념들은 동일한 것인가? 만약 아니라면, 그 차이는 무엇이며 그것들을 구별한 결과는 어떤 것인가?

주州들과 국가 간의 상호의존 관계가 매우 밀접히 결합되어 있을 경우 어떤 주가 완전히 주권을 가지고 독립한다는 것이 이성적으로 가능한 일인가? 이러한 상호의존성이 사회생활과 심지어 개인생활에까지 더욱 깊숙이 침투하거나 확산되고 있는 것은 아닌가?

학문적으로 고찰해 볼 때, 정치적 · 경제적 주권에 반대되는, 법적 의미의 주권을 구분하는 것이 과연 허용될 수 있을 것인가?

《유에스 뉴스 앤드 월드 리포트》의 편집장 주커만Mortimer B. Zuckerman은 1991년 6월 3일(No. 21)자 사설에서 다음과 같이 썼다.

> 최근 미국에 대한 일본의 투자는 우리가 스스로의 경제적 운명에 대한 통제 능력을 점차 상실해 가는 상황을 상징하게 되었다. 이에 경악한 73퍼센트의

> 미국인들은, 영국인들의 대미 투자 총액이 일본보다 높은데도 불구하고, 일본이 마침내는 미국의 대부분을 소유해 버릴까 두렵다고 말한다.

우리의 국가 주권에 대한 부분적인 규제가 "우리의 경제적 운명에 대한 통제 능력의 상실"을 의미하는 것은 아닌가? 아니면 그것은 단지 국가 주권에 대한 제한인가 혹은 경제영역에서의 주권에 대한 제한인가?

왜 미국인들은 오늘날 주권("우리의 〔…〕 운명에 대한 통제 능력")이 위험에 처했다고 두려워하는가? 주커만은 다음과 같이 추측한다.

> 일본은 거대한 힘을 가진 기계로 인식되고 있다. 〔…〕 이러한 인식을 고조시킨 것은 순전히 일본이 경제적 · 기술적 · 재정적 능력 면에서 강대국으로 부상한 빠른 속도 때문이다. 20년이 채 못 되어 자동차에서 최신형 비행기에 이르기까지 대부분의 전통적인 미국시장을 일본의 생산품이 지배하고 있으며, 일본의 기술 역량이 미래 산업의 많은 부분에서 미국을 압도하는 것을 미국인들은 보아 왔다(주커만, 같은 사설).

이 때문에 이미 혼란된 상태에 있는 주권의 개념을 더욱 복잡하게 만드는 의문이 또 하나 추가된다. 즉 주권의 상실은 하나의 과정인가, 혹은 명확하게 규정되는 '조건'이거나 어떤 '행위'거나 어떤 확실한 '사실'인가? 이 물음에 대해, 주권이 '증대'하거나 '축소'되는 여러 가지 단계와 정도는 다양하다고 말하는 것은 충분한 대답이 되지 못한다. 왜냐하면 주권이 무엇이냐 하는 문제는 단지, 명사가 설명할 수 있는 것보다 부족한 설명밖에 할 수 없는 애매모호한 동사나 소사小辭(관사 · 전치사 · 접속사 등)의 영역으로 전가되었기 때문이다.

이러한 질문에 관련된 또 다른 문제는 다음과 같은 것들이다. 주권에 대한 질문은 전적으로 객관적인가? 혹은 인식에 의해 결정되는 어느 정도의 주관적인 것인가? 과거, 유명한 한 영국 정치가는 국제 상황을 악화시키는 유일한 방법은, 상황이 악화되고 있다고 말하는 것이라고 주장한 바 있다. 반은 풍자적이고 반은 철학적인 이러한 평가가 주권에도 적용될 수 있는가?

《정치와 도덕*Politics and Morality*》(No. 1, 1991)의 편집자는 많은 취재원取材源으로부터 나온 정보를 분석한 후, 사담 후세인의 독재 정권을 전복시키지 않고 조기에 걸프전을 종식시키는 결정을 내린 것은 사실은 사우디아라비아 정부로부터의 압력에서 나온 것이라는 결론을 내렸다. 사우디아라비아가 '수니Sunni' 정부를 유지하기 위해 그렇게 요구했고, 조지 부시George Bush 대통령이 이끄는 미국정부는 이를 거절할 수 없다고 생각했던 것이다. 왜 그랬던가?

미국 정부는 이러한 상호관계들에서 충분히 강력하지 못했기 때문인가? 이에 대한 대답은 다음과 같을 것이다. 즉 미국은 석유를 수입에 의존하고 있다. 또한 미국은 아라비아의 족장들이 미국의 은행으로부터 예금을 인출해 가기를 원치 않았다. 그리고 미국은 사우디에서의 수출시장(특히 무기)을 안전하게 유지하기를 원하였다. 이에 따라 다음과 같은 추론이 가능할 것이다. 즉 이러한 이해관계들을 망치지 않기 위해서는, 미국이 이라크 수니 정부의 유지에 관한 사우디의 다양한 정치적 요구를 수용하는 편이 나았다. 또한 사우디는 이스라엘과의 전시 상태를 합법적으로 유지하면서 결과적으로 이스라엘을 경제적·정치적으로 고립시키고자 하는 것에 대해 미국이 용인해 주기를 원했다. 이러한 사우디의 희망을 수용하는 편이 미국으로서는 더 나은 선택이었다.

만약 아랍문제를 다루는 데 있어, 정말 이러한 이유들로 인해 미국이 저자세를 취했다면, 사우디의 말을 들어준 것은 정치적·경제적으로 필연적인 일일 수도 있다. 이러한 주권의 부분적 상실에 대하여 우리가 할 수 있는 것은 아무것도 없다. 그러나 수사학적인 관점에서, 우리는 그 사실들이 정말 사실인지, 또한 그 사실들을 사실로 받아들이는 것이 옳은지 의문을 제기해 보아야 한다.

아마도 우리는 또 다른 가능성을 가진 사실들, 가령 다른 국가들로부터 원유를 수입할 가능성, 새로운 에너지 자원을 개발할 가능성, 혹은 사우디 외의 딴 시장을 찾아낼 가능성 등과 같은 것을 고려해 보아야 한다. 최종적으로, 잔인하고 폭력적이며 비인간적인 이라크의 독재자와 그리고 그만큼 잔인하고 추한 정권과 정당이 계속 권력을 잡고 있다는 사실에 대한 국제적 · 국내적 분노가, 정치적 · 군사적 선택에 대한 도덕적 · 정치적 평가에 반드시 포함되어야 한다.

만약 군사적 선택이 보다 합리적인 대안이어서 그 길을 택해야 한다면, 미국 주권에 대한 제한은 객관적 요인들이 아니라, 주관적인 정치적 이념이나 경제적 이해관계에 의해서 유발된 것이다. 그렇기 때문에 주권에 대한 문제는 전체적이든 부분적이든 간에, 주관적인 문제이지 완전히 객관적일 수는 없다. 그 까닭은 평가라는 것이 결국은 수사학적 분석의 결과이기 때문이다.

《뉴욕 타임스*The New York Times*》의 매우 유능하고 사려 깊은 칼럼니스트인 플로라 루이스Flora Lewis는 아래와 같이 말했다.

> 미국이 추구하는 목표를 스스로 가로막는 이율배반적인 미국의 정책에 대해 사우디아라비아가 영향력을 행사하는 것을 정부는 묵인해 왔다. 〔…〕 미국은 이라크의 바트Baath 정권을 무너뜨릴 수도 있는 반란의 위험성보다는 사담 후세인을 권좌에 남겨두는 것이 낫다는 사우디의 견해에 동조하였다. 〔…〕 그것이 시아파교도와 쿠르드족을 대량학살 당하도록 방치하고, 후세인이 아직도 그의 폭압을 생생히 유지하도록 허용한 이유이기도 하다. 미국은 걸프 정책에 대한 사우디의 판단을 복음으로 받아들였고 실질적으로 미국의 이익과 사우디의 이익을 동일시하였다(《뉴욕 타임스*The New York Times*》, 1991년 7월 19일, p. A-27).

왜 이런 일이 일어났는가? 루이스는 다음과 같이 명쾌하게 설명한다 : "부시

대통령은 석유사업가 출신이었기에 그들이 한 말의 요점을 알았다."

똑같은 생각이 밥 우드워드Bob Woodward의 《지도자들*The commanders*》이라는 책에서 잘 나타나고 있다. 여기서 그는 사우디 왕 파아드Fahd의 친척인 사우디아라비아 대사 술탄Bandar bin Sultan의 활약상을 기술하고 있다. 그는 백악관 및 각료들과 직접 통할 수 있는 통로를 만들었다. 그는 미국을 전쟁으로 몰아넣기 위해 써먹을 수 있는 모든 외교적 트릭을 사용했다. 그리고 마지막으로 사우디의 이기적인 제안을 미국 의회와 국민들이 받아들일 수 있도록 이데올로기로 포장해서 미국에 팔아먹기 위해 안간힘을 썼다.

사우디가 바라는 이익은 기본적인 성질의 것이다. 그들은 현 상태를 그대로 유지하기 원한다. 그러므로 부시 행정부는 '안정'이라는 용어를 만들었다. 즉 그들은 새로운 정치적 희생물을 만들어 낸 것이다. 사우디아라비아와 쿠웨이트의 전제적 지배자에 대항하는 자는 누구든지 '안정'에 반하는 자이며 이른바 미국의 이익에 반하는 자이다. 사우디는 시아파 교도의 이슬람 근본주의에 관한 문제에는 별 관심이 없으며 그 대신 그들은 걸프지역에서의 민주화를 두려워하고 있다. 미 국무성과 미국 대통령의 최측근 보좌관들은 이 사실을 이해하지 못하고 있거나 혹은 이러한 명백한 사실을 인정하기를 원치 않는 것처럼 보인다. 그러나 만약 미국인들이, 전제적이고 독선적인 동맹국이 그토록 강력히 주장한 정책을 따르고, 또한 고위 정치인들이 "사우디의 관심은 미국과 다르며 미국의 정책을 바꾸려 해서는 안 된다"(플로라 루이스, 같은 기사)는 명백한 사실을 수용하지 않는다면, 미국 국민과 미국 정부의 주권은 손상되게 된다.

그러나 이론적인 관점에서 보자면, 우리는 다음과 같은 매우 근본적인 질문을 던질 수 있다. 세계에서 민주주의의 가장 강력한 보루인 미국이 그러한 외국의 압력에 응함으로써 자신의 독립과 헌법상의 자유를 더럽힌다는 것이 도대체 어떻게 가능한 것인가?

미국과 사우디 정부 간의 관계에 대한 논의는, 특히 석유 · 금융 및 기타 경제적 이해관계로 인해 정치적 주권의 문제가 얼마나 어렵고도 불확실할 수 있으며, 이러한 문제들을 모든 측면들에서 분석할 경우 수사학적 논증이 얼마나 중요한 것인가를 입증한다. 우리는 전형적으로 정치적인 '불명확한 개념'이라고 할 수 있는 주권의 개념에서 분석을 시작해야 한다. 또한 우리는 정확히 규정할 수 없는 위상의 존재를 결정짓는 가능한 한 많은 요소를 주의 깊게 조사해야 한다. 주권에 대한 평가들이 객관적 및 주관적 요인들에 의해서 결정된다는 사실은 어떠한 개념 규정에도 혼란을 더해 주고 있다. 주권이라는 문제에 대해 우리가 수사학적 탐구를 덧붙일 경우, 우리는 용어들을 두려워하지 않고 반대 의견도 과감히 표현할 수 있어야 한다. 미국 정부의 주권은 몇몇 외국의 정부나 그 나라의 권력 핵심부와의 관계에서 다음과 같은 요인 때문에 심각히 손상되었다. 그 요인으로는 경제적 · 정치적 이해관계와 객관적 · 심리적 이유들, 그리고 특히 중요한 것으로는 기존의 어떤 이해관계와 기득권을 들 수 있다.

6. 불명확한 관념들—'방관된 현실에 대한 통찰'

페렐만은 스승이자 친구인 뒤프레엘로부터, 불확실한 관념들이 사회의 개선에 이바지할 수 있다는 생각을 이어받아 더욱 발전시켰다. 과거 우리는 정치에서 '중도파'의 입장이 해결책이 되기보다는 오히려 문제가 될 소지가 있다고 해석해왔다. 그러나 '중도파'적 입장은 불명확하고 혼돈된 관념일 수도 있으나, 반면 유용한 계획이거나 안案으로 나타날 수도 있다. 어떤 일을 진정으로 성공시킬 방법을 개발할 수 없는 많은 사회적 상황이 존재하기 마련이다. 그 계획이 아무리 명확하고 객관적으로 유익하다 하더라도 그것을 지지하기를 거부하거나 혹은 새로운 계획을 믿지 않는 사람들의 저항 때문에 그러한 상황이 존재하기도 하고 혹은 객관적인 난관들 때문에 그렇게 되기도 한다. 그들은 미지의 영역으로 들어가는 모험을 하기보다는 '중도파'의 불명확한 이데올로기 묵수하는 것을 선호하게 된다.

결과적으로 '중도파'는 종종 대중의 비웃음의 대상이 되거나 심지어는 경멸의 대상이 되기도 한다.

소련의 한 인기 코미디언은 고르바초프의 '중도주의'를 자주 놀림감으로 삼았다. 언젠가 그가 했던 다음과 같은 풍자를 모스크바 사람들은 즐겨 반복했다. "좌익이 보건대 그는 우익에 서 있다. 반면 우익의 눈에는 그가 좌익으로 비친다. 그는 스스로를 중도에 서 있다고 생각한다. 하지만 그것은 시각적 환상에 불과하다."

수사학적 관점에서 보자면, 다음과 같은 질문이 제기되어야 한다. 불명확한 '시각적 환상'이라고 놀림 받는 이러한 중도적 입장이란 것이, 명백히 잘못된 이데올로기보다는 상대적으로 더 좋은지 혹은 더 나쁜지를 우리가 어떻게 알 수 있는가? '환상적'인 중도적 입장은 차후 보다 명확하고 이성적인 판단을 내리는 데 더 많은 여유를 제공할 수 있는 기회가 되기도 한다. 일단 우리가 독선적 태도를 포기한다면, 우리가 어떤 정책들의 가치를 판단하는 일에 있어 항구적인 절대적 기준이나 전형은 없어진다.

1990-91년의 중요한 시기에 고르바초프는 소련경제를 어떻게 건져야 할지 결정을 내릴 수가 없었다. 그는 '자유시장경제' 쪽으로 급격히 선회해야 할지, 혹은 '사회주의'와 거대 중앙집권 체제라는 낡은 시스템을 보존하면서 점진적으로(가능하다면) 개혁해야 할지 기로에 서 있었다.

소련의 경제학자 야브린스키Grigory Y. Yavlinsky는 하버드대학의 전문가 그룹과 함께 거시적 경제개발계획을 세웠다. 그러나 그 프로젝트는, 독자적인 개발계획을 준비하고 있던 소련의 독선적이고 완고한 우익들에 의해 전면적으로 거부당했다. 결국 고르바초프는 이 두 계획을 아우르려는 타협안 하나를 제시했다.

> 야브린스키는 〔…〕 정치와는 달리 경제라는 문제에 있어서는 타협이나 혹은 '좌익'과 '우익'의 동거나 혹은 과거와 미래 사이의 '제3의 길'이 있을 수 없다는 것을 고르바초프에게 납득시키려고 노력했다(《뉴욕 타임스》, 1991년 6월 29일).

자신들이 추진했던 계획이 소련의 경제를 구원하고 발전시킬 수 있는 최상의 방법이라는 야브린스키와 하버드대학의 전문가들의 생각은 옳았을지도 모른다. 그럼에도 불구하고 수사학적 방법론의 관점에서 볼 때 그들은 두 가지의 기본적인 오류를 범하였다.

첫째, 정치에서 가능한 것이 경제에서는 불가능하다고 가정해 보자. 그것은 아마도 '절대적인' 진리일지도 모른다. 그러나 이 두 영역은 너무 밀접하게 상호 연결되어 있고 상호 의존적이라, 모든 중요한 경제적 결정은 거개가 정치적 결정이 될 수 있으며, 그 역도 성립한다.

둘째, 자유자본주의가 독점자본주의 단계로 나아갔다가 다시 '복지자본주의' 단계로 진입해 온 발전 단계는, 가톨릭 교회와 서유럽 사회주의자들이 설파한 것과 같은 '제3의 길'이 실제로 가능하다는 사실을 보여 주고 있다. 가장 성공적인 길이 아닐지는 모르나, 그 길은 수십 년 동안 우리가 걸어 온 길이다. 우리에게 그보다 더 좋은 방안이 있겠는가?

그러므로 경제 문제에 '타협'이나 '제3의 길'이 있을 수 없다는 독선적인 발언은 독단적이고 비이성적인 단정으로 간주되어야 한다. 거대 중앙집권체제에서 자유시장경제로 이행하는 과정에는 다양한 '중간' 단계가 설정되어야한다.

또한 다양한 타협도 이루어져야 하는데, 이것은 그 자체로는 불가능하지 않고 모순이 아니라 하더라도 아웃사이더에게는 쓸모없는 것으로 받아들여질 소지도 있다. 실제로 사회적 타성을 극복하고 또한 새로운 생각과 제도 그리고 새로운 생활양식에 대한 국민들의 합의를 점진적으로 증가시키기 위해서도 이러한 타협과 중간 단계가 필요할 것이다.

원칙적으로 신수사학은, 헤겔의 "역사는 그 자체로 두 번 반복되어야 한다"는 주장에 동의한다. 처음에 진보적 발전이 좌절을 겪게 되면 그 다음에는 사람들을 설득시키기 위한 다음과 같은 움직임이 따르게 마련이다. 즉 새 시대의 도래는 불가피하며 이미 종말을 고한 그 이전의 시대에 대해 더 이상 미련을 갖지 말아야 한다는 것이다. 결론적으로 말해 모든 혁명 이후에는 새로운 복구의 움직임이 뒤따르는데, 그것은 적어도 이전 상태로의 회귀가 아니라, 헤겔이 말한 것과 같은 '비이성적인 실재'에 대한 새로운 반격을 준비하는 것이다. 그러나 수사학적 관점에서 이러한 일련의 사건들을 관찰하는 사람들은, 수동적이고 무관심한 자세로 수수방관해서는 안 된다. 투쟁 그리고 작용과 반작용의 각 단계에서, 그들은 자유, 인간의 존엄성, 관용, 그리고 정의의 법칙에 기여하는 행위들을 분석하고 설득하고 고취시켜야 한다. 우리들은 어떤 상황에서든 부분적인 개혁과 심지어 하찮게 보이는 조정조차도 정의와 자유라는 우리의 이상에 보다 잘 기여할 수 있다는 사실을 확립시켜야 하며, 고통과 노예상태를 가중시키는 것들을 피해야만 한다.

이것이 타협에 대한 수사학적 관점이며, 또한 휴머니즘에 관련된 수사학적 견해의 기초가 되는 정치적 '중도주의'에 대한 수사학적 관점이다.

신수사학은 새로운 파라다이스를 구상화하는 이론이나 방법론이 아니라, 새로운 현실을 만들어 내는 느리지만 꾸준한 과정을 돕는 이론이다. 유명한 미국의 대법관 마셜Thurgood Marshall은 신수사학을 두고 "저 너머에 있는 또 다른 세계"라고 표현하곤 했다.

마셜이 대법관직에서 물러난 후, 설리번Kathleen M. Sullivan 교수는 다음과 같이 논평하였다.

> 우리는 퇴임한 대법관 마셜의 소수의견에 담긴 웅변적인 충고를 두고, 정치의 추錘가 다시 한 번 흔들리는 또 다른 시대(아마도 먼)에 대한 예언으로 받아들일 수도 있다. 그가 행했던 소수의견을 특징짓는 것은, 사회적 현실과 그 밑바닥에 깔려있는 인간의 고통에 대한 법적인 방관을 통찰하는 진솔함이다(〈마셜, 위대한 소수의견자〉, 《뉴욕 타임스》, 1991년 6월 29일).

설리번이 세계에서 가장 위대한 휴머니스트인 대법관 마셜을 기리면서, "사회적 현실과 그 밑바닥에 깔려있는 인간의 고통에 대한 법적인 방관을 통찰"했다고 표현한 말 가운데에 신수사학이 지닌 철학적 · 사회적 감각이 잘 집약되어 있다.

7. 보편적인 관념과 구체적인 관념들

정치 과정에 보다 적극적인 사회적 참여가 없는 경우 민주주의 체제는 약화되고 쇠퇴할 수밖에 없다는 사실은 이제는 거의 반박할 수 없는 진리로서, 이는 민주주의자들에 의해 하나의 불변의 원리로 받아들여지고 있다. 다양한 이유로 사람들에게 어필하는 수많은 경제적 · 정치적 이론들과 이데올로기들이 어차피 존재할 수밖에 없다. 민주적 시스템이 정상적이고 효율적으로 기능하는지를 결정짓는 주요한 기준은 정치적 의사결정 과정에 대중들이 얼마나 자발적으로 참여하느냐에 달려 있다. 대중들은 어떤 의견들을 이성적으로 지지해야 하며, 여러 가지 방안들을 이성적으로 평가한 후 그들의 마음을 결정지어야 한다. 시민들이 무엇을 선택할지를 심도 있게 분석한 다음 그들의 이성적인 결론에 도달할 때 비로소 민주주의와 사회는 도움을 얻게 된다. 그들이 하나의 정책을 의도적으로 선택하고 그것을 비판적으로 지원하더라도, 만약 상황과 환경이 바뀌었음을 발견하게 되면 언제라도 자신들의 지지를 변경할 수 있는 열린 마음을 간직해야 한다.

민주적 과정이란 끝없는 대화로서, 대중은 그 사실을 알고 이해해야만 한다. 그렇지 않으면 대중들은 교활한 선동가들의 희생물이 될 수도 있다.

신수사학은 우리가 "실천적 이성"[77]에 의존하는 모든 실천적 행동의 분야에 도움을 줄 수 있는 하나의 업적이라 할 수 있다.

'실천적 행동' 혹은 그냥 '실천'이라는 단어는 조심스럽게 사용되어 왔다. 인간의 실천은 언제나 선택과 장애의 극복을 요구하는 사유과정과 불가분의 관계로 연결되어 있다. 이러한 것들은 순수한 사유의 결과가 아니라 삶과 행동의 결과이다. 신수사학은 결코 단순한 철학적 또는 방법론적 체계를 지향하는 것이 아니라, 이성에 의해 계발된 이성적인 행동과 실천을 촉진시키는 도구를 지향해 왔다.

우리는 실천을 강조하지만, 또한 기본적이자 보편적인 가치에 의지해야 함을 잘 알고 있다.

페렐만에 따르면, 가치(원칙)의 보편성에는 두 가지 기준이 고려될 수 있다고 한다. 우리는 모두 진 · 선 · 미 등과 같은 어떤 보편적 가치에 의지할 수 있다(《정의, 법, 그리고 논증》, p. 68). 또한 우리는, "그것이 자명하기 때문이 아니라, 다만 논박되지 않기 때문에 정당화 할 필요가 없다"(같은 책, p. 68)는

77) 해롤드 지스킨드Harold Zyskind 교수는, 철학 · 논리학 · 윤리학 등과 아울러 "실천적 이성에 의존하는 모든 분야에서 보편적으로" 신수사학은 매우 중요한 업적을 이루었다고 기술하고 있다. Harold Zyskind, Introduction to Chaïm Perelmans's *The New Rhetoric and the Humaninties*, p. ix.

이점을 지니고 있는, 보다 덜 보편적인 가치나 원칙 혹은 규범들에 의존할 수도 있다.

가령 다음과 같은 보편적인 규범들에 대해서는 누구나 동의할 수 있다. 선을 행하고 악을 피해야 한다. 누구도 불필요하게 고통을 당해서는 안 된다. 우리는 언제나 최대 다수의 최대의 행복을 추구해야 한다. 모든 행위는 항상 보편적인 입법의 법칙으로서의 타당성을 가져야 한다(《정의, 법 그리고 논증》, p. 66 참조).

불행하게도 이러한 보편적 법칙의 타당성에 대해 전반적으로 동의한다는 것이, 서로 상이한 사람들이 자신들의 개인적 · 사회적 이해관계에 관한 다양한 생각들을 가지고 있는 그러한 특정 상황 속에서 모든 대화참여자들이 무엇이 선인지 혹은 악인지, 그리고 무엇이 정의이고 부정한지에 대해 꼭 동의해야 한다는 것을 의미하는 것은 아니다.

"우리가 보편성의 레벨에 머물러있는 한에만 우리의 동의는 유지된다. 우리가 이러한 추상적인 동의를 어떤 구체적인 상황에 적용시키려는 순간 논쟁은 시작된다"라고 페렐만은 쓰고 있다(같은 책, p. 66).

이것이 바로 신수사학의 창안자가 출발점으로 삼았던 두 번째의 기본적인 사회적 · 지적 법칙이다. 널리 알려지고 인정되고 수용된 보편적 가치 및 원리와, 그것에 대한 보다 구체적인 이해 · 해석 그리고 삶에의 적용 사이에는 '생득적'이고 '본질적'이며 피할 수 없는 모순이 존재한다.

상황에 따라 원칙을 다르게 적용하는 것은 사회적 · 경제적 · 정치적 조건의 차이에서 기인된다. 어떤 사회이든 철학적 모순은 불가피하다. 휴머니티에 대한 독자적이고 특이한 추상적 사유는 명백한 모순을 품고 있는데, 이 모순은 논의의 과정에서 반드시 드러나게 마련이다.

토론과 논쟁과 설득의 기술인 신수사학의 원칙들은 현대의 산업화된 세계의 모든 지식인들과 지성인들에게 알려져서, 전쟁과 노골적인 무력행사는 도덕적으로 용납될 수 없게 만들어야 한다. 우리가 무어라 이름 붙이든, 이것은 평화와 상호이해 그리고 안녕을 보존하기 위해 문화국가와 그 시민들이 활용해야만 하는 도구인 것이다.

8. 카인의 새로운 딜레마

잘 알려진 성경 구절대로, 카인은 자신이 아우를 지키는 사람이 아니라고 대답했으며 이에 따라 신으로부터 벌을 받았다. 이 구절은 유대교와 기독교 신학자들로 하여금, 우리는 우리 형제들을 지키는 사람이며, 형제들이 악을 피하고 선을 선택하도록 도와야 한다는 도덕률을 선포하게 만들었다.

말할 필요도 없이, 이 도덕률은 너무도 보편적이어서 그것이 가진 의미와 실천적인 내용을 제대로 검토하지 않고서는 실행에 옮길 수가 없다. 그것은 개인에게 너무 과중하고 지나친 의무를 부과하는 것처럼 여겨진다. 그러한 무거운 짐은 일반적으로 감당할 수 없는 것이다.

그러나 1950년대 이후, 상황은 극적으로 변화되었다. 인간 · 정치 · 국제관계의 변화와 그들 간의 상호 의존성의 증대는 카인의 딜레마를 다시금 생각하게 만들었다. 이웃과 사회에 대한 한 개인의 제한된 의무를 보는 자유주의와 자유론자의 전통적 관점은, 프라이버시에 관한 우리의 생각까지를 포함한 우리 문화의 발전에 있어 매우 중요하게 여겨져 왔다.

그러나 이러한 관점은 다시 재고되고 재평가되어야 한다. 국민의 복지, 나아가 그들의 삶, 또한 총체적인 휴머니티라는 문제는 작은 공동체나 혹은 개인에 의해 이루어지는 행동(혹은 태만)들에 의존하고 있다. 예를 들어 소련에서 일어났던 체르노빌 대참사는 인간의 사소한 실수에 의해 발생했다. 이를 통해 우리는 새로운 교훈을 얻을 수 있다. 즉 우리는 우리 이웃의 이해관계와 행동에 더 많은 주의를 기울여야 하며, 또한 다수의 사람들에게 해를 끼칠 수도 있는 상황에 처했을 경우에는 우리 모두의 행동을 잘 관찰해야만 한다. 우리는 비록 보상을 받지 못하더라도 '내 형제를 지키는 사람'의 역할을 수행해야 하며, 그를 도와주든지 혹은 그의 의사에 반하더라도 그에게 적절한 제한을 가할 수 있어야 한다.

오늘날에는 완전하고도 명백하게 불법이라고 간주할 수는 없는 새로운 형태의 행동이 생겨나게 되었기 때문에 우리들은 새로운 용어를 사용해야만 한다. 가령 새로운 국제법 조항과 새로운 도덕규범 중 많은 것들이 서서히 대중의 지지와 인정을 얻고 있기 때문에, '준불법적인 행동' 혹은 '불법의 가능성이 있는 행동'과 같은 전혀 새로운 용어가 필요해졌다. 예를 들어 환경보호에 대한 유엔협약은, 환경을 파괴함으로써 인류의 삶과 건강과 복지에 위협이 될 수도 있는 모든 행동을 금지하고 있다. 이러한 새로운 법적 규범은 어떻게 해석되고 적용되어야 할 것인가?

1990년에서 1991년에 걸친 걸프전쟁 기간 동안, 이라크 정부는 수백 개의 쿠웨이트 유전에 불을 지르고 수백 만 배럴의 오일을 걸프만에 방기하기로 결정했다.

법과 도덕에 대한 최근의 해석에 따르면, 이러한 행위는 비도덕적이며 불법적인 것으로 이러한 불법을 저지른 자는 처벌되어야 마땅하다.

위에서 예로 든 사건들은 새롭고 광범위하게 제기된 문제들 가운데 하나의 전형적인 사례라고 할 수 있다. 이것은 극히 최근에 발생한 사건이기 때문에 현재 우리들은 그 사건들에 적용할 엄격한 법적 · 철학적 규범들이 결여된 상태이다.

전 세계적인 환경 파괴는 모든 인류와 각 개인의 삶에 피해를 주고 있다. 만약 남에게 해를 끼친 자는 예외 없이 배상해야 한다는 기본적인 관습법의 원칙과 판단의 적용(나폴레옹 법전에서처럼)을 우리가 진지하게 믿는다면, 환경을 파괴하는 자는 반드시 그 피해를 보상해야 한다고 주장해야 마땅하다. 그 파괴자의 행위가 의도적이든 부주의한 것이든 간에 그것은 문제가 되지 않으며, 휴머니티를 해친 자신의 행동에 대해 그는 반드시 책임을 져야 한다. 부주의한 환경파괴는 많은 사람들에게 암, 호흡기 질환, 뇌손상 등과 같은 치명적인 질병을 초래할 가능성이 있기 때문이다.

그러한 행위나 태만, 부주의 또는 단순한 무관심에 대한 책임 소재를 결정해야만 하는 것이 바로 수사학 · 법 · 도덕 · 철학이 안고 있는 중요한 문제라 할 수 있다.

우리는 오존대의 파괴가 수많은 천재지변과 질병의 원인이 될 수 있음을 잘 알고 있다. 또한 우리는 대양에 여러 종류의 폐기물을 버리는 행위가 바다를 쓰레기와 독극물의 저장소로 만든다는 것도 잘 알고 있다.

우리는 독일과 폴란드를 뚫고 흐르는 라인 강과 오데르 강에 어떤 나라들이 버린 폐기물들이 연안 국가들에게 무시무시한 재앙을 초래했음을 잘 알고 있다.

이러한 상황에서 우리는 형제들을 지키는 사람이 되라고 말하는 성경의 교훈을 다시 생각해야 하지 않을까? 우리는 현대의 카인들을 세계의 유일한 소유자인 것처럼 행동하도록 방치해 둘 것인가? 또한 그들은 자신들의 가정이 자신들의 성이라고 주장할 무한한 권리를 정말 가지고 있단 말인가? 성경에 대한 어떤 해석들이 오늘날의 휴머니즘 및 신수사학과 우연히 일치하는 것인가?

우리는 보다 깨인 사람이 도덕적으로 뒤처진 사람을 제어할 필요가 대두된 시대로 서서히 진입하고 있다.

더욱 복합적이고 잠재적인 파괴력을 발휘하는 것은, 정치 상황에 대한 군사적 기술의 영향력이다. 허심탄회하게 이야기해 보자. 핵무기든 화학무기든 또는 생물학 무기 등, 오늘날 무책임한 독재자들의 손아귀에 있는 현대의 무기는, 인간의 생명과 심지어 국가와 대륙 및 사실상 전 지구의 생존에 대한 현실적이고 분명한 위협이다. 초강대국 및 현재 소련의 후계자들은 핵무기를 보유하고 있다. 그들은 이제까지 핵무기의 사용을 통제할 수 있었으며, 여론도 상호파괴의 위험성이 오히려 평화를 보존하는 것이라고 소리 높여 왔다. 그럼에도 불구하고 우리는 사악한 전제자나 독재자들이 자포자기하여 대량 학살 무기를 사용함으로써 보복을 가하거나 자신들의 뜻을 관철시키려고 하는 것을 제지할 기회를 가지지 못하고 있다.

오늘날 민주적인 정부는 그러한 무기를 사용하는 것을 문제 삼으면서 더욱 책임을 지려는 반면, 전제적 정부는 통상 무책임으로 일관하고 있음을 우리는 잘 알고 있다.

한 민족을 이루는 모든 그룹들과 심지어 소수 민족과 부족 전체를 말살시키는 일이 캄보디아 · 나이지리아 · 시리아와 같은 독재정부에 의해서 감행되어 왔다. 이러한 짓은 과거 나치 독일과 스탈린 치하의 러시아에서 자행되었던 것이다.

이렇게 생각해 볼 때, 우리는 전통적이지는 않지만 다음과 같은 논리적인 결론에 이르게 된다. 즉 우리 모두는 세계의 모든 나라에서 민주정부가 유지되어야 한다는 점을 중시하고 있다. 이러한 우리의 관심은 어떤 국가의 내부문제에 간섭하려는 의도로서가 아니라, 개별국가와 전 인류에 의한 자기 방어적 행동으로 간주되어야 한다.

가령 사담 후세인으로 하여금 범죄적 행위를 계속하도록 허용했던 동맹국들의 행위를, 이러한 관점에서 우리는 평가할 수 있다. 미국 대통령 조지 부시는 이라크의 내정 문제에 우리가 간섭할 권리가 없다고 주장했다. 그렇다면 역으로 다음과 같은 질문을 던져야 한다. 사담 후세인으로 하여금 쿠르드족, 시아파 및 다른 무고한 인민들을 계속해서 몰살하도록 허용할 권리가 우리에게 주어져 있는가? 후세인이 핵무기나 다른 대량 학살 무기를 생산하려는 노력을 계속하도록 허용할 권리가 우리에게 주어져 있는가? 의심할 여지없이 범죄가 입증된 전문적인 살인자와 거짓말쟁이를 신뢰할 권리가 우리에게 주어져 있는가? 그의 모든 이웃나라와 심지어 대륙들 전체의 생존까지 위험에 빠뜨릴 권리가 우리에게 주어져 있는가? 만약 후세인 같은 독재자가 대량 학살 무기를 결국 얻게 되었을 때, 미국 대통령은 동맹국 사우디의 충고만 믿고 그러한 독재자의 공갈 협박에 미국민을 노출시킬 권리를 가지고 있는가?

이러한 모든 것들을 고려할 경우, 우리의 모든 경험과 법적 규범들, 정치적 원칙 및 도덕률을 재검토하고 재평가해야 한다는 결론에 이르게 된다. 그러나 동시에 우리는 칸트의 도덕률 및 도덕에 대한 유대 기독교와 전통적인 휴머니스트들의 계율이 새로운 시대적 요구와 새로운 상황에 따라 이성적이고 창조적인 방법으로 적용되고 재해석된다면 그것들은 아직도 생명력을 가지고 있다고 주장할 수 있다. 만약 당신이 당신의 이웃을 사랑한다면, 당신은 그 이웃이 무책임한 독재의 위협으로부터 벗어날 수 있도록 도와주어야 한다. 오늘날 우리는 어느 정권 또는 어느 정부가 얼마나 민주적이고 책임감이 있으며, 또한 총체적으로 잔인하고 비인간적인지를 정확하게 파악하고 있다.

여러 민족들과 인류를 재앙으로부터 구원하는 역할을 제대로 수행하려면, 우리는 사고와 토론에 새로운 방식을 적용시켜야 한다. 이것은 논증과 설득이라는 전혀 새로운 방식이다. 우리는 전통적인 믿음들을 남김없이 재가공해야 할 것이다. 바로 이것이 신수사학의 철학이자 방법론이다.

제6장

정치, 법, 도덕의 새 국면

1. 새로운 도덕률

오늘날 정치와 법(국내법 및 국제법)과 도덕 간의 상호관계에는 근본적인 변화가 진행 중이다. 세 가지 기본적인 현상을 주목해 보자.

1. 현 세계에는 정치와 도덕의 관계에 관련해서 냉소주의가 증대하고 있다. 대중은 정치가들이 도덕적 표준에 점점 더 등한하다고 보기 때문에 다른 어느 때보다도 도덕과 정치의 관계가 무너졌다고 확신한다.

사실상 정치 무대에 선 연기자들의 개인적 도덕성과는 별도로, 도덕적 고려와 도덕적 외양에 대한 요구가 점점 더 영향력을 발휘하고 있다. 물론 정치가 자신들은 점점 더 무례해지고 비도덕적이 되어가지만 말이다.

2. 사람들은 도덕성의 문제는 완전히 학문적인 방식으로는 논의될 수 없으며, 그 문제들은 이성의 영역을 초월하며, 도덕적 규범은 선험적인 가치 체계에 근거한 자의적인 것이라고 생각한다. 그러나 사실은 법 자체와 그것을 해석 · 적용하는 영역에서 수사학적 논증과 발전이 영향을 끼치게 됨으로

써, 오늘날의 도덕적 규범들은 합리적으로 다듬어지고 실체화될 수 있을 만큼 더욱 구체적인 것이 되었다.

3. 1950년대 이후, 우리는 인간의 존엄성과 기본권을 수호하는 국제법과 국내의 헌법에서 도덕적 · 인본주의적 · 인문주의적 원칙들이 더욱 굳건히 자리매김하게 되는 국면으로 들어섰다. 이러한 것들은 우리의 도덕성이 점차 발전됨에 따라 나타난 결과이지만, 최근의 상황은 너무나 급격히 변화해 왔기 때문에 현재 이러한 원칙들은 새롭고 보편적으로 받아들여지는 도덕의 기준으로 구축되었다.

19-20세기에 맺어진 제네바 협정에서는 인도주의에 입각한 일련의 법안들이 제출되었다. 이 협정에서는 갈등의 평화적 해결과 국제정의를 관장할 규범이 만들어졌다. 또한 정치 및 국내 · 국제법과 도덕 사이의 상호관계에 있어 완전히 새로운 국면을 위한 기초를 마련했다. 제2차 세계대전 이후 연속적으로 쏟아져 나온 국제적 입법 활동, 전범을 다루는 국제 재판소의 판결, 유엔헌장, 수많은 협약과 선언들, 그리고 유엔이 채택한 온갖 종류의 공식 기록들, 또한 새로운 개념의 법과 도덕 철학들이 정치와 도덕 간의 관계에 있어 새로운 국면을 만들어 내었다. 당시 '보통 사람들'은 어느 때보다 훨씬 냉소적이었고, 또한 사람들은 정치와 도덕의 두 영역이 너무나 서로 유리되어 있기 때문에 순진한 바보만이 달리 보고 있다고 확신했다. 그러나 역사상 두 영역의 상호의존성이 그렇게 밀접하고 중요한 때는 결코 없었다.

이러한 문제들을 보다 면밀히 분석해 본다면, 일반 사람들이 생각했던 '보통'의 견해와는 분명히 다른 점이 나타난다. 우리가 증명하려고 하는 바와 같이, 정치와 도덕의 상호관계는 너무나 크게 변화했기 때문에, 심지어 아인슈타인이 "원자폭탄의 발명 이후, 인간의 생각만 빼고는 모든 것이 변했다"는 유명한 말조차도 미심쩍을 정도였다.

정치 및 법과 도덕 사이에 새로운 연결관계와 결합관계가 있다고 단언할 경우, 우리는 주관적 및 객관적 변화의 양 측면에서 그들이 어떻게 서로 객관적으로 조건지어지며 철학적 인식을 어떻게 반영하고 있는가에 대해 언급하는 셈이 된다.

2. 정치와 도덕의 두 영역

정치와 도덕의 문제점들을 평가하려면 우리는 반드시 다음과 같은 두 가지 측면을 구분지어야 한다.

첫 번째 측면은 경제적 · 사회적 발전에 있어 정치적 지향과 기본적 방향이라는 큰 문제에 관련된 것이다. 그러한 것들은 휴머니티의 문제가 아니더라도 국가들의 운명을 결정짓는 중대한 이슈들이다. 그것들은 현 세대뿐 아니라 미래세대의 건강과 전반적 복지에 심대한 영향을 미칠 수 있다.

두 번째 측면은 영향력, 지위와 영예, 보다 많은 수입과 특권, 의회의 의석, 정부의 관직, 읍 의회, 클럽의 지도력, 정당, 교회 등등에 있어서의 일상적이고 정치적인 투쟁을 나타낸다. 이것들은 음모, 거짓, 빈말, 허위광고, 과장, 과소평가의 영역이다. 간략히 말하면 중상모략, 무고, 비방, 거짓약속, 위선의 문제이다.

여기에서 정치게임의 기본 법칙은 수세기 전에 투키디데스Thucidydes의 《펠로폰네소스 전쟁*Peloponnesian War*》, 마키아벨리의 《군주론*Prince*》, 베이컨의 에세이들, 셰익스피어의 희곡 등에서 묘사되었던 것과 하등의 다름이 없다. 그들에 따르면 정치는 하나의 정글이며, 그들 모두가 설명하고 있듯이, 그 정치판에서 사람들은 정치를 좋아하든 아니든 간에 끝없는 경쟁 가운데 전쟁의 법칙에 따라 행동하지 않으면 안 된다. 정치적 투쟁에서 선의는 전혀 고려되지 않는다.

정치적 성공만이 모든 것이다. 승리자가 평범하고 사소한 거짓말이나 비행에 연루된 사실이 드러나더라도 그들은 비난받지 않는다. 또한 때때로 중대한 거짓말이나 심각한 범죄를 저지르더라도 그들은 면책특권을 누린다. 성공은 수많은 죄조차도 방면한다. 그러나 오늘날은 도덕에 관련된 정치의 첫 번째 유형과 두 번째 유형 사이에는 직접적인 연관성이 있기 때문에 모든 것이 과거보다 훨씬 복잡하게 되었다.

오늘날 마키아벨리의 《군주론》과 《로마사론*The Discourses on the First Ten Book of Titus Livius*》을 원래의 의미대로 해석할 필요는 없으며, 또한 직접적인 정치적 목적을 유지하기 위한 사기술로 활용할 필요도 없다. 모든 정치적 성공은 시간적 · 공간적 제약에도 불구하고 결국은 미래의 이익을 획득하고 유지하기 위해 내딛는 한 걸음이라 할 수 있다. 이에 따라 우리는 오늘날 반드시 "모든 것이 진보하는 것"만은 아니라는 표면적 현상을 논박할 수 있다. 즉 비도덕적이라고 간주된 것이 과거 어느 때보다도 정치적으로 더욱 큰 해악을 끼칠 수도 있다는 것이다. 우리 시대 정치에 있어서의 이러한 두 가지 레벨은 서로 너무 밀접히 얽혀있기 때문에 어느 경우에는 두 가지를 서로 분리시킬 수 없을 지경이다.

우리는 모두 〈햄릿〉에 나오는, "위대한 자들의 광기를 방관해서는 안 된다"는 왕의 말을 기억하고 있다(제3막). 그러나 오늘날 과연 누가 위대한가를 결정짓는 것은 문젯거리라 할 수 있다. 어느 문제가 중요한가, 어느 문제가 중요하지 않은가, 그것이 바로 문제인 것이다! 그에 대한 대답이 어떠하든 한 가지 확실한 사실은, 사건들의 과정이 정치적 결정의 도덕성에 새로운 요구조건을 부과하고 있다는 것이다.

***

오늘날 정치와 도덕 간의 관계에 얽힌 문제를 연구하는 사람들은 누구나 다음과 같은 점에 동의할 것이다. 즉 정치가들의 주관적인 의지에도 불구하고, 그들은 일반적으로 용납되는 도덕성에 부응하는 결정을 내리도록 요구받고 있다는 점이다. 오늘날과 같은 TV, 라디오 및 언론의 매스미디어 시대에 있어, 정치적 행위에 담겨야 할 최소한의 도덕적 외양에 대한 요구는 점점 더 강해지고 있다. 정치가들은 이러한 외양의 필요성과 위력을 고려하지 않으면 안 되게 되었다. 왜냐하면 그러한 고려가 없이는 그들은 반드시 실패할 것이기 때문이다. 실제로 정직하고 양심적이고 신실하게 되기보다는, 그렇다는 평판이나 즐기는 편이 더 낫다는 마키아벨리의 낡은 충고는 오늘날 새로운 의미로 다가온다. 우리는 이러한 테제를 뒷받침해 주는 많은 실증적 사례를 미국의 정치 상황에서 발견하게 된다.

사람들은 일반적으로 리처드 닉슨 대통령의 실각이 그가 저지른 정치적 · 법적 범죄 행위에 앞서 그가 지닌 도덕성의 문제 때문이었다고 생각한다. 법적인 측면에서 그의 유죄를 명백히 증명해 내지는 못했지만, 워터게이트 사건을 에워싸고 형성된 도덕적 분위기는, 1972년의 재선에서 거둔 압승에도 불구하고 그를 삽시간에 영향력을 상실한 무능한 대통령으로 만들어 버렸던 것이다.

1980년대, 상원의원을 지낸 타워Tower와 라이트Wright의 비윤리적 행위는 그들이 얼마나 치명적인 상처를 받았는지를 생생히 보여 준다. 그들은 강력하고도 큰 영향력을 지닌 정치인들이었으나 그 사건 이후 곧바로 정치의 현장에서 떠나야 했다.

부시 대통령의 비서실장 존 스누누John Snunu가 1991년 사적으로 정부의 비행기를 사용함으로써 벌어졌던 스캔들은, 대중들이 상대적으로 적은 돈이 관련된 일에 대해서는 그다지 분노하지 않지만 도덕적으로는 심한 배신감을 느낀다는 사실을 보여 주었다. 스누누가 기본적인 체면이나 품위마저 무시한 것에 대해 사람들은 격노한 것이다. 이 때문에 대통령은 사적인 여행에 군용기를 사용했던 스누누의 방자한 행동에 어쩔 수 없이 제동을 걸었고, 결국 그는 백악관을 떠나야 했다.

스누누의 권력 남용과, 14년간 공산주의 노동조합을 이끌었던 전 동독 공산당 당수의 권력남용 사이에는 서로 비슷한 점이 있다. 헤르데메르텐Hans-Jurgen Herdemerten이 재판장을 맡았던 독일 법정에서는, 그 당수가 노동조합의 연금기금에서 5천7백만 달러를 청년공산당 조직에 유용하도록 '교사했다는 혐의'가 제기되었지만, 그에 대한 정치적 심지어 재정적인 문책조차도 엄격히 고려하지 않았다. 1991년 6월, 그 법정은 해리 티슈Harry Tisch가, 자신과 귄터 미탁Guenther Mittag(공산당 경제 책임자)의 휴가비용으로 4만 6천 달러를 사용한 것은 불법적인 권력 남용이라고 판결하였다. 이에 따라 티쉬에게는 18개월의 감옥형이 선고되었다.

판결을 내리면서 재판장은, 형량이 상대적으로 경미하다는 여론에 대해 이의를 제기했다. 많은 사람들이 실망했을지도 모르지만 재판관은, '동독 사람들'에게 법정은 "정치적인 기대를 충족시킬 수는 없다"고 설명하였다.

스누누와 티쉬에 의한 권력남용 간의 유사성은 뚜렷하다. 그것은 관료적인 오만, 즉 상원의원 풀브라이트Fulbright의 표현에 따르면 '오만한 권력'의 풍토로부터, 그리고 공공 기관이나 공적 기금을 자기네들의 봉건영지나 사유재산쯤으로 여기는 보스들의 도덕적 · 법적 무책임의 풍토로부터 발생한다. 그렇지만 미국과 독일 두 나라의 사회 정치적 분위기나 도덕적 감각은 서로 다르다.

미국인은 여전히 그들의 국가와 정부를 그들 자신의 것으로 간주하고 그 활동을 기본적으로 인정하는 반면, 독일인들은 동독을 외국으로 간주하면서 다음과 같은 생각을 스스로에게 각인시켰다. 즉 동독은 전제적 폭정 국가이며, 동독의 정치지도자들은 합법성이 결여된 채로 권력을 잡아 온 위법자라는 것이다. 동독은 성 아우구스티누스가 썼던 것처럼, 큰 강도Magna Latrocinia와 같은 정권에 지나지 않는다.

결과적으로 1989년의 동독정부가 몰락하자 티쉬도 몰락했다. 그리고 티쉬의 '정상적 행위'는 범죄로 간주되었다. 반면 스누누의 권력 남용은, 비록 정치적으로 부적절하고 '도덕적으로 나쁜' 행위이기는 하지만 '정상적'이며 '범죄가 아닌 것'으로 여겨졌다(그럼에도 불구하고 몇몇 법률가들은 그의 위법행위는 불법적인 것이라고 주장한다). 스누누는 처벌을 받지 않았고 공식적으로 파면되지도 않았으며, 그 자신이나 혹은 그를 유임시킨 대통령에 대한 대중적 시위나 항의도 없었다. 이러한 현상은 미국사회가 점차 '도덕적으로 마비'되어 가고 있다는 것과 전통적인 '프로테스탄트 윤리'가 예상했던 것 이상으로 부식되고 타락되어 왔음을 보여 준다. 조지 부시와 그의 참모들은 종교적 혹은 인본주의적인 많은 모럴리스트들과 이상을 공유하지 못했다. 그들은 대중의 도덕적 마비에 의존하고 있다.

이 모든 것의 결말은 다음과 같다. 한 사회의 정치적 · 도덕적 선입관 때문에 해리 티쉬는 감옥형을 선고받았고, 반면 개인의 쾌락과 여가를 위해 훨씬 많은 공적 기금을 유용했던 존 스누누는 오랫동안 대통령의 총애를 누렸으며 드러내놓고 정치활동도 벌였다.

3. 낡은 원칙과 새로운 해석

의학기술의 발달로 인해 이른바 대리모代理母라는 개념이 생겨났다. 정치적 · 법적 · 사회적 관점에서 보자면, 결혼한 부부와 대리모 간의 출산계약에는 아무런 하자가 없어 보일지 모른다. 이 계약에는 상행위의 규범들, 계약상의 법적 규정과 상호동의가 지켜지고 있다. 특히 "내가 대접받고자 하는 대로 남을 대접하라"는 원칙, 즉 자유시장제도를 지키는 사회에서 존중되는 대가에 따른 보상이라는 원칙이 엄격히 준수되고 있다. 그러나 도덕상 이 계약은 분명히 그릇된 일이며 그 잘못은 명백히 입증될 수 있다. 프랑스 대법원은 "인간의 신체는 빌려줄 수도 없고, 빌릴 수도 없으며, 판매될 수도 없다"(1991)는 검사의 논고를 받아들인 바 있다.

이렇게 해서, 파리 고등법원의 판결이 뒤집어졌다. 대리모의 손을 들어 주면서 고등법원은 다음과 같이 판결했다. 대리 출산은, 어떤 이익도 바라지 않고 그 일을 해준 사람의 개인적 책임이자 자유의지의 표현이라는 것이다.

기소했던 검사의 논고는 이러하다. 즉 이러한 계약을 합법화 · 규정화하고 단지 대리 출산의 부가적인 법적 측면에만 초점을 맞추었던 미국 몇몇 주의 관점을 받아들일 수 없다. 그 이유는 향후 대리모의 눈 색깔과 머리 색깔 등에 따라 마음대로 대리모를 고르게 될 것이며, 따라서 사람들이 제 마음대로 인종을 선택할 수 있게 되기 때문이다. 이것이 제기될 수 있는 두 번째 도덕적 문제라 할 수 있다.

아무도 인종을 마음대로 선택할 수 없으며 인간의 신체를 상품으로 취급하지 말아야 한다는 프랑스 대법원과 기소 검사의 논고와 주장은 도덕적이며 철학적인 논증이라는 점을 우리는 다시 한 번 되새겨야 한다. 현대 국가의 어느 법 규정에서도 이러한 관점을 법조문에 반영하고 있는 사례는 쉽사리 발견되지 않을 것이다. 실제로는 그와 반대되는 관점이 우세했다. 즉 몇몇 전체주의 국가들은 인종 개량을 시도했다. 우생학의 전통은 대체로 플라톤으로부터 나치 독일에 이르기까지 긴 역사를 가지고 있으며, 아직도 그럴 가능성은 남아 있다.

법률가와 정치가를 포함한 대중들은 일단 이러한 문제에 있어, 인간의 존엄성과 인간의 신체가 상행위의 영역을 초월하는 것이라는 데 대해 대체로 동의하고 있다. 따라서 모든 문제는 일차적으로 도덕적인 것으로 귀결된다. 이처럼 새로운 인간관계의 기술이라는 영역에서 최종적으로 정치적 · 법적인 판단을 결정짓는 것은 결국은 도덕성인 것이다.

***

국제법과 국제정치의 영역에서, 도덕적 정서가 지닌 영향력을 다시금 생각게 하는 최근의 한 예를 분석해 보자. 우리는 1991년 이라크와의 전쟁에서 승리한 직후 미국인들이 얼마나 열광적이었는지 알고 있다. 그러나 몇 주 후 그 승리의 도취감은 가라앉았으며, 대다수의 사람들은 실제로 미국이 이긴 것인지 혹은 그 승리가 단지 대중 조작의 결과였는지에 대하여 의구심을 가지고 있다는 여론조사 결과가 나오기도 있다. 왜냐하면 사담 후세인이 제거되지 않았을 뿐만 아니라, 그가 쿠르드족과 시아파 및 여타의 정치적 '이교도'들을 계속해서 대량학살 했기 때문이다. 계속해서 자행된 후세인의 학살행위와, 의지할 데 없는 사람들을 방치한 서구 국가들의 행위는 도덕적 혐오감을 불러일으켰다. 죄를 범한 살인마가 처단되지 않고 건재했기 때문에, 그 전쟁에 참여했던 모든 정부의 명예는 실추되었다. 《뉴욕 타임스》의 칼럼니스트 로젠탈A. M. Rosenthal은 다음과 같이 썼다. "이라크에서의 실패는 대통령과 그 소수 측근들의 도덕적 끈기와 정치력의 부족 때문이었다."

바로 이것이 정치와 도덕성 사이의 새로운 관계가 가진 핵심적 요소이다. 도덕적 끈기의 부족은 결국 정치적 몰락이 아니면 정치적 손상으로 이어진다. 어떤 행위들이 국내는 물론 국제적인 도덕적 요구에 부합되지 않는 경우, 비난이 따르게 마련이다. 이러한 원칙은 정치적 관계와 도덕성에서 점차로 하나의 황금률이 되고 있다. 정치적 성공을 위해서는 이 원칙의 준수가 반드시 필요하게 된 것이다.

도덕성의 문제가 합리적으로 분석될 수 있고, 이성적이고 정당한 결론에 도달할 수 있다는 점을 보다 설득력 있게 입증할 수 있는 방법을 우리가 필요로

하는가? 인본주의에 입각한 수사학적 이론이야말로 그것에 대한 해답이라 할 수 있다.

***

도덕적 규범은 자의적일 수밖에 없으며 또한 도덕적 행위에 대한 이성적 지침이나 과학적인 도덕률이 있을 수 없다는 일부 철학자와 논리학자들의 이론은, 도덕적 규범의 본질이 매우 보편적이라는 점에 근거를 두고 있다.

최근 수십 년 동안에 상황은 바뀌었으며, 이에 따라 우리는 수사학적 논증을 사용하여 새로운 현상들을 분석할 수 있게 되었다. 오늘날 정치와 도덕의 문제에 대해 논의할 경우, 우리는 다시 한 번 정치와 도덕이 지닌 의미가 무엇이냐 하는 기본적인 문제로부터 출발하지 않으면 안 된다.

무엇이 선이며 무엇이 악인가, 어떤 행동과 행위 혹은 처지가 옳고 그른가 하는 문제를 결정짓는 규범으로서 도덕성을 보아 온 이제까지의 관점은 몇 가지 문제를 제기하는데, 그것은 정치적 결정과 태도, 법과 법의 준수, 법의 위반 혹은 고의적인 거부에 대한 것들이다.

우리들은 도덕성에 대한 전통적인 정의들이, 실제로는 모든 사안에 있어 동일한 견해로서 형식논리학에서나 혹은 아리스토텔레스와 페렐만의 수사학적 논증에서는 용납될 수 없는 것이라고 그것들을 물리칠 수도 있다.

우리는 결국 무엇이 도덕적이고 비도덕인지를 규정하는 다른 방법을 찾아내기 위해서 도덕적 일반론들을 배격하지 않으면 안 된다. 우리는 철학과 현대의 휴머니즘에 있어서의 진보를 고려해야만 한다. 우리는 과거의 사회적 경험은 물론 현재 나타나고 있는 제 현상들을 다시 고려해야 하며, 자유시장경제체제, 서구 복지정부, 동구 사회주의 국가들을 포함하여 현대 국가들과 입법제도에 대한 시험과 검증 등을 다시 고려해야만 한다.

도덕적 규범과 원칙은 수 세기 동안 보편적이고 불명확하게 유지되어 왔다. 유대교와 기독교 세계에서는, 신자이든 아니든 간에 다들 다음과 같은 사실을 진리로 받아들이고 있다. 즉 성경이 신적이냐 인간적이냐 하는 것에 대한 동의는 별개로 하고라도 성경의 계율은 바로 도덕의 기본이라는 점이다. 사람들은, "네 이웃이 네게 해 주기를 바라는 대로 네 이웃에게 행하라"는 황금률을 이제껏 행동의 지침으로 삼아 왔다. 이 금언은 긍정적 혹은 부정적인 여러 측면으로 표현될 수 있다.

칸트는 성경의 황금률을 범주적 · 실천적 양면에서 매우 구체적으로 형상화한다. "너의 행동이 동시에 보편적인 준칙이 되도록 그렇게 행동하라." 달리 말하면, 사람은 자신의 이웃의 휴머니티를 존중하면서 동시에 전 세상을 위한 입법자와 같이 행동해야 한다는 말이다.

소련과 중국에서 발간된 매우 간단한 저작들에 따르면, 공산주의 사회에서 요구되는 도덕성은 다음과 같은 원칙으로 요약할 수 있다. 무엇보다 프롤레타리아의 이익, 사회적 해방을 위한 그들의 투쟁, 계급 없는 사회의 건설, 전 세계에 걸친 혁명의 완수 등을 지지하는 것이 바로 도덕이라는 것이다.

모든 보편적인 원칙들은 여러 가지 모순된 방식으로 해석될 수 있다는 것이 여러 세기의 경험을 통해 입증된 바 있다. 그러한 원칙은 때때로 사람을 처형시키고 종족을 멸종시키는 도구로 사용되기도 했으며 혹은 테러를 정당화하기 위한 도구로 사용되기도 했다. 종교적이든 세속적이든 간에 보편적인 도덕규범들은, 때로 이상적인 휴머니즘으로 혹은 반휴머니즘으로도 귀결될 수 있다.

도덕가, 철학자, 그리고 이론가들이 도덕과 비도덕, 정의와 불의, 선과 악에 대한 단일하고 모순 없는 견해에 도달할 수 있다고 믿는 것은 참으로 비현실적인 생각이다.

그러나 반면, 경험적인 인간 행위, 사회적 경험, 특히 국내 · 국제법상의 새로운 발전은 결정적으로 유용한 것이 되었다. 경험은 종종 이론적인 차이를 극복한다.

전 세계에 걸쳐 받아들여지고 있는 국내 · 국제법상의 새로운 규범이라는 토대 위에서, 기본적인 헌정상의 원칙이라는 토대 위에서, 그리고 최종적으로 대중 · 정부 · 사회 · 정치적인 단체와 기구의 토대 위에서, 우리는 다음과 같은 목표를 이루기 위한 수단이 되는 행동들과 규범들을 도덕적이라고 규정지을 수 있다.

a) 무엇보다 먼저 사회의 건강과 생명의 보호를 수반하는, 개인의 최대 행복
b) 개인의 프라이버시와 자유, 관용의 보호
c) 국제간의 문서들, 특히 유엔 문서들의 총체적 자료에서 규정된 바와 같은 인권의 보호
d) 유엔과 지역 기구에서 발간된 각각의 기록들에서 규정된 바, 국제적인 반인륜적 범죄와 범죄자에 대한 적극적 투쟁

여기에서 우리가 구체적으로 제시한 기본적인 현대의 도덕적 원칙들은, 과거의 보편적 도덕 이론이나 그것의 근원적 이론에 대해 함부로 판단한 결과로 제시된 것은 아니다. 비록 그 보편적 도덕 이론들이 세속적이든 신성한 것이든 간에, 혹은 법실증주의적이든 '자연법'에서 기원한 것이든 간에 말이다. 도덕성의 이러한 원칙들은, 우리들의 서구 문명 및 우리들의 철학과 법학의 전체적 발전 과정, 그리고 정부와 국내 입법자들의 활동, 그리고 국제법의 결과라고 여겨져야 한다. 역사적 경험과 수사학적 논증이론의 관점에서 볼 때, 정치와 도덕의 영역에 있어서 최근에 이루어진 발전의 사이클은 다음과 같이 요약될 수 있다. 즉 도덕적 규범과 감정에 대한 인식은 새로운 국내 · 국제 입법으로 귀착된다. 인간의 권리와 자유를 보호하는 새로운 법적 규범을 우리가 보편적

으로 받아들인다면, 그 규범들은 정치적 도덕성의 새로운 법전으로 정착된다. 그 규범들은 도덕적 평가를 위해 보다 정확하고, 보다 잘 성문화된 일련의 기준을 형성한다.

도덕적 감정의 초기 단계의 발전과 삶에 있어서의 새로운 도덕적 요구는, 민주적 자유, 인권, 약자의 보호, 정부의 과도한 특권에 대한 제한을 보장하는 국제적 · 입헌적 규범을 마련할 길을 닦아 주었다. 이러한 정부의 과도한 특권은 대량학살이 자행되는 동안 자신을 주권이라는 보호막 뒤에 은폐시켰던 것이다. 보다 정확하고 보다 잘 규정된 일련의 규범은 도덕적 평가의 기준으로 기여하게끔 발전되어 왔다.

주권이라는 보호막은, 지배자가 그 안에서 제 마음대로 범죄를 저지르는 중국의 만리장성과 같은 것으로 여겨질 수 없고, 또한 여겨져서도 안 된다는 도덕적 확신이 오랫동안 발전되어 왔다. 그러나 극히 최근에 와서야 이러한 도덕적 확신은 국제법상의 보다 정교하고 보다 정확한 규범으로 전환되었다.

***

1991년 5월에 미국 대법원 판사들은 5 대 4의 다수결로 다음과 같은 판결을 내렸다. 즉 연방정부가 보조금을 지급하는 가족계획 진료소에 근무하는 의사와 간호사는, 임신부나 심지어 강간이나 근친상간에 의해 임신한 여성에게라도 낙태에 관한 말을 꺼낼 수 없도록 한다는 것이었다. 임신 중절을 위한 선택으로서의 낙태는 더 이상 상담되거나, 권유되거나, 또는 언급되지 않을 것이다. 즉 환자에게는 낙태라는 중요한 의학정보가 주어져서는 안 된다는 것이다.

이를 비판하는 많은 사람들은, 다섯 법관들이 내린 이러한 판결이 "의회는 언론의 자유를 약화시키는 〔…〕 어떠한 법률도 제정할 수 없다"고 규정한 헌법 1조의 명문을 위배한 것이라고 말한다. 그러므로 어떤 의사든지 환자들의 의료조건을 고치고 개선하기 위한 방법을 그들에게 말해 주고 충고할 수 있는 자유를 충분히 누릴 수 있어야 한다. 또한 의사는 환자의 건강상태에 대한 충분한 내용을 제시할 도덕적 의무가 있는 까닭에, 대법원의 그러한 결정은 비도덕적인 것으로 간주될 수 있다.

의사와 환자 사이에는 신뢰의 분위기가 자리 잡고 있어야 한다. 그렇지 않으면 때로 치료의 효과가 잘 나타나지 않는 경우도 있기 때문이다.

의사가 불성실하거나 혹은 권위의 단순한 대변자로서 도덕적으로 타협했다고 환자가 조금이라도 의심할 경우, 의사는 환자의 정신적 육체적 건강에 해를 끼쳤으므로 히포크라테스의 선서를 위반한 비도덕적인 인물로 비쳐지는 상황이 발생할 것이다.

직업에 관련되는 도덕적 측면을 무시하는 것은 결국 자유와 인간 존엄성에 관한 입헌적 원칙과는 반대되는 태도나 결정으로 귀착될 수 있음을 이러한 사례가 잘 보여 주고 있다.

나아가, 도덕적 규범을 무시하는 행위는 결국 그 자체로 '반입헌적' 상황으로 귀결되고 만다는 우리의 기본 주장을 이러한 사례가 잘 확인시켜 주고 있다. 이 경우 대화에 참여한 사람들은 위협 당하게 되며 결국 불성실한 태도를 취하게 된다. 그들은 같은 말을 하지만 서로의 의미는 다르다.

그리고 그 반대 경우도 마찬가지다. 즉 권위주의적 성향을 가진 법관들이 전체주의적이고 전제주의적인 정신으로 헌법과 다른 법 조항을 해석하게 되면, 도덕적인 혼란이 야기되고 결과적으로 사회적 관계와 개인적 관계는 모두 비도덕적인 길을 걷게 된다.

4. 선의善意의 문제

도덕성에 대해 그리스와 유대-기독교가 가졌던 기본개념 중의 하나는 수정되어야 한다. 주관적 선의, 즉 칸트의 선의지는 도덕성에 대한 충분한 기준이 될 수 없다. 예를 들어, 전범자가 명령 혹은 자신의 선한 신념에 따라 행동했다는 이유로 그를 변호하는 것은 그 자체만으로는 용납될 수 없는 사안이다. 반면 압제에 항거한 반란은 오늘날 도덕적으로뿐 아니라 법적으로도 정당화될 수 있다. 국내법과 국제법은 해야 할 일과 하지 말아야 할 일을 망라한 전체적인 목록을 정교하게 다듬어 왔다.

어떤 정치인이나 개인이 자신의 자질로 '도덕적 끈기'나 선의를 반드시 갖추고 있어야 하는가, 아니면 그 자질들이 하나의 완벽한 정치적 기민성과 단순히 결합되어 있는가 하는 문제는 이 논의에 적합한 것은 아니다.

1991년 로마 가톨릭의 주교들과 추기경들은 사제라는 성직자의 신분으로 그 유명한 사목 교서에 서명했다. 여기서 그들은 2차 세계대전의 와중에서 유대인 대학살(홀로코스트)이 자행되었을 때, 능력이 있음에도 불구하고 유대인 동포를 돕지 않았던 폴란드 가톨릭교를 대신하여 반유대주의와 태만의 죄를 질책한 바 있다. 우리들로서는 그 사제들이 어떤 개인적인 감정과 신념으로 그런 일을 했는지 따져볼 아무런 이유가 없다.

그 교서를 통해 우리는 다음과 같은 중대한 결론을 이끌어낼 수 있다. 즉 명령에 따라 수행했건, 혹은 그냥 태만했건 간에 사람들은 대량학살에 대한 책임을 면할 수 없다는 것이다.

폴란드 가톨릭의 현 세대는, 이런 식으로 정치와 도덕의 관계에 대한 이론에 크게 공헌했다. 그러한 영성靈性의 원천이 '신성'이든, '가톨릭'이든, '세속적'이든 혹은 '휴머니즘'이든 간에, 그 결과는 매우 심원할 것이다.

대량학살이라는 범죄적 행위가 태만에 의해 빚어질 수도 있다는 생각—폴란드 주교단과 뮤지알 신부Stanislow Musial S. J.가 세밀하게 구체화한—은 아주 참신한 도덕적 · 신학적 개념이라 할 수 있다. 대량학살의 경우, 태만죄라는 개념은 도덕 · 법률 · 국제관계의 영역에 보편적으로 적용되어야 한다(마넬리, 〈반유대주의와 도덕적 책임Anti-Semitism and Moral Responsibility〉, *Freedom Review*, 4호, 1991년 7 · 8월 참고).

이것이야말로 도덕 · 정치 · 법률 간의 관계에 있어 가장 중대하고 심원한 변화 중의 하나이다.

현대 세계의 전체적인 정치 구도는 서서히 새로운 도덕적 책임을 부여하는 쪽으로 발전해 나갈 것이다.

뮤지알 신부와 폴란드 주교들이 제시한 새로운 이론에 비추어 볼 때, 사담 후세인에 의해 위협당한 쿠르드족과 다른 이라크 종족들을 치명적인 위험에 노출시킨 미국과 유럽 여러 나라의 의무불이행이야말로 특히 심각한 것임은 의심의 여지가 없다. '도덕적 끈기의 부족'은 진실로 용서받을 수 없을 것이다. 쿠르드족과 시아파족의 많은 사람들이 희생당해 왔다. 쉽게 막을 수 있음에도 불구하고 대량학살은 계속 자행되어 왔다. 그 만행에 불개입 결정을 내린 것은 비도덕적이며 비합법적이며, 궁극적으로는 정치적인 실수였다.

이것이 금세기에 이루어진 발전의 핵심이라 할 수 있다. 즉 도덕성과 법의식 그리고 사회적 양심에 대한 새로운 요구는, 새로운 국제 · 국내법을 만드는 데 원천이 되며, 향후 정치적 활동과 결정의 도덕성을 평가하는 데 새로운 기준이 될 것이다.

이에 따라 도덕적 규범은 보편적이고 애매모호한 점이 줄어들 것이며, 보다 정확하게 정곡을 찌를 수 있을 것이며, 보다 구체적이고 쉽게 적용될 수 있을 것이다.

5. 기이한 도덕적 실용주의

위의 제목은 자섹 쿠론Jacek Kuron이 행한 인터뷰의 제목이다. 쿠론은 폴란드와 유럽의 선도적인 지성인의 한사람으로서 다양한 경력의 소유자다. 그는 정치가 · 작가 · 사상가이자 공산주의 치하에서 불법적 활동을 주도하기도 했으며, 그로 인해 정치범으로 수감되었다. 최종적으로는 전체주의 정권의 붕괴 이후 정부 조직에 참여해 온 탁월한 정치인이다. 그는 상원의원, 장관을 지냈으며, 레흐 바웬사Lech Walesa의 민주 정부 하에서 새로운 반대파의 지도자가 되었다가 다시 사상가로 활동하였다.

아래 인용한 인터뷰에서 그는, 어떤 특별한 훈련을 받지 않고도 정치와 도덕의 분야에서 사유하고 논증하는 수사학적 방식을 제대로 습득했음을 잘 보여주고 있다. 이 인터뷰는 오늘날 수사학적 사유 방식이 상식과 일치할 수 있다는 것을 다시 한 번 보여 준다. 그것은 이성적인 것과 도덕적 책임감이 결합된 실용주의와 경험에서 나온 결과이다.

쿠론이 제시하는 바와 같이 이성적 사유와 합리주의는 수사학적 논증의 중요한 예가 되며, 정치와 도덕 간의 복잡한 관계를 분석하는 일에 크게 기여할 수 있다.

쿠론은 1950년대 말 그의 학창 시절에 반공산주의와 반독재 운동을 시작하였다. 1956년 '폴란드의 10월' 이후, 그는 아담 미크닉Adam Michnik과 모젤레브스키Karol Modzelewski 등 젊고 지성적인 정치 지도자들과 교분을 맺었다. 그 후 30년 넘게 그들은 반공산주의 노선을 걷는 야당의 지성적인 정치지도자가 되었다. 그들은 KOR, 즉 '노동자 보호 위원회The Committee for the Defence of the Workers'를 설립하였다.

미크닉과 쿠론은 공산주의 치하에서 수년간 수감되었다. 석방되자마자 그들은 그 유명한 원탁회의에 참여했는데, 과거 그들이 수감되었던 감옥의 교도관으로 당시 국방장관이 된 키즈작Czeslaw Kiszczak과 멀리 떨어지지 않은 자리에 앉게 되었다. 미크닉은 중요한 일간지인 《솔리대리티*Solidarity*》의 편집장이 되었고, 쿠론은 1989년 공산주의 몰락 후 구성된 첫 정부에서 사회부 장관으로 승진했다. 폴란드의 새 대통령 레흐 바웬사가 솔리대리티 운동을 분열시키고 새 정부를 구성하자, 미크닉과 쿠론은 다시 반대파로 돌아섰다. 이번에는 민주정부에 대항하는 민주적 반대파가 된 것이다.

1991년 7월, 쿠론은 폴란드와 유럽에서 가장 영향력 있는 주간지 중의 하나인 《폴리티카*Polityka*》와 인터뷰를 가졌다. 인터뷰를 했던 때는 6주 전 그의 친구 미크닉이 발간하던 일간지에 실린 기사에 대해 공개적인 불쾌감을 나타내었던 시기였다. 인터뷰를 맡았던 파라도프스카Janina Paradowska는 다음과 같이 질문을 던졌다.

> 미크닉과 쿠론, 쿠론과 미크닉, 당신 두 사람은 떼놓을 수 없는 한 쌍이었습니다. 심지어 게레멕[78] 교수조차도 누가 누구인지 혼란스럽다고 말합니다. 그런데 당신은 두 사람 사이에 다툼이 있다고 말씀하시는군요?

쿠론은 다음과 같이 대답했다.

> 아담과 나의 우정은 1958년에 시작되었는데, 그 우정은 때로 우리가 논쟁을 벌일 수도 있다는 것을 전제로 한 것이었습니다. 이러한 논쟁의 결과 우리들은 보다 풍요로워졌고 더욱 현명해졌으며 더욱 뜻이 통하게 되었기 때문에, 그 논쟁은 우리에게 매우 유익했습니다. 그래서 우리들은 지금까지도 이러한 논쟁들을 계속해 왔습니다. 이러한 다툼이 밝혀지는 것이 바람직하지 않은 때도 있었고, 때로는 우리 사이를 잘 모르는 채 우연히 우리가 다투는 광경을 목격한 사람들은 아연 실색하기도 했습니다.
>
> 〔…〕 기자님. 논쟁에서 가장 중요한 점은, 양쪽이 다 옳거나 또는 적어도 그들이

78) '솔리대리티'를 이끌었던 지식인 중의 한 사람.

부분적으로는 옳다는 것임을 당신은 알아야 합니다. 그렇기 때문에 논쟁이 없는 우정이란 알맹이가 없는 것입니다. 나는 진정으로 그러한 우정에 대해 회의적입니다(강조는 저자).

파라도프스카는 쿠론에게 미크닉이 썼던 기사 내용, 즉 오늘날 폴란드에서는 정치적 이익보다는 도덕적 원칙을 선호하는 사람들의 입지가 점차 좁아진다는 주장에 대해 어떻게 생각하느냐고 물었다. 상대적으로 나이가 들어 자신의 양심과 어떠한 타협도 하기 싫어하는 사람들이 이끌어가는 현 정치판에 끼어들 가능성은 매우 제한되어 있다는 미크닉의 견해에 대해 왜 쿠론이 동의하지 않는가? (미크닉은 분명히 공산주의 체제와 타협하기보다는 차라리 감옥에 가기를 선택한 자신과 같은 사람들을 두고 말한 것이다.) 이 질문에 대한 쿠론의 대답은 매우 의미심장하다.

> 나는 정치 참여에 수반되기 마련인 아담의 도덕적 불쾌감을 이해합니다. 그리고 현재 그러한 불쾌감은 아담의 정서와 꼭 일치합니다. 그러나 나는 한쪽에는 윤리, 한쪽에는 정치라는 식의 단순한 대비를 거부합니다. 그것은 여러 가지 이유로 해로운 것입니다. 그것은 진리가 아닙니다. 정치 참여가 반드시 비도덕적이라는 생각은 대중의 믿음일 따름입니다.
>
> 그렇지 않습니다. 도덕적 갈등은 일상생활에서처럼 정치에서도 흔하게 일어납니다. 도덕적 갈등 없이 살 수 있다고 믿는 것은 환상입니다. 〔…〕 내가 언급했던 편견이란 당위원회에서 생겨났던 것으로, 그것은 우리의 민주주의, 그리고 모든 민주주의에 정말 해로운 것이며, 특히 폴란드의 경우에는 매우 위험합니다. 왜냐하면 그러한 편견을 가진 소수의 사람들이 정치에서는 대단히 적극적이기 때문입니다. 〔…〕 물론 도덕적 갈등을 겪지 않고 정치적으로 참여할 수 있는 상황도 있습니다. 우리가 현실에 대해 단순히 증언만

하더라도 정치적인 참여는 이루어지는 것입니다. 과거 사람들이 구속된 데 대해, 혹은 정부가 반유대주의 정서를 써먹거나 헌정 질서를 교란한 데 대해 우리가 항의했던 것은, 단순히 진실에 대한 증언이었을 뿐입니다. 정말 그 당시 우리는 아무런 도덕적 갈등이 없었습니다. 그러나 그 당시에도 우리들 가운데는 우리 스스로가 비도덕적이라고 주장하는 사람도 있었습니다. 왜냐하면 우리들이 젊은이들을 우리 활동 속에 끌어들였고 나중에 그들은 대학이나 직장에서 쫓겨나는 처벌을 받았기 때문입니다.

이어 파라도프스카 기자는 쿠론이 마조비에키Mazowiecki 정부에서 장관으로 재직할 때 그의 활동이 도덕적이었던가에 대해 질문했다. 그는 다음과 같이 대답했다.

윤리적인 관점에서 볼 때, 우리의 좋은 시절은 지나가 버렸습니다. 〔…〕 사회의 격변기를 맞아 우리는 여러 가지 결정들을 내려야만 했습니다. 〔…〕 장관으로서 나는 누구에게 돈을 더 주고 덜 줄지를 결정해야 했습니다. 때로 이러한 결정들이 사람들을 가난하게 만들기도 했을 것이며, 심지어 돈을 제때 쓸 수 없어서 병원에서 죽음을 맞이한 경우도 있었을 것입니다. 이러한 행위가 엄청난 도덕적 갈등과는 관계없다고 말하는 사람은 진정으로 인생을 모른다고 말할 수 있을 것입니다.

기자님, 나는 당신이 또 다른 편견을 확산시키는 데 도움을 주지나 않을까 우려됩니다. 그 편견이란, 세상에는 보다 높은 목표를 위하여 일하면서 타인을 위해 자신을 희생하는 사람과 개인적인 목표를 위해 투쟁하는 사람의 두 부류가 있다는 생각입니다. 사실상 정치가를 포함해서 대부분의 사람들은 살아가는 데 있어 다양한 가치들을 고려하고 있습니다. 사람들은 자신의 퍼스낼리티를 실현하기 위해 매일 꾸준히 그리고 열심히 노력하고 있습니다. 이러한 방식으로 일하면서 사람들은 자신의 개인적 야망을 실현하게 됩니다. 그러나 나는 다만 일할 따름입니다. 나는 내 열정이 어떤 것이든 간에 내가 하기를 원하는 것만 나의 삶을 통해 해 왔을 따름입니다. 달리는 할 수가 없었습니다. 내가 장관으로 그 일을 했건 혹은 내가 설립했던 재단의 대표로서 내가 했건 그것은 중요하지 않습니다. 중요한 것은 현재 내가 무엇을 하고 있느냐는 것과 내가 얼마나 전심전력을 다하고 있는가 하는 문제입니다. 따라서 내가 장관으로 임명되었을 때나 뒤에 해임되었을 때도 달라진 것은 아무것도 없습니다.

이어 파라도프스카 기자는, 정치에서 스스로 손을 뗀 사람들은 어떻게 되었는지, 또 그 사람들에 대해 어떻게 생각하는지를 물었다. 쿠론의 대답은 다음과 같았다.

다른 사람들도 같은 결정을 내려야 한다는 뜻입니까? 나는 그것을 부도덕한 태도라고 생각합니다. 그것은 책임을 회피하는 짓입니다. 나는 그 길을 선택한 사람이 지쳤고 더 이상 버틸 힘이 없기 때문에 사임한 것을 충분히 이해합니다. 나 자신은 그러한 해결책을 용납할 수 있습니다. 그러나 유감스럽지만 그것을 도덕성과 혼동하지는 말아야 합니다.

인터뷰의 말미에 쿠론은, 삶과 정치에 있어서의 모든 결정은 가능한 한 해악을 줄이는 방향으로 이루어져야 한다고 주장하였다. 상황이 보다 어려울 때 책임은 더욱 무거워진다.

만약 그가 스위스에서 아담 미크닉과 논쟁했다면, 그들의 토론은 매우 아카데믹한 것이 되었을 것이다. 그러나 혼란과 민주주의와 권위주의 같은 여러 문제들을 해결할 수 있는 방법에 대한 결정을 내리기 위해 정치에 참여하지 않으면 안 되었던 1990년대의 폴란드의 상황에서는 그렇지 못했다. 사람들은 행동해야 했고, 또한 과단성 있게 효율적으로 행동하지 않으면 안 되었다. 폴란드는 혼란에 빠질 위험성이 있다고 쿠론은 강조했다. 민주주의는 이러한 혼란의 원인이 된다. 반면 몇몇 정치가들이 권유했던 권위주의적 방법을 사용한다면 민주주의를 보전하고 발전시키는 것은 아마도 불가능하게 될 것이다.

> 만약 민주주의가 발전하기를 원할 경우, 우리의 가치에 부합하는 수단들이 가장 효율적이라는 것은 하나의 역설이 될지도 모르겠습니다. 나는 이것이야말로 가장 기묘한 도덕적 실용주의임을 고백합니다. 물론 잠시 동안은 슬로건으로써 대중들을 속일 수는 있겠지만, 그러나 그런 식의 정책은 곧바로 보복을 받게 될 것입니다. 차라리 사람들에게 민주적 재건은 시일이 걸리는 매우 어려운 작업이지만, 결국에는 우리의 노력이 보상을 받게 될 것이라고 말하는 편이 더 낫습니다. 〔…〕 나는 폴란드에서 효율적인 독재란 것이 가능하다고 믿지 않습니다. 그러한 생각이나 전망은 비도덕적이며 또한 비효율적입니다(강조는 저자).

쿠론이 가진 생각의 요점을 다음과 같이 요약할 수 있다.

—진실되고 개인적이며 정치적인 우정과 협력은 반드시 대화와 다원주의 및 생각의 교환에 기초해야만 한다. 논증의 과정을 통해 사람의 생각은 더욱 깊어지고 현명해지고 풍부해질 수 있는 법이다.

—우리들은 정치적 투쟁에 적극적으로 참여해야 한다. 우리들이 그러한 정치적 활동을 하지 않을 경우 더욱 순수성을 상실하며 더욱 가치를 잃게 되기 때문이다. 우리는 보통 여러 가지 이유와 다양한 방식으로, 심지어 어떤 경우는 무의식적으로 도덕적 딜레마를 해결하곤 한다.

—분명히 드러난 적에 대항해서 싸우거나, 혹은 침략해 오는 적군이나 독재정부의 전체주의적 파당에 대항해서 지하에서 활동하는 경우에는 오히려 도덕적 결정을 내리기가 훨씬 수월한 법이다. 보다 정상적인 환경, 특히

민주주의로 향하는 전환기나 민주주의 그 자체와 같은 환경 하에서는 이러한 도덕적인 '안락'이나 '사치'를 누릴 수 없다.

—자원의 분배와 같이 대중의 이해관계가 걸린 일에 대한 결정을 내리는 것은 결국 선택에 관련된 문제라 할 수 있다. 이러한 선택은 사실상 도덕과 분리될 수 없다.

결론은 이러하다. 정치적 · 도덕적 딜레마에서 벗어난다는 것은 불가능한 일이기 때문에, 우리들은 가능한 한 인도적이고 합리적으로 그러한 딜레마를 해결하기 위해 사유와 논증의 힘을 사용해야 한다. 신수사학은 선택에 대한 이해를 증진시키는 데 공헌하는 학문이라 할 수 있다.

제7장

사회학적 법칙

1. 신수사학과 현대 유명론唯名論과 실재론

신수사학은 19세기 말 철학이 만들어 내었던 인위적인 간극을 메웠다. 독일의 프라이부르크Freiburg와 마르부르크Marburg에 있는 유력한 두 연구센터(리케르트Rickert, 빈델반트Windelband, 코헨Cohen, 나토르프Natorp, 카시러Cassirer 등으로 대표되는)의 연구자들은, 과학에는 자연과학과 사회-역사과학의 두 유형이 있다고 주장한다. 그들에 따르면 자연과학은 자연법칙을 발견하고, 자연현상을 꿰뚫는 단일한 법칙을 탐구하고 발견함으로써 경험적 사실들을 보편화하는 것이다. 과학자들은 미래의 사건들을 예측하는 것을 목표로 삼고서, 그 예측에 따라 인류가 효율적으로 행동할 수 있도록 미리 대비시킨다.

그러나 신칸트주의를 자신들의 학문적 기초로 삼는 학파들에 따르면, 역사과학은 역사적 · 사회적 · 정치적 사안들로부터 보편적 이론들을 도출해 낼 수 없다고 한다. 그들은 결코 되풀이될 수 없는 단지 구체적이고 특수한 사안들에만 관심을 갖는다. 그들에 따르면, 그렇기 때문에 역사적인 사안들은 예측 불가능한 것이다.

더구나 우리는 역사를 통해 다만 우리의 지력을 개발하고 많은 양의 지식을 얻을 수 있을 뿐이지, 새로운 상황에서 대두된 새로운 문제들을 포함하는 결정을 내리는 데 있어 구체적이고 실제적인 가치를 가진 그 무엇을 배울 수는 없다고 그들은 주장한다. 역설적으로 역사가 우리에게 가르쳐 주는 하나의 교훈이 있는데, 그것은 역사 속에는 배울 만한 교훈이 없다는 것이다.

마르크스주의자들이나 신학자들과는 달리 페렐만은, 보편적인 자연과학과 역사 및 사회과학을 뚜렷이 구별할 것을 주장해 온 교조적 견해를 거부한 가장 진지한 철학자였다. "그럼에도 불구하고 우리는 이러한 구별로부터, 역사과학이 추상적 법칙을 탐구하는 자연과학과는 반대로 구체적이고 개별적인 모든 것과 연관되어 있다는 검증되지 않은 결론을 도출할 필요는 없다. 실제로 모든 과학은 한계를 설정할 필요가 있으며 결과적으로 실체의 몇 가지 측면들을 무시하게 된다. 그러나 선택의 기준은 분명히 구별되어진다"(페렐만, 《신수사학과 휴머니티》, 1979, p. 146).

무엇보다 먼저 신수사학은 두 종류의 과학이 '반복되는 현상들'을 연구해야 한다는 매우 간단하고 보편적으로 인정된 사실을 염두에 두고 있다. 두 과학은 유사한 구조와 규칙성을 발견해야 하는데, 우리들은 그 구조와 규칙성을 '어떤 현상의 전형적인 패턴들로 간주하게' 된다(페렐만, p. 146).

자연과학자들과는 달리, 역사가들은 객관적이고 고정된 실체에는 관심이 없다. 그들은 일련의 사안들을 관통하는 보편성을 추구한다. 그들은 자신들이 설정한 가치척도에 따라 당연히 '중요한' 것이라고 여겨지는, 또한 '역사적' 사실이라고 간주할 만한 요소들, 사건들, 양상들로 자신들의 연구를 제한한다. 미래의 정치가 · 사회활동가 · 철학자들이 이러한 사건들을 앎으로써 무언가를 배울 수 있다고 그들은 확신하기 때문이다.

그러나 여기서 역사가들은 자연과학자들이 보다 쉽게 극복하는 어려움을 발견하게 된다. 역사가들(정치가, 이론가 등)은, 우리의 주목을 받을 만큼 중요하고도 의미 있으며 지표가 되고 타당한 것이 무엇인지에 대해 견해가 다를 수 있고 또한 달라야 한다. 심지어 사회과학자들은 어떤 사실은 무엇으로 이루어져 있는가 또한 그것은 겉으로만 나타난 현상이 아닌가에 대해서 논전을 벌이곤 한다. 예를 들어 1991년 걸프전이 종식되자 미국과 동맹국들이 전쟁에서 실제로 승리했는가 혹은 소위 승전이란 것은 환영幻影에 지나지 않는 것이 아닌가에 대한 논쟁이 벌어졌다. 왜냐하면 사담 후세인이 권좌에 그대로 앉아 있었기 때문이다. 전쟁에 이겼다는 것은 도대체 무엇을 의미하는가? 전쟁의 결과에 대해 다양한 해석이 내려졌다.

위대한 퍼스낼리티를 만들어 내는 것이 아니라 그 이미지를 형성하는 일에 도움을 준다는 수사학적 원칙은, 매우 중요하다고 생각되는 사안들에도 그대로 적용될 수 있다. 우리는 한 인물을 그의 행동으로 설명하게 마련이며 또한 사안들을 공존의 고리와 연속의 고리로 설명한다(페렐만, pp. 147, 150, 151). 역사와 사회 속에는 그 자체로 존재하는 것은 아무것도 없다고 우리가 주장한다 하더라도, 그것이 어떤 것도 관찰되거나 설명되거나 평가될 수 없다는 것을 의미하지는 않는다. 자연과학에서는 관찰과 평가의 방법들에서만 차이가 나지만, 사회과학자들은 역사적 사안들로부터 여전히 의미를 찾아낼 수 있다.

수사학적 관점에서 볼 때, 사회적인 실재와 외양 간에 존재하는 모순은 어느 것도 절대적이지는 않을 것이다. 만약 우리가 어떤 한 개인을 위대하고 영향력 있는 영웅의 전형으로 삼아, 그의 행태와 행위를 분석하여 역사의 한 장을 쓸 경우 우리는 다음과 같은 사실을 알아야 한다. 즉 그러한 사람의 위대성은 우리의 판단으로부터 나온 기준의 결과라는 사실, 또한 우리가 찬양하거나 부정하는 그 사람의 어떤 외양들 속에 있는 실재는 동시에 "다른 외양들로부터 일반적으로 형성된" 것이라는 사실을 알아야 한다(페렐만, p. 150). 우리는 중요한 사안이 무엇이며 어떤 사람이 중요한가를 먼저 판단한 다음 결정을 내리게 된다.

역사와 정치 영역에 있어서 어떠한 사건들의 과정을 우리가 어느 정도까지 예측할 수 있는가, 예측하는 것이 도대체 가능한가 하는 문제와, 우리의 의도적인 정치 행위가 사회 변화에 어느 정도까지 영향을 미칠 수 있는가 하는 문제는 끝없는 논쟁거리가 되어 왔다.

이 문제에 대한 해답이야말로 당면한 실질적인 정치적 결정뿐 아니라 나아가 향후의 정치 플랜과 사회 계획에 대한 우리의 태도를 결정짓는다. 사회적 카테고리들에 대한 현대의 모든 논의들은 정말 중세적 유명론을 현대식으로 구현한 것이라고 할 수 있다. 보편 관념이 리얼하고 현실적인 것이라고 믿었던 중세의 '실재론자들'의 관점을 우리는 물론 거부할 수도 있다. 반면 우리가 유명론자들의 견해에 동의한다면, 우리는 사회와 국가의 역사와 유형 그리고 형태를 해석할 수 있는 모든 도구를 포기하는 셈이 된다. 철저한 유명론자들이나 신칸트주의자들은 민주주의와 독재주의, 그리고 개혁과 혁명을 규정하는 데 있어 곤란을 겪을 수도 있다. 오직 구체적이고 특수한 현상만이 기술될 수 있다고 주장하는 것은 결국 아무런 보편적인 결론도 내릴 수 없음을 의미한다. 또한 그것은 우리의 개인적 · 사회적 행위와 우리의 현재 상황, 그리고 우리의 정치적 미래에 관한 보다 명료한 결정을 내리는 것을 가로막는다. 더욱 나쁜 것은, 어떤 현상들의 역사적 맥락이 오로지 보편적인 용어로만 표현될 수 있다는 이유로 사람들이 과거의 현상들을 정확히 기술하지 않는다는 점이다.

페렐만이 기술하고 있듯이 그는 '회의적 유명론의 위험만큼 중대'하다고 여겨졌던 '교조적이고 비관용적인 실재론의 위험성'에 대항하여 그의 수사학적 방법을 사용하기로 결정한 것이다.

상식을 지닌 지성적인 사람들이 할 수 있는 만큼의 행동을 역사가들도 행한다. 그들은 한 특정 기간에 일어났었던 구체적인 현상에서 출발하며, 그리고 특정한 역사적 시기의 특징적인 모습을 설명하려 한다. 물론 스피노자가 강조했던 것처럼, 모든 정의定義는, 어떤 특징은 거부하고 다른 특징들은 강조하기 때문에 '유해'한 것이다. 특정한 시기의 본질적이고 가장 중요한 특징을 추출해내기 위해, 우연히 일어났다고 간주되고 그렇기 때문에 중요하지 않은 사건들은 제거된다. 이러한 사실을 염두에 두고 페렐만은 다음과 같이 쓰고 있다.

> 르네상스는 단순한 고전학의 재탄생이 아니라, 그것은 새로운 인간 그리고 한 세상에 대한 새로운 비전의 탄생이자, 전체적으로 보아 새로운 존재양식의 탄생이라 할 수 있다. 따라서 고전학의 재탄생이란 총체적인 사회 변동 내에서 하나의 제한된 사건에 지나지 않는다. 계몽의 시대를 논하면서, 영국과 프랑스의 사상가들 사이에서 대두되었던 문화적 현상들로부터 설명을 시작하는 역사가들의 경우도 마찬가지이다. 이러한 제한된 관점은 프랑스와 영국의 사상가들에게서도 나타난다. 〔…〕 그리고 그들은 계몽의 시대를 그런 방식으로 지칭함으로써 이러한 특징을 본질적인 것으로 만들어 버린다 (페렐만, p. 154).

이것은 어느 역사적 시기가 어떻게 해석되는지에 관한 하나의 좋은 예라 할 수 있다. 유럽에서 르네상스와 계몽주의 시대 그리고 뒤이어 일어난 자본주의 시대는, 헤아릴 수 없이 많은 새로운 일들이 발생했던 시기였다. 그 시기들을 이해하기 위해서 우리는 어떤 해석을 부여해야 하고, 또한 혼란스러운 많은 사건들에 대해 질서를 부여하지 않으면 안 된다. 이러한 과정에서 불가피하게 자연 상태의 사물들에 대한 온전한 비전을 왜곡시킨다는 것을 알고 있음에도 불구하고 말이다.

어쨌든 이러한 '질서 부여'와 제한된 실질적 관점이 없이는, 우리시대 또는 다른 시대에 발생하는 사태들에 관련된 결론을 도출하는 것은 불가능할 것이다.

이렇게 해서 우리는 다음과 같은 방식으로 제기될 가능성이 있는 새로운 문제에 봉착했다. 일단 우리가 과거의 가장 중요한 현상들을 분석하기로 결정했다면, 무엇이 더 중요하고 덜 중요한지를 정하는 데 사용할 평가기준은 어떤 것이 되어야 하는가? 현재 우리가 필요로 하는 바가 가치의 척도를 결정짓는다고 주장할 수 있는가? 이 물음에 대한 우리의 대답이 그냥 긍정적인 것이라면, 우리는 1920년대 유명한 소련의 역사학자 포크로브스키즈Pokrovskij에 의해 상징화된 것과 같은 '궁지'에 빠지게 될 것이다. 그는 역사란 현재의 정치를 과거의 사건들에 적용한 것에 다름 아니라고 주장한다.

우리는 전체주의 정권들, 특히 볼셰비키와 나치가 자신들의 정치적 필요에 따라 역사적 사건들을 각색해 보여 주려고 했음을 잘 알고 있다. 그들은 사실과 진실을 완전히 무시한 채 이러한 짓을 저질렀다. 냉전 이후에도 이와 유사한 상황이 존재하고 있다. 가령 많은 정당들, 특히 극우파 정당들은 각국에서 공산주의를 패퇴시키는 데 있어 그들이 결정적으로 기여했다고 주장한다. 조지 부시가 소비에트 체제의 몰락을 자신의 공적으로 내세운 것은 더욱 허무맹랑한 일이다.

역사를 수사학적으로 분석하는 일은 또한 어느 정도 실용적이긴 하지만, 그렇다고 해서 그 분석이 사건의 전체성이나 개인을 무시하는 것은 아니다. 수사학적 분석은 때로 당장의 작은 이익에 도움이 되는 결론을 도출하려고도 하겠지만, 그것은 또한 우리가 흥미롭고 중요하다고 생각하는 사실들의 분석에 기초를 두고 있기도 하다. 우리는 이성적인 결론을 끌어낸 다음 '그 결론을 인간의 이성 · 논증 · 비판의 법정에 세우려고 한다'.

우리가 어떤 현상이나 경향에 초점을 맞출 경우, 미리 구상된 관념이나 미리 내린 결론을 가지고 그것을 탐구하지는 않는다. 오히려 그와는 정반대이다. 우리의 비판적 평가는 보다 심오한 연구에 대한 자극으로 받아들여져야 한다.

신수사학은, 막스 베버가 제시했던 이상형Idealtypus, 시대정신Zeitgeist, 국민정신Volksgeist, 산업혁명과 같은 개념들 그리고 최종적으로 계급투쟁사로서의 역사와 같은 정교한 개념들을 창조적으로 해석할 수 있다. 우리는 이러한 보편적인 개념들 하나하나마다 무언가 합리적인 것이 있지만, 그 어느 것도 역사를 완전히 설명하지는 못한다고 주장할 수 있다. 계급투쟁의 개념에 대해 페렐만은 다음과 같이 쓰고 있다.

> 영속적인 계급투쟁의 표현으로서의 역사는 국가의 역사나 전쟁의 역사와는 다른 어떤 새로운 전망을 우리에게 부여한다. 〔…〕 그러나 이러한 전망들은 자의적인 것은 아닌가? 또 이러한 전망들은 과거를 보다 정확히 이해할 수 있는 유용한 도구일 수 있는가? 〔…〕 이에 대한 대답이 어떠하든 우리는 역사적 지식을 구성하게 하는 카테고리들을 전혀 도외시 할 수 없다는 사실을 언급해야만 한다. 이러한 카테고리들을 형성하는 도구들이 불완전하다고 해서 그것들이 쓸모없다고는 볼 수 없다(페렐만, p. 155).

우리가 예로 들었고 또한 역사가들에게는 매우 중요한 이러한 카테고리들을 우리 자신들이 거부하고 도외시할 경우를 생각해 보자. 우리는 그것들을 다른 것으로 대체해야만 할 것이다. 이전의 카테고리보다 제한적이고 또한 훨씬 더 오도할 가능성이 있는 역사적 · 사회적 카테고리들이 분명히 존재할 것이다.

이러한 생각은 다음과 같이 요약된다. 역사를 이해하기 위해서 또한 현재와 가능한 미래의 사건들을 분석하는 것을 돕는 역사적 경험을 활용하기 위해서, 우리는 좋은 교육을 받아야 하고, 우리의 문화적 유산에 조예가 깊어야 하며,

그리고 논증과 그에 대한 반론에 항상 열린 자세를 가져야 한다.

프랑스에는, 각 세대의 프랑스인은 프랑스 대혁명의 역사를 다시 써야 한다는 말이 있다. 물론 새로운 세대라고 해서 중요한 새로운 자료를 발굴해 낼 수는 없는 일이다. 그럼에도 불구하고 그들은 새로운 세계와 프랑스에서의 경험을 고려하여 동일한 자료를 재해석할 수 있을 것이다. 그들은 새로운 가치 척도를 창안해 낼 수 있을 것이다. 세속적인 형태의 실용주의를 표방하지 않고서도, 우리는 과거에 과소평가되었던 관계나 사실에 대해 통상 새로운 해석을 가할 수 있다.

각 세대는 '실재론자들'과 '유명론자들' 간의 새로운 투쟁을 재현해야 한다. 또한 각 세대는 본질적인 것과 우연적인 것 사이의 관계를 재고해야만 한다. 그러나 우리는 이 문제에 관한 페렐만의 다음과 같은 일반론에 동의하게 된다.

> 무엇이 본질이고 또한 본질에 속하는 것이 무엇이냐 하는 이른바 본질론의 문제는, 사람의 행위와 발현發顯으로부터 생겨난 인간의 보편화로 인식되어질 수 있음을 주지해야 한다. 또한 어떤 발현들은 본질과 결합될 수 없는 우연적인 것이라고 인식된다. 본질과 우연간의 대립은 가치 판단, 즉 무엇이 중요한가에 대한 판단을 의미한다. 중요성에 대한 판단 없이 무엇을 분석하고자 하는 사람은, 본질과 우연이라는 질적인 문제를, 질적인 현상의 빈도수와 관계되는 양적인 결정으로 대체하려 한다. 그러나 그들은 숫자 데이터로 하여금 그것을 판독할 수 있게 하는 카테고리로 최종적으로 변환시키지 않고서는 양적인 결과에 의미를 부여할 수 없다(페렐만, p. 151).

우리가 우리의 삶과 미래의 전망을 분석할 경우, 언제나 본질과 존재 및 필연성과 우연성에 관한 철학적 카테고리들을 염두에 두어야만 할 것이다.

2. 모순의 수사학적 해석

정치적 · 사회적 모순들은 신수사학의 동인動因이며, 신수사학은 그것을 설명하는 하나의 수단이라 할 수 있다.

사회적 모순은 실재하는 것이며, 불가피한 것이며 동시에 객관적으로 존재하는 것이라고 신수사학은 주장한다. 이러한 논리에 따라 논쟁은 비로소 진정한 토대와 객관적인 배경을 가지게 된다.

철학자나 사상가만이 사회 내부에 존재하는 모순을 알아낼 수 있는 것은 아니다. 저명한 프랑스계 폴란드인 영화감독 홀랜드Agnieszka Holland는 그녀가 만든 영화, 〈유럽, 유럽Europa, Europa〉에 관해 가졌던 인터뷰에서 다음과 같이 말했다.

> 우리가 살고 있는 이 시대는 이미 끝난 시대와 앞으로 도달해야 할 시대 사이에 놓여진 하나의 과도기이다. 20세기에서 가장 중요한 두 개의 정치적 사조는 공산주의와 반공산주의였다. 이제 이 두 사조는 다 끝나 버렸다. 폴란드와 체코슬로바키아에서는 정치적 공백이 있을 따름이다. 그들은 시장경제를 도입했다. 의심할 바 없이 그것은 최상의 경제형태이지만, 시장경제를 갖는 것은 그것이 고통과 죽음을 감내할 만한 가치가 있어서가 아니라, 우파 파시스트적인 성향이 정치적 공백을 채울 위험이 있기 때문이다(《쿠리어*Kurier*》, 1991년 7월 27일, 뉴욕).

우리는 공산주의와 반공산주의라는 두 가지 사조가 20세기 세계정치 무대를 지배해 왔다는 홀랜드의 생각에 동의할 수도 있다. 이 같은 관찰이 정확하긴 하지만, 그렇다고 해서 또 다른 종류의 정반대되는 사조들이 20세기 세계정치 무대에 영향을 미치지 않았다고 말할 수는 없다. 때로 많은 나라들에서 공산주의 대 반공산주의와는 다른 종류의 정반대되는 사조들이 더욱 뚜렷이 나타나는데, 가령 부족 간의 싸움, 빈자와 부자 간의 적대감, 지배 계급과 피지배 계급 사이의 증오감 등과 같은 것이 그것이다.

그렇지만 다른 한편으로는 민족주의적인 많은 열망들이 보다 기본적인 모순들과 여러 가지 방식으로 연계되어 있다. 독일 · 프랑스 · 이태리 · 폴란드 · 헝가리 · 우크라이나의 민족주의는 많은 다른 나라의 예와 마찬가지로 반공산주의 이데올로기와 매우 밀접히 얽혀 있기 때문에 이 둘은 자주 동일시되어 왔음이 사실이다. 또한 종교적 교권教權주의와 자유적인 반교권주의 간의 갈등이 있었던 것은 잘 알려진 사실이다. 그러나 우리는, 교권주의자들이 반교권주의를 친공산주의와 동일시해 왔다고 말할 수도 있다. 반면 모든 자유주의자와 사회주의 추종자들은 교권주의를 파시즘이나 혹은 무자비한 반공산주의와 같은 선상에 두려한다.

최근 유럽 공산주의 체제의 몰락 이후, 공산주의와 반공산주의의 대립이라는 외관外觀은 많은 대립적 성향과 다양한 정치적 강령들을 숨기고 있는 가면이었음이 분명하다. 그러나 인류는 어떠한 단일화에 대해서도 그 대가를 지불하지 않으면 안 된다. 그렇기 때문에 공산주의의 몰락 이후 냉전이 종식되었음에도 불구하고 사람들은 여전히 낡은 악령과 대립의 의식 속에서 벗어나지 못하고 있다. 그들은 새로운 상황을 비판적이고 현실적으로 평가할 능력이 없었다. 처음부터 신수사학은 사람들에게 현재 전개되고 있는 상황과 대립 구도와 적대적 태도를 분석함에 있어 극단적인 입장을 취하지 말라고 설득했다. 신수사학이 지닌 보편적 생각은, 어떤 이데올로기에도 합리적인 요소가 존재할 수 있다는 것이다.

이러한 생각은 수사학적 태도의 단순화로 귀착될 수도 있었을 것이다. 대중의 신념들이 전혀 근거 없는 것이라 할지라도 그들이 왜 그러한 신념을 지지했던가 하는 이유는 분명히 탐구되어야 한다는 것을 우리는 염두에 두고 있다.

정치적 광기에서 나온 비정상적인 공격마저도 그 나름의 이유가 있는 법이다. 그렇기 때문에 이란에서의 무슬림 근본주의자들의 봉기를 순전히 비인간적 탈선으로 간주하는 것은 이성적인 태도라 할 수 없다. 이 새로운 문명의 시대에 그리고 새로운 산업·과학혁명의 시대에, 이러한 식의 강력한 '상식'으로부터의 일탈과 탈선이 일어난 데에는 사회적·정치적 이유가 분명히 존재한다. 어떠한 사회적 현상도 합리적으로 옹호될 수 없다는 이유 때문에 중요하지 않은 것으로 도외시되어서는 안 된다고 보는 것이 신수사학의 관점이다.

청중이라는 것에 대한 수사학적 개념은, 전문 학자, 철학자, 이념가, 정치가, 역사가들이 사회적 법칙에 대한 지혜와 지식에 있어서의 독점적 권한을 가지지 않는다는 것을 의미한다. 그러므로 공산주의와 자본주의 간의 대립을 단순히 해석하는 시대는 끝났지만, 그 결과는 새로운 종류의 정치적 '공백'이라는 영화감독 홀랜드의 견해를 우리는 높이 평가한다.

수사학적 사유에 따르면, 서로 대립되는 사안들은 반드시 서로를 이겨야 할 필요는 없다. 이러한 대립들은 그 결과가 '공백'이 될 정도로 서로의 힘을 축소시키거나 완전히 없앨 수도 있으며, 이러한 공백이야말로 시작부터 다시 평가되어야 할 새로운 사회적 상황이라고 할 수 있다.

제8장

신수사학과 법체계

A. 법철학의 실증주의적 기초

1. 신수사학과 법실증주의

실증주의적 법철학과 수사학적 전통 사이에 관련이 있다는 점은 어찌 보면 역설적이다. 둘 사이의 관련성을 믿지 않는 태도는 법실증주의에 대한 오해와 수사학에 익숙하지 않은 데서 기인한다.

신수사학이 발전함에 따라, 우리는 법실증주의의 어떤 잊혀진 측면과 그것이 전통 논리학 및 수사학과 지닌 관계를 새롭게 보아야 할 주된 이유를 갖게 되었다.

법실증주의가 형식논리학과 확고하게 결합되어 있다고 생각하는 것은 하나의 편견에 지나지 않는다. 사실상 서구 민주주의에서 법 이론의 진보는 부분적으로 서구 법학자들이 신수사학을 자신의 것으로 소화시키는 능력에 달려 있다고 해도 과언이 아니다. 최근의 법실증주의와 페렐만에 의해 완성된 신논증이론 사이에는 분명한 공생관계가 존재한다.[79] 이러한 종합명제의 근거는 법실증주의의 창안자들, 특히 제러미 벤담Jeremy Bentham에 의해서 마련되어 왔다.

법실증주의는 오늘날 인기 있는 철학은 아니다. 법실증주의는 현대 정치 체제를 에워싼 수많은 악덕들에 대한 응분의 책임이 있다고 지적되었다. 서구에서 그것은 크레온Creon[80]의 철학이라고 다시 이름 붙여졌다. 한편 공산주의 국가에서는 '사회주의의 정당성'을 위협하는 부르주아 이데올로기로 비난을 받았다. 나치즘은 그것을 자신들의 민족정신Volksgeist 및 지도원리에 반하는 유대정신의 산물이라 하여 거부했다.

이 세상의 모든 중요한 정치적 · 이데올로기적 세력들은 법실증주의에 대항하여 싸우기 위해 결집해 왔던 것으로 보일 수도 있다. 즉 토마스 아퀴나스 학파와 실존주의자들, 신칸트학파와 현상론자들, 합리주의자들과 개인주의자들, 여러 가지 자연법 이론들의 지지자, 교조적 공산주의자들과 수정주의자들, '관료적' 마르크스주의자와 '기회주의자들', 자유주의자와 보수주의자들, 군사 정권과 아프리카 대통령들의 대변인, 모스크바와 워싱턴의 학자들, 북경과 바티칸의 학자들 등등이 모두 법실증주의의 반대 세력이라 할 수 있다.

이전에 그렇게 추앙받던 독트린이었던 법실증주의에 대해 무엇이 그렇게 반감을 갖도록 만들었는가? 정치적 이해관계인가? 무지인가? 철학적 측면에서의 반대인가? 최근에 벌어진 죄악과 법적 오용에 대한 기억 때문인가? 사회적 적대감 때문인가? 이런 모든 요소들이 합쳐지기도 하고 분리되기도 하면서 법실증주의를 거부하는 이유가 된 것이다.

야릇한 건망증이 법실증주의라는 독트린을 가장 열렬히 비판하는 사람들을

---

79) Ch. Perelman and L. Olbrechts-Tyteca, *The New Rhetoric : A Treatise on Argumentation*(Notre Dame : University of Notre Dame Press, 1969), p. 514.

80) 그리스 신화와 소포클레스의 비극 〈안티고네〉에 나오는 사악한 테베의 섭정자. 왕위 계승을 놓고 오이디푸스의 두 아들이 전쟁을 벌이다가 둘 다 전사하자 크레온은 법을 따른다는 이유로 한 사람을 반역자로 규정해 매장을 불허한다. 이를 어기고 몰래 오빠를 매장한 안티고네를 감옥에 가두어 결국 죽게 만든다(옮긴이).

이겨내는 듯한 이 현상을 잘 살펴보기로 하자. 즉 그들 비판자들은 사실 실증주의 법체계가 법 규칙과 민주주의, 사회적 안정과 안전 및 개인적 권리의 발전에 끼친 중요한 진보적인 역할을 일부러 도외시하고 있다.

19세기 서구세계의 의회자유민주주의는 법실증주의와 함께 발전하였다. 둘은 언제나 불가분리의 관계를 유지했으며, 공존하도록 운명지어졌으며, 또한 하나의 유기체를 구성하였다.

지난 세기 동안 민주주의는 일련의 변화를 겪었으며, 이 점은 법실증주의도 마찬가지다.

2차 세계대전 이후 새로운 법 현상이 출현하였다. 반인륜적 범죄에 책임이 있는 전범들은 재판을 받았고 형을 선고받았다. 세계의 거의 모든 국가들은 유엔 헌장에 서명했고, 세계인권선언의 원칙을 수용하였다. 침략과 인종주의와 식민주의는 불법으로 규정되었다. 이 문서들에 기록된 원칙들은 국제법의 역할을 했을 뿐 아니라 다양한 방법으로 국내 실증법의 역할을 하기도 했다. 이러한 발전은 국내법 체계에 깊은 영향을 주었다. 우리는 새로운 법의 실체를 다루고 있으며, 새로운 법 이론과 새로운 실증법에 직면하고 있다. 그러므로 법실증주의의 본래적 독트린은 무조건 거부되거나 혹은 무비판적으로 지지될 수는 없게 되었다.

법실증주의는 무조건 배제되기보다는 현대화되어야 한다. 정치적이고 법률적인 과거의 사상들과 제도 가운데 많은 것들을 현대화aggiornamento시키는 것이야말로 우리 시대가 행해야 할 가장 시급한 과제다.

법실증주의 철학은 기존의 법과 현실을 화려하게 치장하고 지원하는 데만 몰두하는 무비판적인 '기성' 이론은 결코 아니다. 그러나 오늘날의 법실증주의 철학은 기존의 법률을 해석하고 적용할 뿐 아니라, 새로운 법 조항과 제도의 창조를 촉진시킬 수 있고 또한 촉진해야만 할 것이다. 신수사학은 바로 여기에 관여한다.

위협받고 있는 우리의 법정신과 제도적 질서 그리고 우리 개인들의 권리와 자유를 보존하기 위해서는, 실증적인 법 이론을 제외하고는 아무런 구원책이 없다. 신논증이론을 정확히 이해하고, 해석하고, 발전시키고, 적용시키며 또한 그것과 결합될 때, 법실증주의 이론은 다양한 법질서와 정의 그리고 자유에 있어서 필수 불가결한 요소가 될 수 있을 것이다. 법실증주의는 삶에 대한 새로운 계약을 획득한 셈이다. 법실증주의의 심장과 영혼을 재생할 수 있는 것은 바로 신수사학이다.

2. 법의 본질과 주권의 한계에 대한 벤담의 견해

제러미 벤담은 일반적으로 법실증주의 철학의 주요 창안자이자 대표자로 간주되어 왔으며 또한 그것은 사실이다. 그러므로 우리는 먼저 그의 법철학과 신수사학 사이의 관계를 분석한 벤담의 저서를 집중적으로 살펴볼 것이다.[81)]

모든 고전적 사상가들처럼, 벤담은 자신의 철학에서 가장 강한 면과 가장 약한 면을 동시에 드러내었으며, 그것들을 가능한 가장 명백한 방식으로 제시하였다. 다른 고전적 사상가들과 마찬가지로 그를 추앙하는 사람도 있었고 비난하는 사람도 있었다. 20세기 들어 새로운 이념으로 무장한 보수 우파들 사이에서 그는 높이 평가받지 못하며, 마찬가지로 급진 좌파로부터는 저주를 받고 있다. 양 진영은 벤담을 싫어할 만한 충분한 이유를 가지고 있다. 그는

---

81) 이 문제는 나의 저서 《법실증주의와 인권*Juridical Positivism and Human Rights*》(New York : Hippocrene Publishers, 1981)에 자세히 논의되어 있다. 나는 논문 "The Traditions of American Jurisprudence and the New Rhetoric", *Etudes de Logique Juridique*, vol. VII, Bruxelles, 1978(Travaux de Centre National de Recherches de Logique. Published by Ch. Perelman)에서 이 문제의 몇 가지 요소를 분석하였다.

제한 없는 정치적 자유를 지지했으며, 소수의 행복만을 추구하는 부유한 지배자들을 비판하였고, 완전한 자유경쟁을 거리낌없이 주장하였다.

그렇지만 비판의 주된 목표가 된 것은 그가 지녔던 법에 대한 개념이었다. 사실상 벤담이 지녔던 법에 대한 개념은, 그가 주장했던 적법성 이론과 그의 독특한 시민 불복종 개념으로부터 떼어 놓을 수 없다. 벤담의 법에 대한 정의는 다음과 같다.

> 법이란, 어떤 경우에 주권자의 권력에 종속되어 있거나 또는 종속되리라 추정되는 어떤 사람 또는 어떤 계급에 의해서 그 경우에 관찰될 수 있는 행위와 관련하여, 한 국가의 주권자에 의해 인식되거나 적용되는 의지를 선포하는 기호들의 집합체로 규정할 수 있다.[82)]

벤담에 의하면 이러한 개념 규정은 무엇이 현실적이냐 하는 문제에 귀착된다. 법은 한 국가의 주권자의 의지이다. 전체적인 법체계에서 분리된 법적 규범은 적절하게 이해되거나 관찰될 수 없다.

법의 몸체는 어떤 부분도 그 나머지 부분이 없으면 충분히 설명될 수 없는 거대하고 복합적인 하나의 메커니즘이다. 평형 바퀴의 기능을 이해하기 위해서는 법전 전체를 조각들로 분해해야 한다.[83)]

법이 주권자의 의지라는 주장은 다음과 같은 비난을 불러일으켰다. 즉 실증주의자들은 "법은 법이다"라는 생각과 '법'을 반대하는 자라면 누구나 합법적

82) Jeremy Bentham, "Principles of Morals and of Laws in General", in *The Collected Works of Jeremy Bentham*, ed. J. H. Burns and H. L. A. Hart(London : The Athlone Press, 1970), p. 1.

83) Jeremy Bentham, *An Introduction to the Principles of Morals and Legislation*(London : The Athlone Press, 1970), p. 299.

으로 처벌받아야 한다는 생각을 무비판적으로 조장했다는 것이다. 사실 이러한 결론은 벤담이 이끌어 낸 것은 아니며, 그의 반대파인 자유주의자들과 전체주의자들이 만들어 낸 결론이다. 벤담에 따르면, 민중들은 지배자의 끝없는 변덕을 참지 않을 것이다. 주권자의 변덕은 법적으로는 제한이 없을지 모르지만, 그러나 사실상 그의 권력은 한계를 가진다. 벤담은 다음과 같은 예를 들고 있다. 가령 주권자가 음주와 간통을 금지시키려 할 경우, 그는 과연 성공할 수 있을까? "모든 기술을 동원해 만든 고문기구라 할지라도 그것을 금할 수는 없을 것이다."[84]

가장 강력한 주권자가 법을 제정한다 할지라도 결코 본능적 욕구라는 한계를 넘는 일을 해서는 안 된다고 벤담은 경고한다. 만약 사회에 아무 이득이 없다면 구태여 피지배자의 자유를 제한할 필요가 없다고 벤담은 쓰고 있다. 만약 열정과 편견이 입법자를 부추긴다면(가령 루이 14세가 이교도에 대항하기 위해 만든 법에서처럼), 그는 패배를 자초할 것이며 자신의 목적조차 망쳐 버릴 것이다.

벤담에 따르면 법은 한편으로는 의무를 만들어 내고, 다른 한편으로는 권리를 만들어 낸다고 한다. 법은 그 주인에게 자의적이고 변덕스런 특권을 부여한 것이 아니라, 피지배자의 특권 및 책임과 의무의 면제를 존중하기 위해서 그가 반드시 수행해야 할(긍정적이거나 부정적인 행위들로써) 수많은 의무를 부과한 것이다. 무한한 자유에 상응하는 것은, 주인의 권위라는 조건만에 의해 허용된 다양하고 무한한 의무이다.[85]

이제는 잊혀진 벤담의 이러한 생각은, 법실증주의를 이해하는 데 가장 기본적인 것이다. 즉 주권자의 무제한적인 권력은 절대적인 노예제도의 근본 원인

84) *Ibid.*, p. 290.

85) Jeremy Bentham, *op. cit.*, p. 241, ch. xvi. 42.

이며, 법은 노예에게는 적용되지 않는다.86) 주인과 노예, 또는 절대적 독재정부와 피지배자 간에는 진정한 법적인 관계가 존재할 수 없다. 그러한 상황 하에서는 법적 질서가 있을 수 없다. 무제한적인 권력(주인의 권위)을 가진 국가는 결국 "지구상에서 절대적으로 무제한적인 노예제도의 참상을 목도할 수 있는 비참한 장소"87)가 될 것이다. 그러므로 실증법은 권력뿐 아니라 권리, 특권, 의무와 책임의 면제도 부여해야 한다.88) 실증법의 복합성은 주권자의 권력을 제한하고 주권자가 전체주의적 독재자—현대적 표현을 쓰자면—가 되는 것을 사전에 방지한다. 지배자는 자연법이라는 가공의 괴물chimera에 구속당하지 않고 오히려 최대 다수의 최대 행복이라는 원칙과 그것에 부수되는 효과에 의해 구속된다. 만약 입법자로서의 주권자가 이러한 요구를 위반한다면, 그는 머지않아 그에 따른 결과를 몸으로 느끼게 될 것이다. 벤담은 이미 저항의 가능성을 언급한 바 있지만, 우리는 그것을 억압에 항거하는 저항권이라는 개념과 혼동하지 말아야 한다. 권력에 대한 그러한 반항은 원칙이 될 것이며, 그것이 바로 진정한 실증법의 개념이 될 것이다.89)

모든 법의 목표는 공동체 전체와 지배자와 피지배자 모두의 최대 행복이어야 하며, 어떤 갈등 상황이 벌어질 경우 우리는 소수보다는 다수의 행복을 택해야 한다고 벤담은 주장한다.90) 포괄적인 입법의 보다 구체적인 목표들을 벤담

---

86) *Ibid*.

87) *Ibid*.

88) 위에서 인용한바, 벤담이 말한 한 요소는 보다 명쾌한 설명을 요구한다. 왜 그는 '허구적 실체'로서의 권리에 대해 썼던가? 이 점에 있어 벤담의 철학적 방법론과 이론에 대한 명목론적인 한계는 표면화된다. 엄격히 베이컨적인 의미로 따져볼 때 물질적이 아닌 것은 무엇이든 벤담에게 있어서는 하나의 허구이자 편의상의 목적으로 창조된 정신상의 산물에 지나지 않는다.

89) Jeremy Bentham, "Rationale of Judicial Evidence", *The Works*, vol. VI, p. 205b.

90) Jeremy Bentham, "Pannomial Fragments", *The Works of Jeremy Bentham*, vol. III,

은 다음과 같이 상세히 설명하고 있다. 즉 전체적인 안전을 극대화할 것, 공동체 모든 구성원의 생존과 자력資力을 보장할 것, 생활의 풍요를 극대화할 것, 균등과 불균등을 최대화할 것이 그것이다.

벤담은 형법에 관한 구체적인 원칙, 즉 고통을 방지하기 위한 실증적 원칙에 대해 언급한 바 있다. 민법의 영역에서 벤담은 사유재산에 관한 다양한 원리들을 제시했다. 그 외에도 입법자를 위해 요약된 다른 많은 구체적 목표들과 권고 그리고 원칙들이 벤담의 방대한 저서에서 발견된다. 벤담이 보다 구체화시키려고 했지만, 앞에서 열거된 원칙들은 상대적으로 보편적인 것이다. 그의 노력에도 불구하고, 바람직하지만 기계적으로 적용할 수 없는 보편성의 원리를 그는 결코 제시하지 않았다. 모든 목표 · 원칙 · 격률 · 원리는 법 조항 혹은 실제 생활로 구체화되기 위해서는 해석되고 평가될 필요가 있다. 그리고 해석자가 다를 경우 보편적인 법칙으로부터 상이한 결론이 도출될 가능성은 항상 존재한다. 이렇게 해서 수사학적 논증을 위한 중요한 문이 열리게 된 것이다.

3. 벤담의 수사학적 성찰

벤담의 법적 및 철학적 원칙들이 일상의 생활에 실제적으로 어떻게 적용되고, 구체화될 수 있으며 또 그렇게 되어야 하는가? 동일한 보편적 원칙으로부터 상반되는 결론이 도출될 수도 있음을 벤담 자신은 잘 알고 있었다.

> 각각의 원리에는 상대되는 두 편의 적대적 혹은 경쟁적 이해가 공통적으로 나타나게 마련이다. 〔…〕 생존과 풍요와 균등에 관한 한 서로의 이해관계가 경쟁적이기 때문에 그들은 서로 편이 나뉘며 또 그 경우 상대방에 대해 거짓말

ed. John Bowring(New York : Russel and Russel, 1962), p. 211. Bentham은 이 작업을 완성하지 못했다. 그의 마지막 미완성 유고는 1831년 6월에 작성되었다.

을 한다 할지라도 비난할 수는 없다. 입법자들은 최대 다수의 행복을 최대로 증대시키는 것에 다른 무엇보다도 큰 관심을 가져야 한다.[91]

입법자는 적대적 그룹과 이해관계들 속에서 정직한 매개자나 중재자로 행동해야 한다. 결과적으로 타협이 성립될 수도 있겠지만, 각 파들은 자신들의 이익을 지속적으로 방어하려 할 것이다. 이해관계 속에서 경쟁할 경우, 누가 정당한지를 결정짓는 것은 사실상 불가능하다. 바로 여기에서, "어느 한쪽이 거짓말을 한다고 생각될지라도 그를 나무랄 수는 없다"는 고대 수사학적 전통이 갖는 영향력을 깨달을 수 있다.[92]

이것이 바로 벤담의 정치와 도덕이론 가운데서 완전히 망각된 생각 중의 하나이다. 즉 경쟁과 적대적인 상황에 있어서 쌍방 모두가 합법적이고 도덕적으로 정당한 이해관계를 대변할 수 있다. 자신의 입장을 방어하고 진작시키는 한, 어느 쪽도 탓할 이유는 없다.

"만약 어느 누구도 최대의 행복이라는 원칙을 나름대로 해석한다고 해서 비난받아서는 안 된다면, 그것은 또한 다양한 해석들이 다 옳을 수 있다는 것을 의미한다. 이러한 결론은 데카르트 철학의 논리에는 부합하지 않지만 수사학적 관점에서는 충분히 용납될 수 있다. 벤담은 어느 정도 의식적으로 수사학의 회생을 향한 발걸음을 떼어 놓은 것이다. 최종적인 분석의 국면에서 입법자는, 자신과 경쟁하는 적대적인 상대방이 제안하는 해결방안이 어떤 경우에는 자기 것보다 더 나은 것이라는 점을 납득할 수 있어야 한다.[93]

91) *Ibid.*, p. 212.

92) *Essay on Logic*에서 벤담은, 아리스토텔레스와 소크라테스의 방법들을 분석했다. 특히 다음의 장들을 참조할 것 : "Aristotelian and Socratic Mode—their difference", "The Disputative Branch of Aristotle's *Logic*—in what respects it failed", *The Works of Jeremy Bentham*, vol. VIII, *Essay on Logic*, pp. 236-238.

스페인의 의회(1821)에서 활용하기 위해 토레노Toreno 백작에 보낸 서간집의 서문에서, 벤담은 최대 다수의 최대 행복이라는 원칙으로부터 새로운 형법의 초안에 필요한 다음의 규칙들을 이끌어 내었다.

—경쟁적인 많은 필자들이 있어야 한다. 가능하다면 모든 초안들은 한 사람의 손으로 쓴 것이어야 하며 그 필자의 이름은 밝혀져야 한다.
—모든 외국인들도 국내의 필자들과 경쟁할 수 있도록 허용되어야 하며, 특히 그들은 더욱 우대받아야만 한다.
—지배하고 입법하는 지배자의 능력을 검증할 경우, 포괄적인 법전을 만드는 것은 그의 명백한 자의에 의한 것이어야 한다.

이러한 그의 구체적인 제안들 중 어느 것도 최대 다수의 최대 행복이라는 원칙에서 나온 것은 아니지만, 이 제안들은 그의 '민주적'이고 '대중적'인 태도와 수사학적인 접근을 잘 보여 준다.

《토레노 백작에게 보내는 편지》의 서문을 통해 벤담은, 자신의 기본적인

---

93) 벤담은 다음과 같이 질문했다. 논쟁의 목적은 무엇인가? 상대방에게 모욕을 주지 않고 이기는 것이 목적인가? "담론을 이루어 내는 것이 목적이라면, 상대방이 더욱 쓰라린 모멸감을 피하기 위해 차라리 나의 편으로 기우는 모멸감을 감수하는 것이 낫다는 점을 인식하도록 만들어야 한다." 이러한 미묘한 목표는 어떻게 달성될 수 있는가? 벤담은 자신의 해석에 아리스토텔레스의 방법을 도입했으며, 이 방법과는 대조적인 소크라테스의 논쟁술을 설명하기 시작한다. 이 원고는 갑자기 다음과 같이 끝맺어지고 있다. "그 메커니즘을 계속 설명하라"(Jeremy Bentham, *The Works of Jeremy Bentham*, vol. VIII, *Essay on Logic*, p. 238).

우리는 벤담이 아리스토텔레스의 논리학의 어떤 부분들보다 더욱 적절하고 생산적인 것으로 소크라테스의 방법을 정교하게 다듬기를 원했다고 가정할 수 있다. 그러나 그는 이 문제로 되돌아 갈 기회를 갖지 못했다. 그가 《논리학 논고*Essay on Logic*》를 탈고했을 때는 이미 80대였기 때문이다.

윤리·정치적 원칙들과 보다 구체적인 입법의 원칙들을 직접 결합시키는 영향력을 발휘했다. 그는 결론을 이끌어 내기 위해서 논리를 초월했다. 그가 내린 결론들은 이성적—페렐만이 부여한 의미로서의—이지만 논리적 연역은 아니다. 외국인이 어떤 나라에 있어 내국인보다 더 훌륭하지는 못할지라도 훌륭한 입법자가 될 수 있다고 한 벤담의 주장은, 18세기에 나온 그의 저작에서 가장 눈에 띄는 자취 중의 하나이다. 즉 그에 따르면 모든 사람은 그가 어떤 사회 어떤 국가의 출신이냐를 불문하고 모두 평등하다는 것이다.

이에 따라 벤담 자신은 런던에 거주하지만 세계의 모든 입법자들에게 충고를 줄 수 있다고 믿었다. 그 당시 독일인들, 특히 역사학파들은 모든 필요한 연구가 수행되기도 전에 새로운 법전을 기초한다는 것은 매우 무책임한 일이 될 것이라고 믿고 있었다. 그들의 주장에 따르면, 법전 편찬은 '교묘하게 꾸며내어지거나', '강제로 부여되거나' 혹은 '입법되는 것'일 수 없으며, 그것은 민족적 토양과 민족정신으로부터 자라나야 한다는 것이다.

벤담은 그러한 견해를 순전히 보수적이고 반민주적인 어리석은 생각으로 간주했다. 그는 자신의 말에 기꺼이 귀를 기울이는 사람들이라면 누구에게나, 법전이 아예 없거나 혹은 시대에 뒤떨어진 법을 가진 국가는 당장 새로운 법전, 즉 포괄적인 법전을 마련하기 시작해야 한다는 충고를 주려고 했다. 왜냐하면 부분적인 법전 편찬은 어떤 문제도 해결하지 못할 뿐 아니라 현존하는 의심과 논쟁들을 더욱 심화시킬 따름이기 때문이다. 가능한 한 빨리 법적 확실성에 도달하고자 애써야 하며, 과거 즉 산업화 이전의 암흑시대로의 불필요한 회귀를 과감히 버려야 한다.

그 당시 영국 그리고 다른 나라에 존재하고 있던 법은 확실성을 보장할 수 없다는 것이 벤담의 견해였다. 왜냐하면 그 법들은 "부정확함과 무용성으로써 혐오감을 주는 어떤 과학으로 가득 차 있기 때문이며, 그리고 그것의 불명확성은 그 자신이 가진 불합리성에 근거하기"[94] 때문이다.

이것이 바로 법률을 법전화하고, 벤담이 권고한 것처럼 민법과 형법, 국내법과 국제법, 행정법과 헌법 등 모든 법률을 포괄하는 하나의 법전을 발행할 것이 필요한 이유이다.[95] 이러한 기념비적인 업적은 모든 다른 법들, 유사법 혹은 법률과 동일한 강제력을 가지는 이른바 법적 규범과 불명확한 관습들 따위를 폐지시킬 수 있는 입법자에 의해 반드시 성취되지 않으면 안 된다.[96] 그것들은 오직 입법자로서의 주권자의 강철 같은 쇄신에 의해서만 제거될 수 있었다.[97] 다른 대안은 전혀 유용하지 않다. 나폴레옹 법전의 예와 같이 오직 입법자 혼자만이 포괄적인 법전을 선포할 수 있었던 것이다. 벤담의 권고는 법실증주의의 중요한 측면을 보여 주고 있다. 그것은 과거 시대로부터 계승되거나 혹은 새롭게 도입된 법의 복합성과 불확실성, 모호성과 불합리성에 대한 하나의 반작용으로서의 이론인 것이다.

입법자는 법전 편찬 이후에는 '불문법'을 도입하려는 모든 시도를 금지시켜야 한다. 불문법이 지닌 히드라의 머리는 반드시 잘라내어야 하고 상처는 소독해야 한다. 이 목표를 이루기 위해서는 법의 해석과 적용에 있어서 하나의 원칙적인 규칙이 적용되어야만 하는데 이것을 벤담은 다음과 같은 말로 표현하고 있다. "〔…〕 법의 조문은 법의 표준이 되어야 한다."[98]

---

94) Jeremy Bentham, "General View of a Complete Code of Laws", *The Works of Jeremy Bentham*, vol. III, p. 209.

95) *Ibid.*, p.158.

96) Jeremy Bentham, "Pannomial Fragments", *The Works of Jeremy Bentham*, vol. III, p. 211.

97) Jeremy Bentham, "General View of a Complete Code of Laws", *Complete Works of Jeremy Bentham*, vol. III, p. 209 : "나는 입법자에게 이러한 부담을 지우려고 노력해왔으며, 그 명에는 민중의 부담을 경감시킬 수 있을 것이다. 나는 강자에게 노동을 부여했고 그것은 약자의 휴식을 더욱 보장해 줄 수 있다."

언뜻 보아 이 문장은 동일한 표현에 의한 정의로 보일 수도 있으나, 정작 그 속에는 매우 중요한 지표와 지침이 내포되어 있다. 무엇보다 이 문장은, 어떤 사안이 법 속에 포함될지 여부를 결정짓는 것은 법의 조문이지 다른 아무것도 아니라는 사실을 의미한다. 재판관은 법전에서 하자를 발견했을 경우 그에 대한 교정 방안을 고안해 낼 수 있고 또 고안해 내어야 마땅하다. 그러나 입법자 자신이 법 속에 내포된 사안들을 구현해 내기까지는, 재판관이나 혹은 다른 개인이나 전문가의 결정이 "법과 동일하게 인용하도록 용인되어서는"[99] 안 된다.

어떤 특정 법 조항이 "보다 일반적인 조항과 언뜻 보아 모순된 것으로 나타날" 수도 있다. 즉 "이러한 두 가지 조항은 서로 적절히 조정되든지 혹은 그것이 불가능하다면 특정 조항이 일반 조항을 압도해야만 한다".[100]

벤담은 가장 최상의 법전일지라도 모순이 있을 수 있다는 점을 잘 알고 있었다. 그러한 경우 법률가가 취해야 할 우선적인 반응은 다음과 같은 것이어야 한다. 즉 그러한 모순은 '언뜻 보이는' 표면적인 환영에 불과한 것으로, 이것은 입법자의 약한 마음에서가 아니라 오히려 우리들의 약한 마음에서 기인하는 것이다. 해설자는, 입법자가 이성적이며 또한 최대 다수의 최대 행복을 이룩하려고 노력했으며 또한 어떠한 모순도 원치 않는다고 추정해야 한다. 이러한 추정은 해석을 결정하는 일에 있어서 주요한 격률의 하나로 간주되어야 한다. 우리들은 여기서 또 다른 단순하고 논리적인 질문, 즉 '법은 설명될 수 있는가?' 하는 질문을 던질 수 있다. 벤담은 이 질문에 대해 일관된 답을 제시할 수는 없었다.

---

98) *Ibid.*, pp. 33-34, 40, 82-84.
99) *Ibid.*, p. 210.
100) *Ibid.*

같은 장에서(그의 논고 〈완전한 법전의 일반적 관점General view of a complete Code of Laws〉의 34항 '법전의 해석과 보존과 개선에 대하여') 그는 두 개의 다른 답을 제시하고 있다.

벤담은 법조문이 주요한 관심의 대상이 되어야 한다고 강조하면서 다음과 같이 덧붙인다. "주어지는 사례들은 법의 취지를 제한하기 위해서가 아니라 다만 설명하기 위해서 고안되어야 한다."[101]

그 다음 문장에서 그는 설명이라는 개념으로부터 부분적으로 한 발짝 물러서고 있다. "우리들은 법전의 어떠한 논평에 대해서도 주의를 기울여서는 안 되며, 법정에서는 법조문의 의미에 관해 인용하는 일은 절대로 허용되어서는 안 된다"라고 그는 경고했다.

이러한 경고가 충분하지 않다고 생각했던지, 벤담은 논문의 말미에서 다음과 같은 구절을 덧붙이고 있다. "그렇지만 어떤 구절이 애매모호하게 보일 때는 논평을 통하기보다는 차라리 수정을 통해 그것을 해결하라."[102]

벤담의 논리는 다음과 같이 요약될 수 있다.

—법조문이 명확할 때는 그 조문을 설명하기 위해 실례를 들 수 있다.
—설명은 단지 사례 제시를 위한 것이어야지 법조문을 설명하기 위한 것이어서는 안 되며, 모든 논평은 유해하거나 쓸모없는 것으로 간주되어야 한다.
—정말로 애매모호한 것은 설명을 가하지 말고 입법자에게 그 내용을 알아보아야 한다.

이 글을 읽어 보면, 벤담은 해석의 영역에서 기본적인 철학적 물음의 하나를

101) *Ibid*.
102) *Ibid*.

잘못 이해한 것처럼 보인다. 그 자체로서 명확한 것은 아무것도 없으며, 모든 설명이나 해명은 실제로는 하나의 해석인 것이다. 벤담은 부분적으로 데카르트의 《방법서설》에서 기인된 다음과 같은 생각을 가지고 있었던 것처럼 보인다. 즉 사람들은 이해의 과정에 선행하는 수사학적 토론이 없이도 본질을 분명하고도 명확히 알 수 있다는 것이다.

반면에 벤담이 법 이론과 직접 관련짓지 않고 보편적인 철학적 관점으로 명확성이라는 문제에 관해 기술할 때는, 문제를 오히려 반데카르트적이고 수사학적으로 이해하고 있음을 보여 주었다. 《논리학 논고*Essay on Logic*》에서 그는 다음과 같이 결론짓고 있다.

> 모든 경우에 있어 명확성이란 상대적인 것이다. 〔…〕 모든 청자와 독자에게 완벽하게 명확한 명제란 존재하지 않으며 또한 앞으로도 존재하지 않을 것이다. 그러나 어느 누구에게도 명확하지 않았고 또한 앞으로도 명확하지 않을 명제는 너무도 많다.[103]

그렇다면 상대적으로 불명확한 법조문을 어떻게 설명할 수 있을까? 벤담은 수사학적인 정신 아래, '담론을 통해서'라는 또 하나의 해답을 제시하고 있다. 그리고 그는 "명확성은 그 자체를 밝히기 위해 해석이라는 도구를 지닌다"고 적었다.[104]

모든 해석의 직접적인 주제는 단어다. 그러나 "단어는 사유를 나타내기 위한 하나의 기호에 지나지 않는다".[105]

모든 해석은, 사유[106]를 전제하며 그것은 담화의 과정에서 명확해져야 한

103) Jeremy Bentham, *The Works*, vol. VIII, *Essay on Logic*, p. 242a.
104) *Ibid.*, p. 242b ; 또한 pp. 245, 251-252 참조.
105) *Ibid.*

다. 사유의 해석이 "가장 풍부하고 가장 시급하며 그리고 활용이 가장 두드러지며 논의의 여지가 없는" 영역이 바로 법의 영역이라고 벤담은 《논리학 논고》에서 강조하고 있다.[107)]

벤담이 법적 규범의 해석에 관한 이론을 전개하면서 그렇게 일관성이 없고 주저하며 노골적인 모순을 드러내는 이유는 무엇인가? 그것은 대략 다음과 같이 설명할 수 있을 것이다. 즉 벤담은 자신이 소크라테스 방식이라고 불렀으며, 아리스토텔레스의 논리학과는 다르나 수사학적 대화와는 유사한 그런 방식을 법 이론에 도입할 필요성을 느꼈기 때문일 것이다. 그러나 벤담은(백 년 뒤에 홈스Holmes와 듀이Dewey가 그랬던 것처럼) 결정적인 비약은 만들어 내지 못했고, 다만 의식적이고 일관되게 그 자신의 사유방식에 수사학적 접근 방식을 구현시켰다. 수사학의 부활이 어떻게 바람직한 것으로 인정되었는지를 벤담의 통찰력과 그의 일관성 없는 이론들은 입증하고 있다.

벤담도 자신이 정치적 동기에서 자유롭지 못함을 느끼고 있었다. 자신이 신뢰하지 않는 재판관이나 행정관에게 수사학이 논리학보다 더욱 많은 자유를 허용할 여지가 있음을 그는 두려워했다. 이것이야말로 논리학자 자신들에 의해 계발되어 온 논리학의 역할에 관련된 환상 중의 하나라 할 수 있다. 그러나 만년에 가서 벤담은 수사학적 사유라는 올바른 방향으로 급속히 옮겨가기 시작했다.

---

106) *Ibid*. 또한 pp. 243-244와 *The Works*, vol. VIII, *Essay on Language*, pp. 304-305 참조. "주어진 취지를 표현하는 데에 동원된 단어의 수가 많아질수록, 그 단어들이 구성하는 담론은 더욱 불명확해진다"(*Ibid*., p. 305a).

벤담은 명확성을 '모호성과 애매성의 배제'라고 규정한다(p. 304a). 그는 모호성을 '과도한 애매성' 혹은 '확장된 모호성'이라고 규정한다(p. 305a).

107) *Ibid*., vol. VIII, p. 243b.

4. 명증과 수사학

벤담의 기념비적인 저서인 《법적 증거의 합리성—특히 영국의 관례에의 적용 *Rationale of Judicial Evidence, Specially Applied to English Practice*》[108]에는 수사학적 요소들이 이미 명백히 나타나 있다.

논리학적 또는 수학적 방법들은 불행히도 법적 목표에 적용될 수 없는데, 그 까닭은 우리들이 신뢰와 불신의 정도를 어떤 고정적인 최고치 혹은 최저치[109]로써 엄격히 규정할 수 없기 때문이라고 벤담은 쓰고 있다. 모든 증거를 평가하는 데에는 반드시 주관적 요소가 있게 마련이다. 그것은 많든 적든 간에 설득에 의해 결정되기 때문이다. '설득 정도'[110]의 결과에 따라 배심원들의 투표는 항용 서로 달리 나타나게 마련이다.

더욱이 재판관이 다만 한 사람일 경우 그는 자신의 마음속에서 갈등하고 있는 서로 다른 힘들 때문에 판단을 내리기가 매우 곤란할 수도 있다. 로마의 재판관들은 "재판을 연기하노라. 단지 나에게는 결정할 능력이 부족하므로 나는 판결을 내릴 수 없다"고 말할 수도 있었을 것이라고 벤담은 주장했다. 불행하게도 영국의 재판관들은 그러한 자유를 갖지 못한 것을 벤담은 유감스럽게 생각했다.[111]

---

108) *The Works of Jeremy Bentham*, vols. VI and VII, ed. John Bowring. 벤담의 기본적인 생각의 대부분은 "An Introductory View of the Rationale of Evidence : For the Use of Non-Lawyer as well as Lawyer", *The Works of Jeremy Bentham*, vol. VI 속에 축약된 형식으로 제시되어 있다.

109) Jeremy Bentham, "An Introductory View of the Rationale of Evidence", in *The Works*, vol. VI, p. 16. 또한 "Rationale of judicial evidence", in *The Works*, vol. VI, p. 208, 특히 수학과 경험과학에서의 증명의 문제들 참조.

110) *Ibid*.

111) *Ibid*., p. 17.

또한 벤담은 다음과 같이 주장했다. 증거를 입증할 능력은 '사람 사이의 담화'[112]에서 참작되는 수많은 객관적 · 주관적 요인에 의존하며, '긍정적 · 부정적 설득의 근거에 영향을 미치는 것'이 무엇인지를 이해하기 위해서는 그 요인들을 알아야 한다는 것이다.[113]

벤담에게 있어서 증거의 온전한 개념은 "하나의 관계를 나타내는 말로서", 이 용어는 "사람의 마음에 떠올랐을 경우 어떤 다른 종류의 사실의 존재와 관련하여 설득을 산출하게 되는 어떤 사실이나 효력 혹은 성향이나 의도"를 의미한다.[114]

벤담은 그가 마치 수사학의 직접적인 영향을 받고 쓴 것처럼, 주석에서 다음과 같이 덧붙였다. "영어에 있어 증거라는 어휘는(그것의 활용형으로 나타나는 '증명하다, 증명하는 것, 증명된, 증거가 되는'의 용법과 함께), 적어도 라틴어나 불어와 비교해 볼 때 그 자체 속에 특유한 담화의 도구를 지니고 있다."[115]

여기서 우리는 다시 한 번 벤담이 사물과 정신의 조응adequatio rei et intellectus이라는 진리의 고전적 개념으로부터 얼마나 먼 거리를 두고 있는가를 깨닫게 된다. 진실과 증거는 스스로 말하지 않으며 그것들이 가진 입증 능력은 여러 가지 상황들에 의존하는데, 그중에는 청중의 질이 가장 결정적인 요소라고 뒤에 페렐만은 주장한 바 있다. 벤담은 이러한 요인을 "현 단계의 문화에 있어서의 대중적 마인드"[116]라고 불렀다. 이런 방식으로 벤담은 오랫동안 갈망해 온 논증기술에의 진입로를 다시 한 번 명료히 밝혀 주었다.

벤담은 다음과 같은 사례를 제시하고 있다. 즉 피고의 반론 없이 '일방적으로 준비한' 원고의 증거는 '필요한 신뢰를 얻지' 못하거나 혹은 반론이 도리어 '더

112) *Ibid.*, p. 18.
113) *Ibid.*
114) Jeremy Bentham, "Rationale of Judicial Evidence", in *The Works*, vol. VI, p. 208.
115) *Ibid.*, p. 208.
116) *Ibid.*, p. 17.

강한 신뢰'를 얻는 일이 있을 수도 있다. 혹은 재판관은 피고가 제시한 증거를 통해 원고의 증거가 '무언가 부정확하거나 또는 부분적으로 불완전하다는 것'[117]을 발견하게 될 수도 있다.

이들 세 가지 사례에는 모두 주관성의 요소 및 설득과 논증의 요소가 포함되어 있다. 여기서 말하는 '정확성' 혹은 '완전성'의 개념은—벤담은 그것을 매우 잘 이해하고 있었다—완전히 수사학적인 것이다. 그것들이 가지는 설득력은 그것들이 '포장'되고 구현된 논거들에 의존하게 된다. 즉 정확성과 완전성이 가지는 타당성은 '언어를 능가하는 힘'[118]에 달려 있다는 것이다.

벤담은 다음과 같은 결론을 내리면서 수사학적 사유의 정점에 도달하고 있다. "그러므로 허위 못지않게 진실도 이해관계로부터 나온다. 그리고 진실이 인간의 의지에 의존하는 한, 그 진실은 매 순간마다 이익을 두고 다투는 두 집단 사이의 갈등으로부터 영향을 받게 마련이며 이에 따라 결과가 나타나게 될 것이다."[119]

이해관계는 증거의 질에 영향을 비치며,—벤담이 강조한 것처럼—이해관계는 입법과 판례법의 영역에 영향을 미치게 된다.[120] 그는 강조하기를, 영국에 있어서 사법권의 실질적 목표는 부적절하거나 거짓된 목표[121]로서 금전, 권력, 명성, 복수와 같은[122] "군주의 사적이고 〔…〕 개인적이고 〔…〕 사악

117) *Ibid.*, p. 8.

118) *The Works*, vol. VI, p. 22. 또한 "Rationale of Judicial Evidence", in *The Works*, vol. VI, p. 206 참조. "〔…〕 경험은 편견으로 닫혀진 눈을 열기에는 충분하지 않다."

119) *The Works*, vol. VI, p. 19.

120) *Ibid.*, pp. 6, 8, 10.

121) *Ibid.*, p. 10.

122) *Ibid.*, pp. 10-11 : "〔…〕 넓은 범위로 영향을 끼치는 평판을 우리는 명성이라 부른다."

한 이해관계"[123]에 의해 결정된다.

군주의 이해관계는 그의 "도구이자 대리인인 재판관들"[124]의 무능함과 정신력과 결합된다.

그들의 '사악한 이해관계'도 점차 발전하기 시작하고, "사악한 이해관계의 중심은 〔…〕 점차 바뀌어 간다". 하지만 "그것이 작동하는 양상은 변함이 없다".[125] 재판관들의 직위와 그들이 만든 판례법은 "과학적이고 부지런하게 연마한 지루한 기다림과 번뇌와 지출의 산물이다".[126] 영국 법에 나타난 정의正義가 트렌트 교회법Trent's ecclesiastical Law[127]에 나타난 신앙심보다 더 나은 것은 아니다.

이러한 불확실한 상황에서라면 증거는 심사숙고 될 것이며, 특히 정확성과 완전성의 질도 역시 심사숙고 될 것이다(이때의 질이란 "가장 우선적인 질", 즉 법정에 의해서 "본질적으로 바람직한 것으로 여겨지는 질"[128]을 말한다). 그러나 우리들은 이러한 질들의 완벽하게 정확한 개념을 만들어 낼 수는 없다고 벤담은 쓰고 있다. 왜 그런가?

"그러므로 이때 말하는 정확성이란 절대적인 개념이 아니라 상대적인 정확성

123) *Ibid.*, p. 10.
124) *Ibid.*, p. 11.
125) *Ibid.*, p. 11.
126) Jeremy Bentham, *op. cit.*, vol. VI. p. 9.
127) 1545년부터 1563년까지 18년간 총 19차에 걸쳐 북이탈리아 트렌트에서 진행된 가톨릭 종교회의에서 정해진 교회법. 이 회의는 종교개혁에 따른 교회분열을 수습할 목적으로 소집되었다. 그러나 프로테스탄트 측이 슈말칼덴동맹전쟁으로 인해 참석하지 못함으로써 로마 가톨릭 측만의 공식적인 세계공의회가 되고 말았다. 로마 가톨릭의 신조가 명시되고 교회 개혁의 필요성도 인정받았다. 그러나 일부분의 성과에도 불구하고 프로테스탄트와의 분열을 심화시키는 결과를 초래하였다(옮긴이).
128) *Ibid.*, p. 21.

으로 이해되어야 한다. —정확성이란 절대적이 아니라 상대적인 완전성이다. —즉 달리 말하면 정확성이란 그 자체로, 그것과 상대되는 기만과 불완전성을 위한 것일 수도 있다."[129]

정확성과 완전성이 단지 상대적인 것이라면, 도대체 진실이란 무엇인가? 진실이란, "상대적인 정확성과 완전성"[130]이다.

만약 진실이 상대적이라면 우리는 어떻게 진실을 알 수 있는가? 이 문제에 대한 벤담의 답변은 매우 명쾌하다. 즉 '담화를 통해서'라는 것이다. 이러한 담화는 물론 우리는 이때 말하는 담화가 수사학적 담화 바로 그것이라고 첨언할 수 있다. 주지하는 바와 같이 이러한 담화에서는 그 어떤 것도 지속적인 가치를 지닐 수 없다. 모든 것은 항상 논쟁의 여지가 있게 마련이다. 즉 어떤 사실에 있어 입증된 가치는 다른 사실들과의 관련성에 의존하는데, 그 사실들 역시 논쟁의 여지가 있다. '사실'이라고 여겨진 것도 그 의미가 바뀔 수 있다. 왜냐하면 모든 사실들은 '꾸며진' 것이며, 이것을 염두에 두고서 우리는 "가상의 입증된 사실들이, 그에 상응하는 주요한 사실들의 존재에 대해 우리가 납득할 만한 충분한 근거를 제공하는가?"[131]라는 질문에 대답해야 되기 때문이다. 또한 어떠한 관점에서 머릿속에 떠 오른 동일한 종류의 사실은, 그것이 다른 관점에서 떠 오른 경우에는 동일한 사실이 아니기 때문이다. 벤담은 이러한 '두 가지' 종류의 사실이 동일한 것인가라고 묻는다. 이러한 사실이 목적을 위한 수단이 될 수 있는가? 결론적으로 말해 모든 증거는 '목적을 위한 수단'에 지나지 않는다. 왜냐하면 증거는 고려 중인 어떤 특별한 대상과 함께 하나의 행동 방침을 향한 '보조적인' 수단이기 때문이다.[132] 이 문제를 어떻게 해결할 수 있는가?

---

129) *Ibid.*, p. 21(강조는 모두 벤담).

130) *Ibid.*, p. 22.

131) *Ibid.*, p. 203.

여기서 벤담의 권고를 다시 한 번 되새겨 볼 필요가 있다. 즉 해결 방법은 담화이며, 이것이야말로 가장 '진실되고' '상대적인' 진실을 성취하는 길이다.

그 당시 법적 증거에 대해 정부가 어떻게 행동했는가 하는 문제를 분석하려는 시도는, '완벽한 공백'으로 남아 있었다. 왜냐하면 "여태까지 권력은 야생 상태로 유지되어 왔으며, 이성은 한 번도 개입된 일이 없었기" 때문이다.[133)]

정치와 법의 분야에 만연된 이러한 암울한 상황에서, 수사학적 담론이야말로 우리의 최후의 희망이자 탈출구로 생각된다.

벤담의 법철학과 증거에 관한 이론을 분석해 보면, 우리가 진보하기 위해서는 '소크라테스적 방식'으로 되돌아가지 않으면 안 된다는 사실을 법실증주의 창시자인 벤담이 잘 깨닫고 있음을 알게 된다. 벤담 자신은 형식논리학의 협착한 전제를 떠나 점차 수사학 쪽으로 관심을 옮겼던 것이다.

페렐만은 수사학적 논증이론을 재발견하고 발전시킴으로써 법 이론의 더 큰 발전을 위한 새로운 인센티브를 부여했다. 오늘날 서구의 법 이론은 과거 그 어느 때보다 '사실판단과 가치판단'[134)]이라는 과장된 이중성을 극복할 수 있는 새로운 '비판적 합리주의'의 도움을 필요로 하고 있다.

법과 법 이론의 광범위한 분야에서—벤담식으로 말하자면—, 논증에 관한 신수사학 이론의 필요성은 오늘날 더 이상 논란의 여지가 없는 확실한 것이다. "강요하는 것도 아니고 자의恣意적인 것도 아닌" 수사학적 기초 위에서 이루어진 철학과 법실증주의의 새로운 공생은, "인간의 자유에 의미를 부여할 수 있으며",[135)] 인간의 권리, 확실성, 질서 그리고 선택이라는 이성적 행동에 의미를

132) *Ibid.*, p. 209a.

133) *Rationale of Judicial Evidence*, vol. VI, p. 209b.

134) Ch. Perelman and L. Olbrechts-Tyteca, *The New Rhetoric : A Treatise on Argumentation*(Notre Dame : University of Notre Dame Press, 1969), p. 514.

135) *Ibid.*

부여할 수 있다.

미국 법철학의 창시자들은 벤담의 저작을 익히 알고 있었다. 그렇기 때문에 그들은 유럽의 법철학자들보다 훨씬 더 빨리 수사학에 접근할 수 있었고 형식 논리학을 극복할 수 있었던 것이다.

B. 신수사학과 미국의 법학

이 장에서 목표로 하고 있는 것은 미국의 법철학을 카임 페렐만에 의해서 발전된 신논증이론과 비교하는 것이다. 우리의 분석은 다음과 같은 방식으로 요약할 수 있다. 올리버 웬델 홈스Oliver Wendell Holmes, 벤자민 카르도조Benjamin Cardozo, 존 듀이John Dewy 그리고 그 외 미국의 철학과 법학을 대표하는 탁월한 많은 학자들은 그들의 이상과 이론을 발전시키기 위해서는 연역적 추론이라는 형식논리학을 극복해야 된다는 사실을 알게 되었다. 그들은 새로운 방법들을 모색했지만 결코 그 문제를 해결할 수 없었다. 바로 그때 카임 페렐만 교수와 그의 논증이론이 그들이 찾고 있던 해답을 제시한 것이다.

여기서 우리는 주로 수사학적 논증과 관련하여 법학과 도덕의 문제를 집중적으로 다루게 될 것이다. 먼저 미국 학자들 각자의 생각을 분석한 다음, 신수사학이 법학의 몇 가지 경향들과 어떠한 방식으로 유기적이고 논리적인 연계성을 가지고 있는지를 제시할 것이다.

1. 올리버 웬델 홈스—논리와 양식良識

20세기 들어 미국 법학계를 대표하는 대부분의 탁월한 학자들은 사실상 형식논리학만으로는 성문법이든 관습법이든 간에 어떤 법적 규범들을 설명하고 해석하고 적용하기에는 부적합하다는 사실을 알게 되었다. 많은 사회적 · 경제적 · 정치적 이유 때문에, 미국 학자들은 유럽 학자들보다 훨씬 전에 법의 생명이 연역적 추론이라는 논리에만 의지할 수 없음을 자각했다. 무슨 이유로 미국 학자들이 이 분야에서 우위를 점하게 되었는가 하는 문제는 본 장의 주제와는 관련이 없지만 특별한 연구가 필요한 과제라고 할 수 있다.

법관 홈스는 그의 실천적 · 이론적 활동의 초창기부터 새로운 법학 방법론의 전제를 마련하는 데 기여했다.

1891년에 행했던 '대리권Agency'에 관한 강연에서 홈스는 다음과 같이 주장했다. "전체적으로 보아 법이란 모든 측면에서 논리와 양식 사이에서 발생하는 갈등의 결과이다. 즉 한편이 가설을 일관성 있는 결론으로 이끌기 위해 노력해서 그 결과가 너무 지나치게 불공정해진다면 다른 한쪽은 상대방의 노력을 억누르고 마침내 극복하게 되는 것이다."[136)]

이 말이 논리의 사용이나 혹은 양식의 사용에 대한 일종의 단죄로 해석될 수 있는가? 논리와 양식 사이에는 건널 수 없는 심연이 실제로 존재한단 말인가? 홈스는 여기서 다만 형식논리(연역적 추론)의 무분별한 사용은 '명백히 불공정한' 결과를 초래할 수 있을 것이며, 그러므로 법을 해석하고 적용하는 과정에서 형식논리와는 다른 도구들을 사용해야 한다고 말하려는 것처럼 보인다. 우리는 논리를 포기하지 말아야 하지만, 연역적 추론의 엄격한 사용으로부터 너무 많은 것을 기대하거나 요구해서는 안 된다.

반면 우리는 법적인 문제를 해결하기 위해서 완전히 '양식'으로 선회하여 주로 그것에 의존해야만 할 것인가? 이러한 방식도 역시 그렇게 추천할 만한 것 같지는 않다. '양식' 혹은 '상식'은 '자연적 정의' 혹은 '자연법'과 동일시되며, 그 역도 마찬가지이다. 자연법에 대한 홈스의 비판적인 지적은 '양식'에도 마찬

136) Oliver Wendell Holmes, *Collected Legal Papers*(New York : Peter Smith, 1952), p. 50.

가지로 적용되어야 할 것이다. "내가 보기에, 자연법을 신봉하는 법학자들은 자신들과 이웃들에게 친숙하게 받아들여진 것은, 또한 이 세상 모든 사람들도 받아들여야 한다고 여길 정도로 천진난만한 마음을 가진 것 같다."[137)]

홈스에 따르면, 형식 '논리'와 '양식'(이것은 통상 자연이성 혹은 자연법 하에서 그 자신을 드러낸다) 간의 갈등은, 때때로 앞에서 언급한 바 논리적 일관성(사실상 불공정으로 유도되는)을 지키려는 태도와 천진난만하게 자기에게 친숙한 신념을 지키려는 태도 사이의 갈등으로 변화한다.

법은 삶의 실제적 갈등과 직접 연결되어 있기 때문에, 법의 규범은 추상적인 수학 공식과 같이 취급되어서는 안 된다.

> 그러나 헌법 조항은 그 형식 속에 본질을 내포하고 있는 수학 공식과는 다르다. 즉 그것은 유기적이고 살아 있는 제도이다. 〔…〕 그것이 지닌 중요성은 생명력이지 형식이 아니다. 즉 그것은 단순히 단어들을 주워 모아 하나의 사전으로 만들 것이 아니라, 그 자체의 기원과 성장과정을 고려해서 만들어져야 한다.[138)]

여기서 '생명력'이란 말은, '죽은 글' 혹은 '형식'으로 축소된 삶의 공식 같은 것으로 취급되어서는 안 된다. 법은 우리의 열망과 인류의 경험에 대한 하나의 응답이며, 따라서 그 의미가 미리 결정되어 있는 공식과 같은 것으로 축소될 수는 없다. 법적 규범을 단순히 해석하는 것만으로는 불충분하다. 또한 해석과 더불어 법적 규범의 총체적 성장과정을 고려할 필요가 있다. 우리 삶의 '증거이자 외적 집적물'인 법이 사회의 도덕적 발전을 기록하고 있다는 사실을 충분히

---

137) *Ibid.*, p. 312.

138) Gompers v. U.S., 233 U.S. 604, (1913), in *The Holmes Reader*, p. 205.

인식하기 위해서 우리는 법의 기원부터 따져 나가야 한다.[139] 이런 이유로, 인간적 관점에서 볼 때, 법이라는 살아있는 유기체에 형식 논리를 무비판적이고 독선적으로 적용하는 것은 결과적으로 혐오감을 초래하게 된다.

그러나 논리의 불충분성에 대한 수많은 비판에도 불구하고 홈스는 다음과 같이 말하고 있음을 발견한다. "법률가에 대한 훈련은 논리의 훈련이라 할 수 있다. 유추, 판별, 연역의 과정은 주로 논리적 표현으로 이루어지기 때문이다."[140]

홈스의 이 말은, 논리가 법적 훈련에 있어 얼마나 중요한가를 지적하는 법률 문헌에서 자주 인용하는 문구가 되었다.[141]

엄격히 말해 형식논리에 대한 홈스의 개념은 오늘날 보편적으로 받아들여지는 것과는 차이가 있다. 판별과 유추는 형식논리와는 이질적인 것이 사실이다. 그럼에도 불구하고 홈스가 형식논리를 보다 넓게 다루었다는 사실이 우리 생각의 큰 줄기를 바꾸게 하지는 않는다.

1897년 매사추세츠 대법원에서 행한 연설에서, 홈스는 논리를 법에 적용시키는 일의 확실성을 추구하는 사람들의 신념이란 것이 얼마나 허망한 것인가를 강조한 바 있다.

> 모든 인간의 마음속에 깃들어 있는, 확실성과 안정감을 추구하는 본능이 논리적 방법과 형식을 추켜세우게 된다. 그러나 일반적으로 확실성은 환상에 지나지 않으며, 안정은 인간이 지닐 수 있는 숙명이 아니다.[142]

---

139) Oliver W. Holmes, "The Path of the Law", *Collected Legal Papers*, p. 170.
140) *Ibid.*, p. 181.
141) *The Holmes Reader*, p. 209.
142) Oliver W. Holmes, *Collected Legal Papers*, p. 181.

위의 글은 법의 실천에 있어서 논리의 중요성에 관련된 그의 가장 중요한 생각 중의 하나이다. 논리는 확실성이라는 환상을 만들어 낸다. 실제로 그러한 확실성은 존재하지 않으며 획득할 수도 없다. 설사 그것이 어느 정도 존재한다 할지라도, 그것의 존재는 연역적 논리에서 기인하는 것은 아니다.

그러나 가장 큰 해를 끼치는 것은, 논리에 근거를 둔 법적 결론이 주관성과는 전혀 무관하다는 환상, 그리고 그것을 배태한 개인들로부터 완전히 유리되어 나왔다는 환상이다. 논리에 근거를 둔 법적 결론은 그 자체의 생명을 가진다. 그 역도 역시 진실이다. 홈스는 다음과 같이 말하고 있다.

> 논리형식의 이면에는 서로 경합하는 입법 근거들의 상대적 가치와 중요성에 관련된 판단이 가로놓여 있다. 이 판단은 종종 비작위적이고 무의식적인 것이 사실이지만, 그러나 입법의 전 과정에 걸쳐 뿌리가 되고 신경이 된다. 우리는 어떠한 결론에라도 하나의 논리 형식을 부여할 수 있다.[143]

법적 결론은 언제라도 논리적 형식을 부여받을 수 있다. 법률가들이 논리 훈련을 받는 것은 바로 이 이유 때문이다. 이 말은 그들이 법적 규범의 해석에 논리를 적용하도록 훈련받아서는 안 된다는 사실을 의미하는 것은 아니다(논리의 적용은 정량 계측을 모를 때는 항용 불가능한 일이다). 대신, 그들은 자신들의 주관적인 결론을 객관적이고 비인간적인 논리형식으로 제시하는 방법을 배우게 된다. 논리의 훈련은 법의 영역에 있어 본질적인 전문적 활동에 속하는 것이 아니라, 법적 표현의 방식이자 형식에 속한다. 즉 주관적인 것은 객관적인 것으로 표현되어야 하는 법이다.

이러한 생각들은 법의 영역에서 형식적이고 논리적인 사유에 대한 모범적

143) *Ibid*.

인 사례가 될 수는 없다. 왜냐하면 특정 사례가 제시될 경우 누구든지 정확한 논리적 결론에 도달할 수 없기 때문에, 다음과 같은 일이 발생한다.

> 그 결론은 특정한 시간과 공간에서 특정한 실체에 대한 선택을 구현하는 것 이상일 수는 없다. 우리는 우리의 법의 한 부분이 관습적인 대중 심리 속에서 일어나는 미묘한 변화를 재고함에 있어 얼마나 폭넓게 개방되어 있는가를 알 수 없다. 어떠한 구체적인 명제도 자명하지는 않다. 우리가 아무리 그것을 받아들일 준비가 되어 있다 하더라도 말이다.144)

이것이 바로 법 이론에서의 논리의 역할에 대해 홈스가 지녔던 견해의 요체이다. 모든 법적 결정(데이터와 같은 기술적 문제에 관련된 것이 아닌)은 그것의 논리적 형식과는 별도로, '엄중한 논리'로부터 도출된 결정이라기보다는 주어진 실체에 대한 철학적 · 정치적 선택을 구현한 것이다. 추측컨대 '엄중한 논리'라는 말이야말로 절대적 정의를 나타내는 단 하나의 정확하고 확실하며 절대적인 표현일 것이다. 반대로 법적 결정은 주관적이라고 할 수 있다. 왜냐하면 그것은 그 자신의 생각을 가지고 있으면서도 또한 대중의 변덕스런 분위기와 여론의 영향을 받기 쉬운 법적 결정권자들의 개인적 선택을 반영하기 때문이다.

"어떠한 구체적인 명제도 자명하지는 않다…" 이 말은, 어떤 명제든지 청자의 심적 지지를 추구해야 함을 의미한다. 이른바 자명성, 명백성, 합리성 그리고 논리적 일관성이 가진 강제력은 그 자체로는 충분하지 않다. 우리는 논증이 그 대상으로 삼는 사람들을 설득하기 위해 논증의 힘을 사용하지 않으면 안 된다. 홈스는 이 마지막 결론을 명백한 방식으로 표명한 적은 없지만, 이것이야

144) *Ibid.*, p. 181.

말로 그의 고유한 사고방식이라고 할 수 있다. 이것은 형식논리의 영역으로부터 논증의 영역에로의 거대한 도약을 예고한 것이다.

홈스는 법에서 연역적 추론의 역할에 관한 환상을 깨뜨리는 일에 있어 다음 단계로 나아갈 징검돌을 놓지는 못하였다. 그는 법의 실천에서 이성적인 것이 보장될 수 있도록 형식논리를 대체할 어떤 것을 제시하지는 못했던 것이다.

그러나 홈스는 신논증이론의 토대를 확실히 하였으며, 이러한 홈스의 분석에 새로운 차원을 부가한 사람은 존 듀이였다.

2. 존 듀이의 '또 다른', '실험적인', 그리고 '융통성 있는' 논리

〈논리적 방법과 법〉이라는 논문에서 존 듀이는 법의 해석에 있어서 논리가 차지하는 영역에 관한 홈스의 생각을 분석했다. 홈스가 그의 법에 관한 저작에서 '논리', 혹은 '논리적' 이라는 단어를 쓸 때마다 그는 '형식논리', '형식적 일관성'으로서의 논리, 즉 "구체적인 사안에 적용할 경우 그 결과와는 무관한 〔…〕 개념"[145]의 일관성으로서의 논리를 의미한다고 듀이는 결론을 내린다.

법학자들은 기존의 낯익은 논리개념을 사용하는 경향이 있는데, 그 이유는 그렇게 하는 것이 편리하고 경제적이기 때문이다. 새로운 패턴을 고안하려고 노력할 필요가 없는 것이다. 더구나 논리에 의지할 경우, "원칙의 돌발적이고 자의적인 변화를 확실히 방지할 수 있는 안정된 느낌"[146]을 불러올 수 있다. 논리를 이런 식으로 사용하는 것은 경계되어야 하며, '건전한 논리'는 논리의 오용을 막을 수 있다.

듀이는, 법 · 도덕 · 정치에의 적용과 관련하여 형식 논리, 혹은 연역적 추론

145) John Dewey, *Philosophy and Civilization*(New York : Minton, Batchand Co., 1931), p. 130.
146) *Ibid.*, p. 131.

을 '건전'하지 못한 것으로 생각했다. 그러나 도대체 무엇이 과연 '건전한' 논리인가? 여기서 듀이의 설명은 충분하지 못하다. 그러나 그는 홈스의 그 유명한 표현에 관하여 중요한 코멘트를 하고 있다. 즉 "법의 실제적 모습은 결코 논리적일 때가 없었으며, 그것은 경험적이었다."[147)]

듀이는 여기서 홈스가 논리라는 단어를 연역적 추론의 논리를 의미하는 관습적인 정통 방식으로 사용한다는 것을 알고 있었다. 그리고 듀이는 논리와 경험, 즉 논리적인 것과 양식 사이에는 하나의 안티테제가 존재하고 있음을 강조했다. 결과적으로 '또 다른 종류의 논리'[148)]의 필요성이 대두된 것이다.

이러한 식의 '또 다른' 논리는, "그 또 다른 논리가 적용되어야 하는" 주제보다 앞서 "그 자신의 고정된 형식"을 이성이 가지고 있다고 주장하지는 않을 것이다.[149)] 정통적 논리는 '엄격한 증명'의 논리이지만, '탐색과 발견'의 논리는 아니라고 듀이는 말한다. 연역적 추론의 논리는, 그 논리의 도움으로 이루어진 결정들이 빚어낸 사회적 결과에 대해서는 아무런 관심을 기울이지 않는다.

듀이가 권고하고 있는 '또 다른' 종류의 논리란 도대체 무엇을 말하는가? 그것은 관습의 영향을 줄일 수 있는 논리일 것이다. 그것은 양식의 사용을 용이하게 할 것이다. 그것은 법적 결정이 초래할 사회적 결과를 충분히 고려할 것이

---

147) 이 문장은 홈스의 저서 《관습법*The Common Law*》에 나타난 첫 문장 중의 하나다. 뒷부분에서는 다음과 같이 말하고 있다. "시간, 보편적인 도덕적 · 정치적 이론들, 공공정책에 대한 공언된 혹은 무의식적인 직관, 심지어 판사들이 동료들과 공유하는 편견들과 같은 것이, 사람들을 통제하는 규칙들을 정하는 데 있어 연역적 추론보다 훨씬 더 많이 필요하다. 이것은 여러 세기에 걸친 국가 발전의 스토리를 구현하고 있는 것으로, 수학책에 나오는 공식이나 추론과 같은 것으로 취급될 수는 없는 법이다"(Cambridge, Mass. : The Belknap Press of Harvard University Press, 1963, p. 5).

148) John Dewey, *op. cit.*, p. 132.

149) *Ibid*.

다. 그것은 사유의 작용을 다룰 뿐 아니라 그것의 결과도 다룰 것이다. 그것은, 발생할 수 있는 모든 가능한 경우가 다만 확정된 선행 규칙의 바탕 위에서 해결될 수 있으리라는 추정에 그 자신을 떠맡기지는 않을 것이다.

형식논리에 따르면, 어떤 논리적 결론은 더 이상의 말이 필요 없는 적절한 보편적 원칙 하에서 어떤 특정사항을 '포함하게 된다'.

'또 다른 종류의 논리'에 따르면 보편적 규칙들은 구체적 사안들을 기계적으로 결정짓지는 않는다. 보편적 진술 혹은 보편적 법 규칙으로부터 자동적으로 반드시 따라 나오는 것은 아무 것도 없다. 보편적 규칙은 다만 '포괄적 방식'으로 작용하는데, 이러한 방식은 어떤 특정 문제를 해결하는 데 도움을 줄 수 있다.

듀이는 이러한 '또 다른 논리'를 '경험적 논리',[150] '건전한' 논리, '생명력 있는 논리',[151] 그리고 최종적으로는 '탐구의 논리'[152]라고 부른다. 왜냐하면 그 논리는 '융통성'[153]이 있기 때문이다. 탐구의 논리를 활용한다고 해서 법의 영역에 있어서의 '예측의 능력'이 줄어들지는 않을 것이다. 오히려 정 반대로 이론적 확실성이 실제적 확실성으로 대체될 것이다.[154] 탐구의 논리는 전례가 아니라 결과에 관련되는 것이기 때문에 사회적 요구는 충족되게 된다.[155]

전례와 삶에 있어서의 새로운 요구 사이에는 간극이 있다고 듀이는 쓰고 있다. 전례만을 사용하는 사람은 누구든지 연역적 추론으로 포장된 자의적 태도를 취하게 마련이다.

그러나 '경험적 논리'를 사용하는 사람은 보다 창조적이고, 보다 현실 지향적

150) *Ibid.*, p. 133.
151) *Ibid.*, p. 136.
152) *Ibid.*, p. 139.
153) *Ibid.*, p. 140.
154) *Ibid.*, p. 136.
155) *Ibid.*, p. 138.

이며, 법이 가능한 한 조화롭게 적용될 것이라는 것을 보증한다. 낡은 규칙에 '성패를 거는 것'은 '현실적 확실성'을 증대시키는 대신 '법관과 자기 방어적 이익 사이의 실질적인 영합'[156]에 기여하게 된다. 이상과 같은 것이 듀이가 이해한 '탐구의 논리'의 사회적 성격이다. 탐구의 논리는 진보를 촉진시키는 데 기여하며, 근본적으로 창조적이며 자유롭다. 그것은 사회정의를 지향한다.

더구나 이러한 '생명력 있는 논리'는 법적 결정을 내림에 있어 "개인적 요소는 완전히 배제될 수 없다"[157]는 사실을 항상 고려한다. 그러나 이러한 '주관적인' 결정이 어떻게 그 권위 및 객관성의 아우라를 유지할 수 있을 것인가? 오직 그 해답은 대중과 대중의 계발된 여론이라는 요소를 도입함으로써 제시될 수 있을 것이다. 만약 대중의 여론이라는 요소가 무시된다면 결국 듀이가 말한 '탐구의 논리'는, 페렐만에 의해 제시된 바 법 이론에 적용될 수 있는 신논증이론과 유리되게 된다.

홈스는 연역적 추론의 논리는 불합리한 비인도적인 결과를 초래할 것임을 입증했다. 또한 듀이는 형식논리가 '반동의 보루'[158]에 도움을 줄 수 있음을 입증했다. 결과적으로 그는 자신이 말한 경험의 논리를 보다 구체화하였고, 당시 유행하던 철학적 분위기에 반대하여 도덕적 규범의 합리성을 깊이 고려하기 시작했다. 이러한 방식으로 듀이는 수사학적 논리와 논증에로 반보半步 더 나아갔던 것이다.

듀이는 《대중과 그 문제점들*The Public and its Problems*》(1927년 초판)에 쓴 발문에서 도덕적 규범과 그것의 사회적 가치에 관련해 다음과 같이 말하고 있다.

> 실제 전쟁에 〔…〕 시민들을 참여시키기 위해서는 보다 우월한 도덕적 요구

156) *Ibid.*, p. 139.
157) *Ibid.*, p. 136.
158) *Ibid.*, p. 139.

> 가 전쟁 전략에 반영되어 있다는 것을 보여 주는 캠페인을 수행할 것이 필요했다. 태도의 변화란 근본적으로 도덕적 변화에 관한 일이 아니라, 완고한 비도덕성으로부터 정당한 요구를 수용하는 쪽으로의 변화이다. 그러한 변화는 주로 전쟁의 실제 결과를 강력히 인식하는 데서부터 나오게 된다.[159]

만년의 저작 중 하나에 나타난 듀이의 견해에 따르면, 무엇이 도덕적이며 무엇이 비도덕적이냐 하는 문제는 어떠한 불변의 절대적인 도덕적 카테고리에 달려 있는 것이 아니다. 그것은 무엇이 적절한(도덕적이고 정당한) 행동양식으로 여겨져야 하는가에 대한 대중의 이해와 인식에 달려 있다. 절대론적인 도덕 철학과 진리에 따르면, 어느 한쪽이 전쟁을 지지하고 다른 쪽이 그것을 반대할 경우 그중 한쪽만이 도덕과 정의의 요구를 대변할 수 있으며, 다른 쪽은 틀림없이 '완고한 비도덕성'에 빠진 것으로 간주된다. 일단 우리가 우리 자신들의 평가의 스펙트럼에 대중의 여론을 받아들이게 되면, 그 분석의 결과는 보다 넓어지고 깊어질 것이며, 더욱 융통성이 있게 되고(이 말이 더욱 절충적이 된다는 것을 의미하지는 않는다) 더욱 인간적이 될 수 있을 것이다. 전쟁에 찬성하든 반대하든, 양쪽의 입장은 적어도 그 시대의 도덕적 · 사회적 가치를 대변하게 될 것이다. 양쪽의 대화가 계속되고, 전쟁 행위와 침략자의 행태에 관한 새로운 사실들이 알려지게 되고, 대중들이 점차 전쟁을 찬성하는 파의 새로운 주장과 과거의 주장들에 의해 설득될 때, 점점 더 많은 사람들은 누가 '보다 우월한 도덕적 요구'를 대변하는지를 알아차리게 될 것이다. 절대론적이고 독선적인 관점에서 보자면, 도덕적 태도를 바꾸는 것은 곧 '도덕적 변화'를 의미한다. 그러나 듀이는 그렇지 않다고 말한다. 이 점에서 그의 이론은 신수사학과 일치

---

159) John Dewey, "Afterword", *The Public and its Problems*(Chicago : The Swallow Press, 1954), p. 224.

한다. 새로운 도덕적 자각과 마음의 변화는, 공공의 대화로부터 기인된 정상적이고, 비혁명적인 발전이다. 또한 그것은 반전反戰적 태도가 비록 일시적으로는 도덕적으로 정당하다고 여겨질지 모르지만, 어떤 측면에서는 도덕적인 지지를 받지 못하게 될 수도 있음을 의미한다. 다수의 사람들은 자신들의 정치적 반대파를 '완고한 비도덕성'을 대변하는 자들로 간주하게 될 것이다. 어쨌든 도덕적이냐 혹은 비도덕이냐 하는 문제가 절대적인 내용을 갖는 것은 아니다.

이러한 방식으로 듀이는 수사학적 전통의 부활을 향한 또 하나의 전환점을 만들어 낸 것이다.

C. 법 해석의 수사학적 이론

1. 사법적 기교인가 혹은 법철학인가?

미국 대법관으로 지명된 로버트 보크Robert Bork 판사를 인준하기 위해 열린 1987년 미 상원 청문회의 결과는 매우 근원적인 물음을 제기하고 있다. 어떠한 철학이나 윤리의식 혹은 심지어 기본적인 인간적 감정이 없이 사법적 기교를 숙달하는 것이 가능한 일인가? 또한 어떤 사법적 '기능인' 혹은 '기술자'를 위하여 그의 법적인 의무를 적당히 면제해 주는 것이 가능한 일인가? 철학적 전망과 도덕적 신념이나 열정이 없는 훌륭한 판사라는 말이 도대체 가능한 일인가?

당시 널리 퍼져 있던 여론과 같이 로버트 보크 판사에 대한 비판은 그의 철학뿐 아니라 법의 해석과 적용에 있어서의 그의 접근방식과도 관련된다. 사법적 해석의 기술은 기계적으로 숙달된 솜씨와는 다르다. 법을 적절히 해석하고, 보편적인 규범을 구체적인 개별 상황에 적용하는 것은 법관으로서의 모든 지적 능력을 쏟아 부어야 할 창조적 과정인 것이다. 재판관의 추론에 따른 결론은 연역적 추론이나 '순수 이성'과 형식논리의 도움을 받은 '공리적 추론'에 의해 도출되는 것이 아니다. 반대로 너무나 절대적 확실성에 대한 요구는 배제되어야 한다는 사회적 · 도덕적 인식과 결합된 매우 많은 요소들이 재판관의 추론에 개입하게 된다.

서구의 법 이론은, 재판관은 해석해서는 안 되며 다만 '법의 대변자'로서 행동해야 한다는 몽테스키외Montesquieu의 간단명료한 권고를 이미 오래전에 폐기해 버렸다. 결과적으로 서구 법 이론은 법의 해석과 적용에 있어서 숱한 궤변적인 방법과 규범을 만들어 왔던 것이다.

불행히도 보크 판사의 저작이나 견해 혹은 상원위원회에서 행한 답변에는 그가 법률 해석에 매우 숙달해 있다는 점이 나타나 있지는 않다. 예를 들어, 그는 자신이 입법자의 '주관적 의지'에 관한 유럽의 이론을 지나치게 단순화시키고 있음을 깨달았어야 하는데도 불구하고 무비판적으로 '근원적 의지'라는 사상을 끌어대고 있는 것이다. 한때 유럽의 '주관주의자들'은 '객관주의자들'로부터 비판을 받았는데, 그들 객관주의자들은 재판관이 입법자의 불명확하고 불확실하며 전혀 알 수 없는 '의지'에 의해 인도될 것이 아니라, 법조문에 표현된 법적 규범의 객관적 의미에 의해 인도되어야 한다고 주장했다. 양 진영은 오랜 동안의 논쟁을 거치면서 서로로부터 논증과 논리 구조를 차용하게 되었다. 결국 어떤 '주관주의자들'은 그들의 적보다도 더욱 '객관주의적'으로 되었으며, 그 역도 마찬가지였다.

'근원적 의지'에 대해 이야기하는 정치가들은 이 이론의 역사적 배경까지 알아야 할 의무는 없다. 그러나 보크 판사와 그를 지지했던 강력한 보수주의자들은 새로운 복장을 걸친 이 낡은 사상을 더욱 세밀하게 분별했어야 했다. 만약 그들이 이 주제에 관한 방대한 문헌들에 대해 한 번이라도 관심을 가졌더라면, 그들이 지닌 '근원적 의지'의 개념 전체가 무너지는 것을 발견할 수 있었을 것이다. 그렇게 되었더라면 그들은, 이 이론이 결핍된 재판관은 마치 그 자신을 키가 없는 보트와 같은 존재 혹은 자의적인 충동의 희생물이라고 느끼게 될 것이라는 따위의 완전히 근거 없는 견해를 표명하지는 않았을 것이다.

상원에서 열린 청문회 기간 동안, 상원의원 알린 스펜서Arlin Spencer와 벌인 역사적 의미를 지닌 토론에서 보크 판사는 실제로 자가당착적인 발언을 행했다. 보크 판사가 대통령의 권력을 확대해서 해석하면서, 헌법이 대통령의 권한의 '유기적 발전'을 위한 여지를 남겨 두고 있다고 주장하자, 스펜서 상원의원은 "왜 당신은 행정 권력을 위한 유기적 발전만 이야기하고 국민의 권리장전을 위한 유기적 발전은 이야기하지 않는가?"라고 반박했다.

보크와 그의 지지자들이 의미하는 식의 추론을 주장하는 세력과, 그들에게 동의하지 않는 사람들 간에 벌어진 갈등의 본질은 다음과 같이 좁혀질 수 있다. 오늘날 미국의 신우파들은 행정권의 기능과 특권을 확대해서 해석하지만 권리장전과 그 외 헌법의 수정조항은 축소해서 해석하는 것이다. 그러나 그들의 반대자들은 권리와 자유야말로 미국 헌법의 출발점이자 그것의 해석과 실현의 도달점이라고 간주한다.

신우파들의 추론 속에 내재된 이러한 오류가 결국은 프라이버시의 권리를 부정하는 실마리가 되었다. 이 표현이 미국 헌법에 명시적으로 나타나 있지는 않지만, 그것을 정확히 해석해 본다면, 한 개인은 총체적 권리를 부여받았으며 그 권리는 그를 보호하고 에워싸고 있는 의복과도 같은 것이다. 이러한 권리들은 '권리의 띠'(법관 더글러스의 말을 빌리면)를 구성한다. 이러한 권리가 없이는 자유의 진정한 개념은 의미를 상실하게 된다. 프라이버시의 철학적 개념은 미국 헌법의 정신 및 조문과 일치하며, 이것을 부정하는 사람은 그 누구이든 '완벽한 법해석자'가 아니며 '법적 구속'의 지지자도 아니다. 그는 자유라는 미국 헌법의 정신을 뿌리째 뽑아 버리기를 선택한 자이다. 그리스월드Griswold와 로Roe에 관련하여 보크 판사와 신우파의 다른 이론가들이, 대법원이 정부의 권한을 부당하게 빼앗았다고 기록했을 때, 우리는 그 반대의 경우도 발생했다고 응수할 수 있다. 즉 그 경우란, 정부의 어떤 부서가 헌법을 위반하여 개인의 고유한 선택의 권한을 빼앗은 것을 말한다.

오늘날 우리는 헌법의 시대와 아울러 세계인권선언의 시대에 살고 있다. 결론적으로 다음과 같은 철학적인 명언命言이야말로 헌법의 해석에 가장 적합한 것으로 생각된다. 의심이 들 경우 우리는 미국의 자유와 개인적 권리를 선택해야만 한다. 이것이야말로 법 해석에 있어서 수사학적 이론의 출발점인 것이다.

그러한 민주사회의 기본 철학을 지지하지 않고서는 훌륭한 법관이 되기 어려우며 자신의 사법적 기술도 올바르게 행사하기 어려운 법이다.

2. 법 해석에 대한 기본적인 수사학적 원리들

법을 해석하기 위해서 형식논리를 사용할 경우, 그 자체로는 안정성 혹은 확실성을 보장할 수 없다. 그러나 만약 어떤 법이 입법 과정에서 앞뒤가 안 맞게 만들어졌다면, 의도된 명확성이 없기 때문에 어떤 논리학자라도 그 법을 명확히 밝혀낼 수는 없을 것이다. 그러한 경우에 논리는 더 많은 불확실성을 만들어내거나 혹은 오용될 수 있다.

때로 법이란 시대에 뒤떨어진 것이며, 사회의 많은 구성원들은 그것을 반사회적인 것으로 여기기도 한다. 법이 정말 시대에 뒤떨어졌을 경우, 법을 엄격히 논리적으로 해석하고 적용하는 일은 파괴적인 결과를 가져올 수 있으며, 안정보다는 무질서와 불확실성을 야기하게 된다. 대혁명 전, 프랑스의 왕이 제 마음대로 유배와 투옥을 명령하기 위해 제정했던 봉인封印제도는, '엄격하고' 그리고 '논리적으로' 적용된 결과, 결국 분노, 공포, 그리고 혁명이라는 하나의 효과밖에 가져올 수 없었다. 사실 봉인제도에 관한 한 '법률'의 사법적 해석의 규칙과 '논리'를 적용하는 것은 불합리한 일이다. 스탈린주의자들이 만든 법에 따르면, 세 명의 비밀경찰로 이루어진 비밀법정의 평결이 최종심이었다. 이 법정은 하급 비밀경찰들이 만들어 낸 기록에 근거하여 판결을 내렸을 따름이다.

피고와 그의 변호인(변호인단은 아예 있지도 않았다)은 이 법정에서는 제대로 재판의 절차를 거칠 권한이 없었다. 즉 피고인은 어떤 종류의 증거나 설명을 제시할 수도 없었던 것이다. 이 법에 의해 내려진 사형선고는 거의 즉각적으로 시행되었다.

이러한 사법적 상황에서 '성문법에 대한 복종과 논리'를 강조하는 것이 도대체 옳은 일인가? 비인간적인 상황에서 형식논리와 '성문법에 대한 복종'은 더욱 상황을 잔혹하게 만들고 권리침해를 더욱 심화시킬 뿐이다.

드레드 스코트Dred Scott의 재판에서 내려진 판결이 논리적인 오류가 없다는 주장에는 상당한 근거가 있는 것이 사실이다. 그러나 그 판결은 비인도적인 것이었다. 우리는 법정에서 내린 그 판결이 미합중국의 헌법과 일치하지 않는 것이었다고 주장할 수도 있다. 한참 뒤에서 이 주장은 진실로 받아들여졌다. 그러나 75년 동안이나 노예제도와 헌법은 서로 양립할 수 있는 것으로 여겨졌다.

그 혐오스러운 상황을 변화시켰던 것은 헌법의 해석에 적용된 형식논리가 아니었다. 노예제 그리고 오늘날 정의롭지 못한 것으로 간주되는 기타 제도들과 합중국 헌법이 서로 양립할 수 없다는 사실을 증명하기 위해 법을 해석하는 경우, 우리는 보다 '정묘한' 도구들을 사용하지 않으면 안 된다. 이때 반드시 적용되어야 할 도구가 바로 수사학적 사유이다. 수사학적 사유는 또 다른 유형의 철학과 세계관을 전제로 한다.

우리가 어느 정도 의식적으로 받아들이는 보편 철학은, 사람들로 하여금 무엇에 대한 태도 · 행동 · 선택 · 결정 · 선입견 · 편견을 결정짓게 할 수 있으며, 또한 어떤 것을 향한 사람들의 지향을 어느 정도는 결정지을 수 있다. 법철학은 보편 철학보다 더욱 현실적이며, 동시에 보편 철학에 필요불가결한 한 부분이다. 또한 그것은 보편적 세계관의 한 부분이기도 하다. 이처럼 법철학은 고차원적이며 도덕과 사회의 보편적 규율의 한 원천이라고 할 수 있다. 또 한편 법철학은 보편적이자 특수적이므로, 법관과 정치가의 보편적 태도와 사유방식에 영향을 줄 수 있으며, 법의 해석과 적용에 영향을 미칠 수 있다. 사실상 법관이 행하는 모든 중요한 결정에는, 법률적인 테크닉보다는 그 법관이 가진 철학 · 이념 · 세계관이 영향을 미치게 마련이다.

수사학적 법철학이 수행해야 할 과제 중의 하나는, 법을 해석하고 적용할 경우 가치를 선택하는 과정에서 이제까지 철학과 도덕에 무의식적으로 의존해 온 태도를 의식적인 것으로 전환하는 것이다.

사법적 해석에 대한 협의의 관점은 법실증주의를 좁게 해석한 결과이지만, 그렇다고 법실증주의 자체가 그 결과에 대해 책임을 질 수는 없다.

신수사학에 따르면, 법의 보편적 원칙은 정의 · 평등 · 상식과 결합되어야 하는 바, 이는 실정법 조항을 위배함이 없이 합리적이고 정당한 결정을 얻으면서 동시에 양자 사이의 간극을 메우기 위함이다.

이러한 결과를 얻어내기 위해서 우리는 선택된 법조항만 고려할 것이 아니라 법의 모든 부분들, 즉 법조항 전체를 염두에 두어야 한다. 그렇기 때문에 코크 경Lord Coke 같은 사람은 "법전을 제대로 이해하기 위해서 우선 그 서문을 열쇠로 삼았다".160)

법전의 서문은 사법적 행위의 진정한 의미를 확정하는 데 도움이 될 수 있다. 확실히 말하면, 서문은 "만약 법의 제정조항이 제한적으로 해석되지 않으면 불편이 야기될지도 모를 경우 그 제정조항의 보편성을 적절히 제한하는 일"161)

160) Roscoe Pound and Theodore F. T. Pluckneu, *Readings on th History and System of the Common Law*(Rochester : The Lawyers Cooperative Publishing Company, 1927), p. 263.

에 도움을 줄 수 있다(켄트, 《논평집》, I장).

법전의 서문이 유용한 두 번째 이유는, "제정조항이 만약 의심스러울 경우"[162] 그것을 설명할 수 있다는 것이다.

법실증주의자의 관점에서 보더라도, 입법가의 의도를 설명하는 법전의 서문이나 저서의 머리말에 사용될 경우, 법전은 규범적일뿐 아니라 주르댕 Jourdain 씨의 산문과 같은 일반적인 '산문'이 될 수도 있다는 사실을 간단히 살펴보기로 하자.

켄트는 법령의 실제적 의미와 문자적 의미를 다음과 같이 구분하고 있다.

> 우리는 법령의 진정한 의미를 법조항 자체로부터 보편적이고 적절하게 찾아내어야 한다. 〔…〕 법령을 총체적 · 부분적으로 조망하는 관점에서 함께 해석하고 비교하는 방식으로 입법자의 의도를 추론하는 것은 법령 해석에 있어 하나의 확립된 규칙이다. 실제적인 의도가 정확히 확정될 경우, 그 의도는 언제나 문자적 의미를 우선하게 될 것이다.

어떤 법령의 '실제적' 또는 '진정한' 의미와 '문자적 의미'는 정말 양립할 수 없는 것인가? 이러한 문제점이 반드시 드러나야 하는가?

법의 해석에 대한 수사학적 접근은, 법에 대한 소위 '믿을 만한' 해석, 즉 입법자 자신이 만들어낸 해석이 지닌 문제점이 무엇인가를 해명하는 데 도움을 준다. 옛 격언에 따르면, "법의 해석은 그 법을 제정한 입법자에게 속한 일이다 eius est interpretari legem, cuius est condere." 만약 그 '믿을 만한' 해석이 법 자체만큼이나 구속력을 갖는다면, '해석'이라는 용어는 사실상 입법자가 그것을 해석이

---

161) *Ibid*.
162) *Ibid*.

라 부르면서 하나의 새로운 법을 만들어 낸 것과 같은 결과가 되는 것이다.

책으로 출판되거나 출판되지 않은 페렐만의 강연에 따르면, 어떤 규범을 해석할 경우 그 내용은 다음과 같은 세 가지로 될 가능성이 있다.

1. 소위 '믿을 만한 해석'에 의해 규정된 행위는 규범에 의해 규정된 행위와 정확히 일치하거나,
2. 그 해석이 규범에 의해 규정된 행위를 변경시키거나,
3. 규범이 워낙 불명확하기 때문에 사람들이 그 의미를 규정할 수 없게 되며 결과적으로 해석이 없이는 규범을 실제적으로 적용하는 것이 불가능해질 수도 있다.

만약 그 '믿을 만한' 해석이 규범과 완전히 일치하는 경우 사실상 해석은 전혀 필요가 없게 된다. 그러나 현실적인 법관이 이 문제에 개입하게 된다면 어떠한 '공식적' 해석에 대해서라도 이의를 덧붙이게 될 것이다. 만약 법관이 역동적인 해석이론을 신봉하면서 법 조항들이 입법자와는 완전히 독립해서 객관적으로 존재하기 시작했다고 느낀다면, 그들은 법의 텍스트에만 천착할 것인가, 아니면 공식적 해석 속에 있는 규범들의 '보다 깊은' 의미를 찾아야 할 것인가?

만약 그 해석이 규범의 확정된 의미를 빤한 방식으로 바꾸게 된다면, 입법자도 그 법을 바꾸되, 통상적인 방식이나 성실한 방식이 아닌, 아마 헌법과는 반대되는 방식을 취하게 될 것이다.

만약 법에 있어서의 변화가 명백하지 않아서 법률 전문가들이 그러한 변화를 탐지해야 할 필요가 있다면, 우리는 입법자가 그의 진정한 의도를 밝히기를 두려워하거나 혹은 그가 국민들을 속이려 한다는 결론을 내리지 않으면 안 된다. 보통의 경우 서적 속에 나와 있는 법들에는 저자의 의도가 살아 있게

마련이다. 이론을 계승하는 자가 사악한 의도로in male fide 만들어진 그 잘못된 해석을 굳이 따라야 할 의무가 있는가? 그들이 법의 원래 텍스트로 되돌아가서 따로 해석을 가하면 안 되는 것인가?

법과는 반대되는 자신만의 '믿을 만한' 해석을 내리는 입법자의 결정은 통상 정치적인 것이게 마련이며, 그러한 정치적인 결정은 이미 내려진 법적 판결에 저항하는 정치적 반발을 불러일으키게 된다. 그렇게 되면 법의 권위는 필연적으로 손상된다.

이럴 경우 꼭 필요하다고는 할 수 없지만 부가적으로 해석을 가하는 것이 타당할 것이다. 부가적 해석이 없다면, 법관은 해석 규칙을 사용함으로써 규범들을 해석해야만 할 것이다. 만약 불명확한 규범을 해석하는 과정에서 입법자의 의도가 왜곡된다면, 결국 입법자 자신만 비난을 받게 된다. 그러나 "법 없이는 범죄 없다nullum crimen sine lege"라는 격언을 상기하는 것이 필요할 것이다.

어쨌든 '믿을 만한' 해석에 대한 수사학적 결론은, 우리들의 기본적인 테제 중의 하나, 즉 법적 규범의 의미는 본질적으로 확정된 것이면서도 동시에 제한이 없다는 테제와 모순되지 않는다. 왜냐하면 모든 새로운 상황들은 우리들에게 매번 규범의 의미를 정제하고 확정하는 새로운 기회를 부여하기 때문이다.

입법자는 보통 그가 표명하고 싶어 하는 것이 무엇인지 잘 알고 있으며 또한 말하고 싶지 않은 것이 무엇인지도 잘 알고 있다. 그러나 규범의 객관적인 의미에 대한 그의 영향력은 제한적인데, 그 까닭은 일단 그가 규범을 공표하면 그 규범은 독립적인 생명력을 발휘하게 마련이기 때문이다. 입법자는 자기 나라의 다른 시민들과 똑같이 자신이 사용한 말의 의미에 구속당하게 된다.

규범이 '독립적'인 것이 될 때, 입법자 자신이 만약 그 규범에 호소하게 될 경우 그도 그것을 해석해야만 한다. 그 역시 주어진 상황에 이 규범을 적용하는 과정에서, 무엇이 명백하고 무엇이 애매모호한가 하는 문제에 직면하게 된다.

규범을 적용하기 위해 모든 경우에 모든 법적 텍스트를 해석하는 일이 과연 필요한 것인가?

데카르트식 사유 방식에 따르면 그 답은 이러하다. 우리는 규범을 분명하고 명확히 이해하기 위해 가능한 한 모든 텍스트를 해석해야만 한다. 이러한 이해 수준까지 도달했을 때 우리는 비로소 해석을 끝내고, 사실에 근접한 여러 상황들에 분명하고 명백히 이해된 법조항들을 적용할 수 있다.

데카르트식 접근은 다음과 같은 영구적인 물음을 제기하게 된다. 그러한 명확성의 단계에 도달하는 것이 가능한 일인가? 명확성이란 객관적인 상태인가 혹은 주관적인 확신인가? 만약 그것이 주관적이라면, 그때 우리는 해석하기를 끝내고 텍스트를 적용하기 시작하려고 결정한 존재가 된다. 만약 그것이 객관적이라면, 다시 한 번 새로운 물음이 제기된다. 우리가 그러한 상태에 도달한 것을 어떻게 알 수 있는가? 알다시피 이러한 기준은 어느 누구에 의해서도 발견된 바 없으며, 이의 없이 받아들여진 적은 없다. 사실상 그러한 기준은 결코 발견될 수 없다. 그러나 신수사학의 원칙들에 따르면, 우리는 어떤 주어진 상황에 사용된 기준을 옹호하거나 혹은 반대하는 논증을 펼 수 있다. 법적으로 평가될 필요가 있는 어떤 새로운 사실에 직면했을 때마다 우리는 그에 적합한 법적 규범을 해석하는 일부터 시작하는데, 그 이유는 수사학적 관점에서 보자면 새로운 환경 속에서는 어떤 규범도 명확하거나 분명하지 않기 때문이다.

우리는 일반적으로 모든 법적 규범은 그것이 적용되기 이전에 반드시 해석되어야 한다고 주장할 수 있다. 모든 법적 규범은 하나의 추상적 개념으로서 반드시 '현실화' 될 필요가 있다. 그것은 어떤 특수한 경우의 사실들과 맞붙을 수 있기 위해서는 보다 단순한 요소들로 축소되어야만 한다. 법률상의 모든 해석이 실제로 적용될 필요는 없지만, 법률의 개별적 적용은 어떤 종류의 해석과 연결된다. 누팅Ch. B. Nutting은 다음과 같이 말하고 있다. "의미론을 공부하는 사람들이 재미삼아 '의미'의 문제를 탐구하는 반면, 법정은 사례에 따라 판결을 내려야만 한다."[163)]

법, 특히 법철학을 공부하는 사람들은 어떤 규범의 실제 의미에 관한 끝없는 논쟁에 몰두할 수 있지만, 법관—검사와 판사—들은 그들 앞에서, 심지어 가장 격렬히 달아 오른 대중적 논쟁의 와중에서도 판결을 내려야만 한다.

예를 들어, 철학자와 신학자들은 태아가 인간인가 아닌가, 죽음은 뇌사인가 혹은 심장박동의 멈춤인가 등의 생명의 기원에 관한 끝없는 논쟁에 몰두할 수 있지만, 법정은 실제적인 관점에서 이러한 문제들에 대해 신속히 결정을 내려야 한다. 왜냐하면 신속한 판결은 그들의 의무이며, 판결을 내리지 못할 경우 다른 사람들의 법적 권리 · 자유 · 의무에 즉각 영향을 미치기 때문이다.

법정은 과학자들, 도덕가들, 그리고 정치가들 간에 벌어지는 토론이 끝나기만을 무턱대고 기다릴 수는 없다. 그들은 주어진 시간 안에 자신들이 가진 최선의 지식과 법에 대한 이해에 따라 결정을 내려야 하며, 이런 방식을 통해 그들은 법을 객관적인 것으로 만드는 과정에 기여하게 된다.

그들이 이룩한 의미는 결코 절대적인 것이 아니며 다만 수사학적인 것일 뿐이다. 즉 그것은 정적인 것이 아니라 역동적인 것이다. 또한 그것은 형이상학적이 아니라 변증법적이다. 그것은 단번에 이루어져서 영원히 존속되는 것이 아니라, 항상 명확성에 대한 끝없는 요구 속에서의 한 국면이자 한 단계인 것이다.

그러므로 "규범이 명확할 때 해석은 끝난다interpretatio cassat in claris"는 격언은 그 자체로 불명확한 말이라 할 수 있다. 그러나 페렐만이 주장하듯이, 언제 우리는 텍스트가 명확하다고 말할 수 있는 것인가? 입법자가 텍스트에 부여한

163) *Ibid*.

의미는 언제 명백해지는 것인가? 누가 규범을 만들어 내었는가? 법관은 언제 실제로 텍스트에 주어진 의미를 명확히 발견하는가? 실제적 의미와 문자적 의미는 언제 일치하는가? 사실상 이러한 일치는 이루어진다 하더라도 불충분할 수밖에 없다. 왜냐하면 법적 규범은 필연적으로 법체계의 맥락 내에서 해석되어야 하며, 그 규범은 우리로 하여금 그다지 명백하지 않은 일반적인 구절들로 이루어진 텍스트의 문자적 의미에 의존할 수밖에 없도록 강요하기 때문이다. 비록 그 구절들이 전체로서의 법률 구조를 지탱하긴 하지만 말이다.

페렐만의 추론은 "규범이 명확할 때 해석은 끝난다"라는 격언을 단순히 적용하는 것에 대한 결정적인 반론이라 할 수 있다. 만약 모든 법적 규칙이 '법의 정신'과의 관련 하에서 해석되어야만 한다면, 불가피하게 새로운 의문들이 제기될 수밖에 없다. 우리가 '명확하고 분명히' 이해되는 '명확한' 규범들을 재해석하기 시작한다면, 명확하다고 여겨졌던 규범이 사실은 더욱 난해한 것이 되고 그 규범은 하나 이상의 의미를 지니게 되어 하나 이상의 가능한 행동 패턴을 지시할 수밖에 없는 현상이 불가피하게 발생할 것이다. 규범에 사실을 포함시킨 단순한 법령과 사실에 규범을 포함시킨 법령은 일련의 법적 · 사회적 요인들에 의해 결정된다. 이들 요인이란 법의 일반 원칙, 그 사회의 법 문화, 주어진 법 공동체와 일반적인 법률전문가들의 기능과 전통, 그리고 라이트 밀스Ch. Wright Mills가 그렇게 높이 평가했던 '사회학적 상상력'을 포함한다.

3. 수사학적 격언
—미심쩍을 때는 인권의 편에서 결정하라in dubio pro iuribus hominis

어떤 주어진 규범에 대한 합리적 해석과 적용은 단 하나밖에 없다고 생각하는 사람은 반드시 독선주의의 함정에 빠지게 마련이다. 독선주의자들과 절대론자들은 일관성 있고 논리적으로 보일지 모르지만, 사실 그들은 인도적이지도 않고 이성적이지도 않다. 인간인 이상 오류를 범하게 마련이다errare humanum est! 토론과 논쟁의 결과로 생긴 오류들은 완전히 비이성적이지는 않다. 그러나 독선주의, 즉 '절대적인' 일관성과 소위 논리적이고 합리적인 추론의 결과로 생긴 오류는 완전히 비이성적이며 그 이상일 수 있다. 그 오류는 치명적으로 반인간적인 것이다. 이성적인 것이 그릇된 것일 수도 있으나, 그것은 항상 어느 정도는 인도주의적이다. 절대적 논리는 '광기의' 리얼리즘이나 비인도주의로 바뀔 수도 있으며, 노골적인 범죄행위는 아니라 하더라도 도덕적으로 부당한 행위를 불러일으킬 수 있다.

법의 현대적 해석과 적용에 있어서 기본적인 철학적 지침은 다음과 같은 방식으로 나타날 수 있다. 즉 모든 법적 규범들은, 인간적이고 민주적인 권리가 침해되지 않고, 반대로 보존되고 확장되는 쪽으로 해석되어야 한다. 옛 로마의 격언인 '미심쩍을 때는 논리의 편에서 결정하라in dubio pro reo'는 '미심쩍을 때는 인권의 편에서 결정하라in dubio pro iuribus hominis'로 바뀌어야 한다.

이러한 개념은 철학적 · 법적 · 도덕적인 것이며 동시에 정치적인 것이기도 하다. 그것은 휴머니스트들의 신조가 되어야 한다.

그리고 이것이야말로 법의 해석에 관한 기본적인 수사학적 규칙인 것이다.

D. 수사학적 법철학으로서의 실증주의적 리얼리즘

지금 우리는, 이론적으로 평가되지는 않았지만 새로운 법 개념이 진보하는 시대에 살고 있다. 그것을 실증주의적 리얼리즘 혹은 수사학적 실증주의라고 부를 수 있을 것이다.

수사학적 실증주의는 법실증주의와 미국의 법 이론, 인권에 관한 국제적 · 국내적 규범들, 신수사학의 철학과 방법론의 철학적 혼합물이라고 말할 수 있을 것이다.

실증주의적 리얼리즘은 20세기 말에 대두된 새로운 사회 상황과 정치 현실에 맞추어진 법 이론으로 부상하고 있다. 이것은 서구적 법철학의 전통과 모든 현대 사회들의 경험을 포함한다. 실증주의적 리얼리즘은 자연법을 설명하는 법 이론이며, 민주주의와 평화, 사회질서와 인권, 국제협력과 주권을 수호하기 위한 항구적인 투쟁을 도울 수 있다. 헤겔 철학의 본질과 같이, 이 개념은 표면 속 깊이 숨겨진 중요한 관계들을 꿰뚫어보려 한다. 실증주의적 리얼리즘은 단순히 어떤 현상들—그 현상이 법적 규범들의 형태이거나 아니면 법관들의 행동 양태로 나타나든 간에—에 관한 연구는 아니다. 그것은 현상들을 한편으로는 규범·도덕·행위와 다른 한편으로는 사회·경제·정치적 관계 사이의 본질적 관련성을 이해하기 위한 첫 단계로 보고 연구해 들어간다.

사실상 오늘날의 모든 국가는(몇 가지 일시적인 예외는 있지만) 유엔으로 상징되는 국제적 공동체의 멤버들이다. 그들은 모두 유효한 법적 문서로서의 유엔헌장을 수용하고 있다. 그들 대부분은 또한 세계인권선언에 서명한 바 있다. 그들 모두는 국제법 원칙선언(1970)에 찬성하였다. 전 세계 국가의 거의 절반이 인권에 관한 국제협약(1966)에 가입하였다. 유엔헌장과 다른 문서들에 나타난 바와 같이 인권에 관련된 조항은 모든 국가들의 정부와 여러 가지 방식으로 연계되어 있다. 어떤 정부가 국제법과 국내법 사이의 관계에 대해 어떤 입장을 취하고 있는가는 문제가 되지 않는다. 그 정부가 자신들의 권위에 의해서나 어떤 국내법 조항에 의해서 국제법이 국내법에 종속되어야 한다고 생각하든 어떻든 그것은 우리들의 결론과는 무관하다. 헌법상의 보편적·특수적 조항들과 여타의 일반적 법령들과 마찬가지로 국제법의 규범은 독재국가에서조차 도덕적·법적으로 부인하거나 무시할 수 없는 면책과 자유와 개인적 권리의 원천이 되고 있다.

오늘날 어느 누구도 민주적 자유와 개인 권리를 공허하고 효력이 없는 것으로 여기면서, 자신이 정당한 법 절차의 원칙을 지지한다고 공언할 자는 없을 것이다. 물론 권리와 의무는 어느 정도는 보편적이기도 하고 특수한 것이기도 하다. 헌법에 구현된 일반적 법조항들은 하위 법령들에서 구체화될 수 있는 매우 넓은 권리개념을 만들어 낸다. 그것들은 어느 정도 현실화될 수 있다. 즉 그것들은 확장되거나 축소될 수도 있지만, 도덕적 관점에서나 법적 관점으로 볼 때 취소되거나 폐지되거나, 공허한 것으로 해석되거나, 효력이 없거나 구속력이 없는 것으로 치부될 수는 없다. 어떤 권력이 민주적 자유와 권리를 박탈하거나 무효화하려 할 때마다 그들의 시도나 행위들은 불법적인 것이 된다. 왜냐하면 그들은 그들 자신이 지지하거나 적어도 지지하겠다고 약속한 보다 상위의 기본적이고 근본적인 법령과 법적 보장의 조항들을 위배하는 것이 되기 때문이다.

비민주국가 특히 전체주의 국가에서 겉모습만이라도 남아 있는 비교적 민주적이고 진보적인 법적 규범은 그래도 억압된 시민들이 기대할 수 있는 마지막 희망이자 마지막 구명대인 것이다. 전체주의 국가에서 헌법과 법적인 선언들은 거의가 선전에 가까운 것들이다. 비밀경찰들은 아무런 제재도 받지 않고 이러한 안전장치와 자유와 권리를 짓밟을 수 있다. 그러나 법실증주의의 장점은 바로 여기에서 두드러진다. 즉 희생자들은 자신들의 권리를 알고 있으며 그 권리를 주장할 수 있다. 또한 압제자들은 그가 법을 위배하고 있다는 사실을 알기 때문에 자신들의 위반행위를 감추어야 하며 여론과 자신들의 정치 체제의 약점, 그리고 장차 자신들이 받을지도 모를 형벌의 가능성을 염두에 두어야 한다. 자신들보다 훨씬 강력한 독재자라도 그 형벌을 피할 수는 없었던 것이다.

오늘날 비민주적인 국가의 시민들이 전통적인 민주국가의 시민들보다 오히려 기록되어 있는 법을 더욱 존중할 여지가 있다는 사실은 하나의 역설이 아닐 수 없다. 그들은 실정법(헌법까지 포함하여)의 전통적인 해석과 적용을 준수해야 하며 동시에 수사학적인 해석과 적용도 지켜야 한다. 왜냐하면 현행 성문법으로부터 이탈하는 것은, 권위적 권력에 대해서가 아니라 바로 자신들에게 나쁜 결과를 초래할 것이기 때문이다.

결국, 이제까지 지적으로 분리된 것으로 간주되어 왔던 리얼리즘과 실증주의라는 두 가지 법적인 독트린을 연결시켜 주는 것은 바로 신수사학인 것이다.

미국의 현실적인 법학자들의 저작을 전체적으로 연구해 본다면 다음과 같은 결론에 도달할 수 있다. 이러한 미국의 사상가들은 전혀 새로운 반실증주의적 법철학을 만들어 낸 것이 아니라 오히려 실증주의 철학 내에서 하나의 발전을 촉진시켜 왔다. 이는 법체계 내에서 최대한의 정의를 보장하려는 경향으로, 루린Llewelyn에 따르면 이러한 법체계는 사회 자체의 끝없는 변동에도 불구하고 사회 내부에 존재하는 일정한 흐름 속에 터 잡고 있는 것이다. 전통적인 개념주의에 반기를 들면서 몇몇 '현실적 법학자'들은 전통적인 법철학을 거부하긴 했지만, 그것이 그렇게 대단히 의미 있는 것은 아니다. 즉 한 사람이 자신을 묘사하는 것이 반드시 정확한 것은 아니다.

현실적 법학자들이 위에서 언급된 바 독선적이고 도식적인 법실증주의로부터 멀리 벗어날수록, 그들은 반독선적 실증주의로 더 가까이 가게 된다. 반독선적 실증주의란 보다 현대적이고 수사학적이며, 더욱 경험에 바탕을 두는 반면 엄격한 연역적 논리에서 벗어나게 된다.

여기서 우리는 한 예를 다시 생각해 보자. 가령 '브라운과 교육청 사이에' 벌어졌던 소송에서 미국 대법원이 결국 판결을 번복하고 인종차별을 철폐하는 쪽으로 선회했던 1950년대의 정치적 풍토를, 19세기 말 대법원이 '분리 그러나 평등'[164]이라는 개념을 합법화했던 때의 미국의 사회적 · 정치적 조건들과 비

164) 미국의 분리 평등 정책, 즉 흑인과 백인을 분리는 하지만 교육, 탈 것, 직업 등에서는 차별하지 않는다는 과도기적인 정책을 말한다(옮긴이).

교해 보는 것이다.

좁은 의미로 해석된 법실증주의의 취약점은, 최근 법실증주의를 인권에 대한 적극적인 표현과 결합시킴으로써 극복되어 왔으며, 또한 법실증주의는 신논증이론에 의해 그 의미가 확대되었다.

수사학적 실증주의나 이 장에서 설명한 바 있는 실증주의적 리얼리즘은 시대를 초월하는 법 이론은 아니다. 그것은 가장 최근의 법적 발전을 가장 일반적 형식으로 보여 주며, 미래를 위한 풍요로운 약속을 제공하고 있다.

수사학적 실증주의는, 국가에 의해 강제된 법이 벤담Bentham, 오스틴Austin, 밀Mill, 예링Ihering, 옐리네크Jellinek와 그의 동료들의 시대와는 비교할 수 없을 정도로 크게 국민의 삶 속에 '침투하는' 시대를 위한 법철학이다. 이 시대는 국제법의 규범과 도덕의 규범이 더욱 더 다양해지고 일상생활에 더욱 깊이 스며드는 시대이다. 수사학적 실증주의는, 다양한 정치 · 사회적 구조를 지닌 국가들이 지구상에 공존하고, 서로 간의 근본적인 차이와 반목에도 불구하고 서로 협동하는 시대를 위한 법철학이다. 그리고 수사학적 실증주의는 그러한 협동을 위한 도구를 제공한다.

최소의 모습이 아닌 최종적 모습으로서의 수사학적 실증주의는 다음과 같다. 그것은, 법적 규범들이 어떤 확고한 실체를 구성하는 것이 아니며 항아리 속에 고인 물이 아니라는 사실을 더 많은 교육을 받은 법관들이 깨달아 가는, 그러한 시대가 요구하는 이론이다. 이때 법적 규범이란 하나의 고정된 일관성을 가지는 것이 아니라 현재 '해석되고', '살아 있는' 어떤 것이며, 새로운 삶의 요구들에 의해 풍부해질 수도 있고 곤궁해질 수도 있는 성질의 것이다.

제9장

페렐만의 업적—전통적 철학과 정치를 넘어

1. 진보주의와 보수주의 사이에서

카임 페렐만 교수는 1973년 여름, 불가리아의 바르나Varna에서 열린 국제철학자대회에서 폴란드의 저널리스트이자 학자인 빅토르 오시아틴스키Wiktor Osiatynski 박사[165]와 인터뷰를 했다. 그 인터뷰는 폴란드어로 발간되는 주간지 《쿨투라*Kultura*》에 곧바로 발표되었다. 그러나 이 인터뷰는 서구에서는 한 번도 기사화되지 않았다. 이 대화의 주 내용은 평등과 정의였는데, 페렐만은 이 대화에서 사회적 가치와 관련된 몇 가지 그의 생각과 그 사회적 가치들이 정치 및 개혁과 어떻게 연관되는지를 언명한 바 있다. 여기서 그는 몇 가지 저작들에서 밝혔던 것보다 더욱 명확하게 그 주제들에 관한 자신의 생각을 밝혔다. 분명히 그는 공식적 목적으로 준비했던 기록된 텍스트에서 표명했던 것보다 친구들과의 사적인 대화에서 더욱 간명하게 자신의 사회적·정치적

---

165) 이 논문에서 인용한 부분은 오시아틴스키 박사가 기꺼이 나에게 이용할 수 있도록 해 준 원고를 번역한 것이다. 그는 페렐만과의 대담 전문을 새 책으로 출간하고자 했다. 인용을 허용해 준 그에게 감사한다.

이념을 드러내었다.

인터뷰의 서두에서 페렐만은, 실제 생활에서 창조적으로 추구되어야 할 뿐만 아니라, 해석되고 명확해져야만 하는 가치가 바로 평등과 정의라는, 이미 널리 알려진 그의 주장을 되풀이하였다. 비록 이론적 · 철학적인 이유로 페렐만이 장 폴 사르트르가 했던 것처럼 정치적 중요성을 강조하는 것을 자제하긴 했지만, 철학과 정치 사이에는 본질적인 연관성이 분명히 존재하는 것이다.

페렐만에 따르면 평등의 문제는 아득한 옛날부터 존재해 왔다. 그러나 18세기에 들어와서야 이 문제가 비로소 하나의 대중적이고 중요한 철학적 토론의 주제로 대두되었다. 사회주의 혁명과 부르주아 혁명의 시대 이후, 그것은 항상 변함없는 화두로 존재했다. 페렐만은, 평등 혹은 불평등이 더 나은 사회를 만드는 데 기여한다고 답할 수 없었고 또한 답하려 하지 않았다. 왜 그랬던가? 그 질문은 너무 보편적인 것이며, 동시에 설득력 있고 합리적으로 대답할 수 없는 불명확하고 논쟁적 요소들을 너무 많이 가지고 있기 때문이다. 결론적으로 페렐만은 다음과 같이 자문자답했다.

> 당신은 무엇 때문에 인간에 대한 평등한 대우가 불평등한 대우보다 낫다고 생각하십니까? 당신은 당신의 대답이 모든 상황에 다 적용될 수 있다고 생각하십니까? 평등한 대우와 평등한 효과 중 어느 것이 더 중요합니까? 평등에 대한 진보적 생각을 법 앞에서의 평등으로 좁혀 볼 수도 것입니다. 이것은 우리가 모든 상황 아래서 똑같은 평등한 방식으로 범죄자와 희생자를 다루어야 한다는 것을 의미하는 것입니까? 내 생각에 우리가 내릴 수 있는 최선이자 최상의 결론은, 현저한 이유가 없이는 사람을 불평등하게 대우하지 않아야 한다는 것입니다.

살아오면서 부당하게 대우받아 온 사람들, 즉 가난한 사람들과 육체적으로

나 사회적으로 장애를 가진 사람들에게 때로 '보상 차원에서의' 혜택이 주어져야 한다는, 잘 알려진 주장을 내세우면서 페렐만은 나름대로의 결론을 맺고 있다. 이러한 추론을 현실화시키기 위해서는 평등에 관한 생각이 정의에 관한 심원한 고찰로 보완되어야 한다고 그는 주장했다.

다른 한편, 페렐만은 현존하는 법체계를 포함한 기존의 현실을 우리의 출발점으로 삼아야 한다고 주장했다. 현실에 근거한 평가를 토대로 우리는 개혁을 추구하고, 변화를 만들어 내거나 혹은 상황에 관여하지 않아야 한다. 왜냐하면 질서와 확실성 또한 중요한 사회적 가치를 나타내기 때문이다.

이런 점에서 대담자인 오시아틴스키 박사는, 페렐만 박사가 어떤 때는 사회주의자인 것처럼 이야기하다가 또 어떤 때는 보수주의자인 것처럼 말하기도 한다고 술회했다. 그는 '때묻지 않은' '순수한' 철학자로 남으려고 했던 것일까? 페렐만은 성격상 이러한 질문들에 대해 어떠한 직접적인 답변도 주지 않았다. 그러나 뒤이어 나온 주장을 통해 그는 그의 정치 철학을 개괄할 수 있는 충분한 자료를 제시했으며, 그 둔감하게 던져진 질문에 대해서도 답변을 제시했다.

페렐만의 다음과 같은 언급은, 그의 추론과 퍼스낼리티를 해명하는 데 도움을 줄 수 있다.

> 평등이란 단지 어떤 상황을 통해서만 나타나는 문제이다. 사람들의 최소한의 욕구가 충족되지 못할 때, 평등의 문제는 존재하지도 않는다. 또한 모든 사람이 자신이 원하는 모든 것을 얻을 수 있을 정도로 풍요를 누릴 때에도 역시 평등의 문제는 존재하지 않는다. 가령 적어도 현재처럼 공기가 똑같이 분배되는 것과 같은 경우에는 아무런 문제가 없는 것이다. 당장 최소한의 욕구를 충족시킬 만한 재화가 바로 가까이 있으나 모든 욕구를 충족시키기에는 충분치 못할 때, 평등은 중요하고 시급한 문제로 대두된다. 〔…〕 마땅히 보장되어야 하고 또한 평등에 대한 우리의 감정을 자극하는 것은 최대한의 욕구가

아니라 최소한의 욕구인 것이다. 그러나 오늘날은 갈수록 평등보다는 특혜와 불평등한 처우에 관련된 생각들이 점점 더 절박해지고 널리 퍼져가고 있다. 예를 들면, 갈수록 많은 사람들이 사회적 · 육체적으로 장애를 갖고 태어난 사람들에게 사회가 특별한 혜택을 주어야 한다고 생각한다. 저개발국가에 대해서도 똑같은 추론을 적용해 볼 수 있다. 수많은 사회와 국가들이 역사적 불평등을 극복하기 위해 특혜를 요구하고 있다.

나아가 페렐만은 논쟁과 적대감은 불평등 그 자체를 인지한 데서 나오는 직접적인 결과는 아니라고 주장했다. 그에 따르면, 더욱 중요한 문제는 사회적 긴장과 '광범위하고 심각한 사회적 중압감을 회피할 필요성'이라는 것이다.

내가 아는 한, 그가 지녔던 사회적 · 정치적 신조는 다른 어떤 저작보다 다음과 같은 글에서 가장 명백하고 힘있게 나타나고 있다.

> 한 사회가 요구하는 최소한의 평등이란, 혜택을 가장 덜 받는 사람들이 폭동을 일으킬 정도로 절망해서는 안 되는 것을 말한다. 한편으로, 딴 사람에 비해서 능력이 있고 더 부지런하고 재능이 있는 사람들이 자신이 착취당하고 있다는 느낌을 가지지 않을 정도의 최소한의 충분한 불평등은 존재해야 한다. 우리들은 역사적인 경험을 통해, 모든 사람들이 항상 똑같이 대우받을 때 그 사회는 퇴보하기 시작했음을 잘 알고 있다. 보다 지적이고 활동적인 사람들은 자기가 속한 사회에서 보다 나은 보상을 받고 싶어 하는 법이다.
>
> 가장 어려운 문제는 평등과 불평등 간의 균형, 사회적 조화와 진취성 간의 균형을 유지하는 것이다. 이것이야말로 실제 정치에서 부닥치는 가장 본질적인 문제이다. 그런데 서로 충돌하는 사회적 가치들에 대해서도 같은 문제가 발견된다. 이 가치들 사이에는 균형이 반드시 유지되어야 한다.

이 문제를 두고 대담자가 "그렇다면 가장 귀중하고 중요한 사회가치는 무엇입니까?"라고 불쑥 묻자, 페렐만은 다음과 같이 대답했다.

> 어느 사회에서나 가장 중요한 가치는 현재 결핍된 가치인 것입니다. 만약 사람들이 언론의 자유를 가지지 못했다고 느낀다면 바로 이 가치가 가장 중요한 가치가 됩니다. 만약 그들이 착취로 인해서 고통을 받고 있다면 가장 중요한 가치는 착취로부터의 해방인 것입니다. 그들에게 부족한 것이 사회적 긴장을 낳게 되는 법입니다. 긴장과 폭동의 근원을 규정하고 그리고 그것들을 극복할 방법을 규정한 보편적인 법은 아무데도 없습니다. 사람들이 기본적인 최소한의 욕구의 만족도에 대해서 불평하지 않을 때, 그 사회는 만족스러운 사회라고 간주될 수 있을 것입니다.

대담자는 즉각 페렐만에게, 다음과 같은 사실을 명확히 해 줄 것을 요구했다. 즉 그의 견해에 따를 경우, 모든 사람들이 순응할 수 있는 가장 중요한 보편적 가치란 것이 "사회적 조화인지 혹은 '사회적 합의'라고도 지칭될 수 있는, 불만과 긴장의 최소화인지"를 물은 것이다. 이런 특수한 '최소주의'가 더욱 상세히 설명될 수 있었을까? '최소주의'가 정말 이러한 것인가? 페렐만은 다시 한 번 일반적인 방식으로 응답했다. 그는 대담자가 제기한 의문을 완전히 풀어주지는 않았지만 자신의 설명에 몇 가지 사족을 덧붙였다. '사회적 조화', '불만의 최소화' 같은 가치나 혹은 그와 유사한 가치들은 너무 일반적인 것이기 때문에 그것들은 구체화되어야 한다는 것이다. 이러한 가치들을 현실화시키기 위해서는 추상적인 원칙들이나 소위 객관적 상황의 내재적 힘에 의존해야 할 뿐만 아니라, 그 현실화는 "대중의 견해, 대중의 의식, 그리고 어떤 사회의 주관적인 필요성에 의해서 결정된다".

널리 알려지지는 않았지만 페렐만의 이 인터뷰는, 그의 철학적 · 정치적 태도를 이해하는 데 매우 중요한 열쇠를 제공하고 있다. 그 시대의 모든 저널리스트와 저자와 학자들에 의해 늘 제기되었던 단순하나 전통적인 다음과 같은 질문은 이 경우에는 부적절한 것이다. 그는 보수주의적인가? 자유주의적인가? 사회주의적인가? 진보적인가? 민주적인가? 인터뷰를 통해 나타난 페렐만의 모든 답변들과 그의 저작 전체에 나타난 답변들을 검토해 본다면, 그는 단순한 답변들이 자기 견해를 오도할 수 있다고 여겼음을 알 수 있다. 왜냐하면 그의 철학은 이러한 카테고리들을 뛰어넘는 것이며 전통적 철학을 넘어서는 것이기 때문이다. 그럼에도 불구하고 우리가 제니Geny와 살레유Salleilles[166]의 그 유명한 표현을 빌린다면, 페렐만은 '전통적인 철학을 통해' 그의 결론을 도출해 낸 것이라고 말할 수 있다.

가장 중요한 것은 사회적 만족이다. 페렐만은 서구 국가의 기존 상황을 무비판적으로 받아들이기를 원하지 않았지만, 사회주의와 공산주의가 의회민주주의의 유일한 대체수단이라고 주장하는 사람들의 의견에는 동의하지 않았다. 그는 유토피아를 믿지 않았다. 그는 완전한 평등과 행복의 왕국의 존재를 믿지 않았으며, 도달할 수 없는 목표나 비이성적인 몽상을 위해 희생해야 한다는 어떠한 이념도 거부했다. 그는 목표나 결과가 이러이러해야 한다고 구체적으로 말하진 않았지만, 다만 가장 중요한 것은 우리 세계의 현존 상황을 인간적인 것으로 만들 수 있는 방법들이라고 주장한다. 그는 천상과 지상의 구원을 믿는 어떠한 신학이나, 어떠한 단일주의나, 인간의 욕구와 자유의 형식에 대한 어떠한 절대적인 해석도 일관되게 거부한다. 어떠한 목적론의 형식도 그는 받아들이지 않았다. 이러한 사상적 기조 아래서, 그는 방법론이자 이론으로서의 논증이론을 발전시켰던 것이다.

물론 신수사학이 주로 논증의 방법이며 정치, 법, 도덕의 분야에서 이성적인

166) 제니는 1899년에 출간된 《실증적 민법의 근원과 해석 방법》의 저자이며, 살레유는 그 책의 재판에 서문을 썼다(옮긴이).

해결책을 발견해 내기 위한 하나의 방법에 불과하다고 주장할 수도 있다. 또한 신수사학은 어떤 가치나 목표의 존재를 전제하고 있기 때문에, 철학이나 사회이론이 아니라고 주장할 수도 있다. 그러나 우리 시대에 일단 인권, 합법성의 존중, 기아와 종교적 억압으로부터의 자유 같은 가치들은, 국제법과 국내법마저도 인정한 반박할 수 없는 인간적 가치인 것이다. 따라서 우리는 상황이 완전히 바뀌었음을 인정해야 한다. 오늘날 문제는, 현존하거나 잠복해 있는 다양한 형태의 전체주의에 의해 심하게 분열되고 위협받는 우리 세계의 이러한 가치들을 어떻게 보존하고, 보호하며, 북돋울 것인가 하는 점이다. 페렐만의 신논증이론이 사회개혁을 위한 새로운 방법론이자 새로운 사회철학이며 비판적 도구인 것은 바로 이러한 이유에서이다. 그러므로 우리는 그가 보수주의자인가 사회주의자인가 혹은 둘 다인가 하는 전통적인 물음에 대한 그의 답을 그냥 둘러대는 말로 치부해서는 안 될 것이다. 우리는 그의 신논증이론을, 동서양에서의 모든 현존하는 사회적 · 정치적 시스템과 제도가 변화하고 쇠퇴하는 시대에 이성적인 해결책을 발견하는 적절한 방법으로 순수하게 받아들여야 할 것이다.

카임 페렐만이 오시아틴스키 박사와 나누었던 생각들이 그와 절친한 친구들이나 동료들에게도 완전히 알려지지는 않았다는 점을 강조해 두기로 하자. 그러나 우리는 체계적으로 그를 인터뷰할 기회를 전혀 가지지 못했으며, 그의 심원한 견해들을 기록해 둔 사람도 아무도 없었다. 나는 50년대부터, 특히 그가 죽기 전의 몇 년 동안 그와 함께 오랜 대화를 나누고 교유할 특권을 누렸다. 그것은 나의 경험에 대한 스스로의 재평가, 내 개인 철학, 그리고 동서양에서 발간된 나의 저작들을 스스로 재평가해 볼 수 있는 매우 중요한 기회였다. 페렐만에 의해서 창안된 수사학적 접근은 나에게 결정적인 영향을 미쳤다. 우리들은 신수사학이 사악하고 '반동적인' 사회권력에 의해 악용될 가능성에 대해 끝없이 토론을 벌였다.

물론 모든 철학과 방법론(그리고 신학)은 그것을 창안한 사람들의 의도와 바람에 상관없이 적용될 수도 있다는 것이 우리들이 내린 결론이었다. "네 이웃을 사랑하라"는 예수의 말은, 결국 불이 죄악을 씻어 내고 천국으로 들어가는 것을 보장한다는 미명 하에 불운한 이교도를 화형에 처하게 하는 논리로 사용되었다. 즉 천국에서의 영원한 행복이 지상의 삶보다 더 가치 있는 것이라고 주장되었던 것이다. 결과적으로 형의 집행자는 화형당하는 자의 진정한 친구로 우러러 보이게 되었다. 가장 혁명적인 철학방법론인 변증법조차도 헤겔에 의해 프러시아의 전제정치를 방어하기 위한 수단으로 사용된 바 있다. 헤겔 철학의 견강부회牽强附會가 비록 짧은 기간에만 통용되었지만, 그 성공이 짧았음에도 불구하고 그것은 큰 성과를 거두었다. 신수사학이 교활한 선동가에 의해 반민주적인 목적으로 사용될 가능성이 있는 것일까? 물론 그렇다. 그럼에도 불구하고 어떤 방법론이 가지는 가치란 그것이 사악한 자나 이간질하는 자가 얼마나 잘못 사용했느냐에 따라 결정되어서는 안 되며, 그것이 지닌 진실된 의미와 의도 그리고 보편적으로 성취한 결과를 근거로 결정되어야만 한다. 신수사학을 반민주적이거나 비이성적으로 사용할 가능성은 생각보다 제한되어 있다. 청중과 대화라는 바로 그 개념과, 모든 전제에 의문을 던지면서 소위 사실이라고 주장된 모든 것에 도전하는 과정이 결국은 나쁜 결과를 방지할 수 있을 것이라고 나는 확신해 왔다. 우리는 페렐만의 논증이론이 독단주의, 정통주의, 그리고 전제정치를 고집하는 자들에게는 분명히 악몽이 되어야 한다고까지 말할 수도 있다. 이 테제를 구체화하기 위해서는 신수사학의 기원과 그것의 영향이 밝혀져야 할 것이다. 그리고 현대의 정치, 도덕, 법철학에 끼친 영향도 중요시되어야 한다.

2. 페렐만의 목표—이성과 관용의 옹호

카임 페렐만의 업적은 유럽 휴머니즘의 산물이다. 그는 모든 주요한 학문적 저작들을 원문으로 읽었다. 그는 인간의 독창력을 보여 주는 동서양의 위대한 업적들과 친숙했다. 그는 유대 기독교와, 도덕적 책임에 대한 비종교적인 인간적 이념에 깊이 뿌리를 둔 자유사상가였다.

그는 대단한 토론가였고 매우 붙임성 있고 성실한 성격으로, 친구와 동료들에게 도움을 주기 위해 비상한 노력을 기울이는 사람이었다. 그는 당대의 가장 위대한 사상사가 중의 한 명이었으나, 과거를 해석하기보다는 자신의 독창성을 위한 근거로 활용하기 위해 그의 방대한 지식을 사용했다.

페렐만은 벨기에인이자 유대인이자 폴란드인이었으며, 원래의 스토아학파가 말했던 뜻 그대로의 진정한 코스모폴리탄이었다. 그의 신념은 자신의 비판적 판단을 통해 걸러진, 깊게 뿌리박은 전통에 근거하고 있었다.

페렐만은 폴란드에서 태어났지만 젊은 시절에 벨기에로 이주했다. 그는 그곳에서 법, 철학, 논리학 분야에 관한 공부를 마쳤다. 1930년대에 그는 당시 저명했던 폴란드 학파의 논리학, 수학, 실증철학의 업적들을 직접 배우기 위해 폴란드로 되돌아왔다. 비엔나 학파와 마찬가지로 이 학파도 폴란드에서 자유주의적 · 합리주의적 · 진보적인 사상의 거점이었으나, 당시 폴란드는 군사독재와 점증하는 파시즘의 영향 하에 놓여 있었다. 당시 폴란드의 열린 마음과 비종교적 사상, 그리고 관용의 상징이었던 코타르빈스키Tadeusz Kotarbinski 교수에 대한 페렐만의 존경과 우정은 주목할 만하며 의미 깊은 것이었다.

나치 점령 기간 동안에 페렐만은 벨기에의 레지스탕스에서 활동했으며, 숨어 지내는 동안 참고도서를 접할 기회가 없었으면서도 《정의에 대하여》(지금까지 7개 국어로 번역되었다)라는 위대한 저서를 썼다. 유럽인과 그 자신의 개인적 삶에서 공포로 가득 찼던 가장 암울한 날들을 보내면서도, 이러한 심원한 이상에 관한 연구에 몰두하여, 업적을 낼 수 있었던 그의 능력은 그를 이해하는 데 의미 있는 도움을 준다. 그것은 그 자체로 의미심장하며 상징적이기도 하다.

2차 세계대전 후, 페렐만은 전 세계가 침묵하는 가운데 나치가 소멸시키려 했던 자기 민족에 대한 민족적 · 도덕적 감정과 연대를 밖으로 드러내기 위한 하나의 부호로 자신의 이름에 '카임Chaïm'을 붙였다. 그는 자신이 무신론자이자 '포용적인 코스모폴리탄'으로 알려져 있기 때문에 이와 같은 극적인 제스처가 필요하다고 생각한 것이다. 세계주의를 지향하는 학자이자 벨기에인임을 포기하지 않으면서도, 그는 나치의 유산이 아직도 잔존해 있고 불순한 세력들이 세계 공동체로부터 이스라엘을 고립시키려고 하는 시점에서, 자신이 유대인임을 강조하는 것이 적절하다고 생각했다.[167] 페렐만은 신생 유대 국가와 서구문화, 그의 저작들과 우리의 서구 문명의 정신 사이의 긴밀한 유대관계를 입증하곤 했다.

우리가 알고 있는 것처럼, 2차 세계대전 이후 진실한 기독교인이 되기 위해서는 무엇보다 선량한 유대인이 될 필요가 있다고 주장하는 기독교 신학자(교황 비오 11세에 동조하는)가 많이 나타났다. 이러한 생각을 뛰어나게 전개한 사람은 한스 쿠엥Hans Kueng 교수였다. 파리의 뤼스티제Lustiger 추기경은 쿠엥 교수가 비록 자신의 선조들과는 다른 방식으로 성경을 해석했지만, 그는 여전히 한 사람의 유대인이라고 언명한 바 있다. 그러나 페렐만은, 유대인이 남긴 유산의 진가를 속속들이 인정하지 않고서는 어느 누구도 일관된 논리로 무장

167) 벨기에의 보두앵Baudouin 왕이 페렐만에게 '남작'의 칭호를 수여했을 때, 그는 그의 예복 팔소매에 유대교의 상징으로서의 장식 촛대인 Menorah를 새겨 줄 것을 예술가에게 부탁하였다. 페렐만이 팔레스타인과 함께 하는 공개적인 토론을 모색한 것은 주목할 만하다. 그러나 그들은 늘 토론을 거부하였다.

된 자유사상가가 될 수 없으며 또한 진정으로 깨인 코스모폴리탄의 멤버가 될 수 없다고 말하는 것처럼 보인다. 그는 어느 교파에도 소속되지 않은 유대인이었던 스피노자의 진정한 후계자였다. 그는 창조론이나 대홍수 혹은 시나이산의 기적 같은 것을 믿지 않았다. 그러나 이스라엘과 밀접한 유대를 가졌고, 특히 그의 말년에는 매년 예루살렘에서 강연했다. 그는 종교적 정통주의가 드러내는 비관용성을 혐오했지만, 십계명의 정신은 그의 영혼 속에 깊이 각인되어 있었다.

페렐만은 저작 속에다 자신의 민족성과 휴머니티를 결합시킬 수 있었던 특이한 사람이었다. 그는 열렬한 벨기에의 애국자였다. 그는 벨기에의 지하조직에서 싸웠고 벨기에 사회에 관여했다.

동시에 그는 폴란드의 학자들과 폴란드 문화와 밀접한 유대를 지켜 갔다. 학창시절 초기부터 페렐만은 폴란드 역사의 두 가지 조류를 구별해 낼 수 있었다. 첫 번째이자 가장 중요한 것은 폴란드인이 지니고 있는 열린 마음과 관용이라는 유산이었다. 중세 시절 유대인이 전 유럽에서 학살을 당할 때, 그들이 폴란드의 피아스트Piasts 왕조, 자기에론Jagiellons 왕조와 그 후계자들의 치하에서 환대를 받으며 평화로운 피난처를 마련할 수 있었던 사실을 결코 잊지 않았다.

물론 폴란드에는 또 하나의 사조, 즉 반유대주의의 성향이 있었는데, 그것은 20세기 들어 비로소 증대되었거나 혹은 독일이나 러시아로부터 유입된 것이었다.

1918년과 1939년 사이에 독립국가 폴란드는 후진국이자 비민주적인 국가에 지나지 않았다. 그러나 동시에 폴란드는 여러 민족들이 어울려 살며, 창조적이고 자유로운 사상과 예술이 번성하는 국가이기도 했다. 이러한 기묘하고도 조화되지 않은 조건들은 오히려 폴란드인들과 유대인들에게는 하나의 영감의 원천이 되고 있었다. 그들 사이에 벌어진 애증은 서로의 감정을 자극하기도 했고 동시에 마비시키기도 했다.

이러한 분위기에 영향을 받아 이 재능 있는 벨기에인은 혁신적인 그 무엇을 창조해 내도록 운명지어져 있었다. 페렐만의 신수사학과 그의 새로운 합리주의는 다양한 문화들과 갈등들이 그 속에 수렴되고 있음을 보여 준다. 그는 자신의 출신과 환경에서 기인하는 모든 약점들을 도리어 영감의 원천이자 강점으로 전환시킬 수 있었던 것이다.

3. 새로운 합리주의를 향하여

페렐만은 합리주의와 이성적 타당함을 옹호하는 캠페인을 적절한 시기에 시작하였다. 파시스트의 광신적 행위와 비합리주의, 그리고 군사적 침략이 온 유럽을 위협할 때 그의 창조적인 학문 활동을 시작한 것이다. 한편 소련에서의 공산주의 체제는 이미 혁명으로서의 동력을 상실하고 있었다. 공산주의 이데올로기는 일련의 확대된 도그마로 경직되었고, 정치 구조는 자신의 의례儀禮, 정신적 · 육체적 테러, 종교의식적인 파문, 그리고 이단자의 숙청 등으로 무장된 관료주의적 계급조직으로 변질되었다.

우리는 논리가 비이성적이고 반민주적인 정치적 목적을 위해 사용되는 기괴한 시대에 살고 있다. 그 옛날 그토록 불신을 샀던 마니교가 정치와 이데올로기적 사유로 다시 강력히 되살아났다. 처음에는 극단적으로 '우파'와 '좌파'를 구분하는 사고방식으로 다시 도입되었고, 곧 이어 이것은 서구를 오염시키는 하나의 정신질환이 된 것이다. '선'과 '악' 사이의 모순을 해석하는 데 있어 이러한 이기적인 지나친 단순화는 심지어 좋은 교육을 받은 많은 사람들에게까지 해독을 끼치고 있다.

이와 동시에 서구 민주주의 사회에서는 소위 '사제들의 반란La trahison des

clercs'이 진행되었다. 넓은 의미로의 지식인들과 중산층들은 자신들이 이어받은 유산을 배반했다. 굴종과 적당히 타협하려는 정신, 그리고 비판을 꺼리는 풍조가 사회생활의 모든 영역에 침투해 들어갔다. 에리히 프롬Erich Fromm은 이러한 현상을 다음과 같이 함축적으로 표현하고 있다. 즉 자유는 짐스러운 것이 되어 가고 있으며, 현대 산업사회에서 점점 더 많은 사람들이 자유로부터 도피할 길을 찾고 있다는 것이다. 여기에 우리는, 점점 더 많은 사람들이 유럽에서 전통적으로 사용된 의미로서의 자유, 즉 스스로 결정하는 힘을 경제적 안락 및 안전과 맞바꿀 수도 있다는 사실을 인식하게 되었다는 점을 덧붙일 수 있다. 그에 따른 대가는, 부분적인 무관심과 도덕적 마비로 전락하는 것을 수용하는 것으로, 그다지 터무니없는 것 같지는 않다.

실증적인 도덕철학이 이 시대에 그렇게도 대중화된 것은 어찌 보면 적절한 것 같기도 하다. 도덕적 규범과 의무에는 합리적인 근거가 없기 때문에, 모든 사람들은 스스로 무엇이 좋고 나쁜지를 결정할 권리를 갖게 된다. 고도로 과학적이려는 열망으로 출발했던 철학적 실증주의는, 도덕성이란 점에서 합리적이고 논리적으로 '정당화된 비합리주의'의 철학으로 변질됨으로써 스스로를 부정해버렸다.

그러므로 존재sein와 당위sollen 사이, 그리고 존재와 도덕적 의무 사이에는 철학적이고 이성적인 연계가 있으며, 또한 반드시 있어야 한다는 것을 증명하려는 페렐만의 캠페인은, 서구가 '몰락'하는 시기에 가장 중요한 지적 · 정치적 단초가 되었다. 만약 이 점에서 그가 이룩한 업적이, 특히 서반구 지식인들 사이에서 고의적으로 거부되지는 않더라도 여전히 과소평가되거나 완전히 무시되어 버린다면, 그것은 헤겔이 말한 바와 같이 미네르바의 부엉이가 해질 무렵에 그의 날개를 활짝 펴는 것을 보여줄 따름이다. 낡은 질서의 몰락이 이미 코앞에 다가왔을 때에야 사람들은 새로운 시대가 밝아오고 낡은 시대가 지나

가고 있다는 사실을 받아들이기 시작하게 마련이다. 더욱 나쁜 것은, 몰락의 시기에는 사람들이 근시안적인 특권계급의 의견을 받아들여, 최저점에 떨어진 인간을 가장 진보한 사람으로 오인한다는 것이다.

서구 지식인들과 정치인 그리고 교육자들에게 있어서는 이성의 역할을 최대로 빛나고 당당하게 회복시키는 것보다 더 중요하고 시급한 과제는 없을 것이다. 오늘날 이 과제는 과거 어느 때보다 더 복잡한 작업이라 할 수 있다.

의사소통을 매스미디어가 지배하는 현상은 슬로건의 원리와 떨어질 수 없는 연관관계를 가지고 있다. 사람들의 마음에 호소하는 상투적인 말들은, 사람들로 하여금 무의미한 말들을 명백한 진리나 상식에 입각한 지침으로 받아들이게 만든다. 이러한 정신적 천박함의 원리는 널리 퍼져 있는 보수적 태도에 구체적인 특징을 덧붙이게 한다.

현대의 보수주의는—비록 그것이 독재적이든, 공산주의적이든, '자유주의적'이든, 또는 '민주주의적'이든 간에—생활의 모든 영역과 모든 수준에서 이성과 상식의 원칙에 근거를 두는 척한다. 그러므로 '이성' 혹은 '상식'의 왕국이라는 생각을 분석하는 일과, 그의 현실적 내용을 분석하는 일이야말로, 교묘하고(헤겔의 표현에 따르면 '은폐된 간지奸智hinterlistige')도 믿을 수 없으며 미묘한 왜곡에 대항하여, 이성과 상식을 지켜내기 위하여 가장 필요한 것이다. 새로운 비합리주의는 합리적 사고라는 가면을 쓰고 있다. 이런 식으로 그로테스크한 이데올로기적이자 지적인 가면은 과거의 어느 시대에도 나타난 일이 없었고 존재하지도 않았다.

지혜와 전통적 가치를 나타내려고 사용되는 현대의 상투적인 말들과 그것의 가식에 대해, 우리는 자연법 지지자들의 허위적인 가식에 관해 언급했던 홈스 판사의 발언을 적용해 볼 수 있다. "자연법의 신봉자들은, 자신들과 그 이웃들에게 친숙한 것들은 모조리 휴머니티로 받아들여져야 한다고 믿고 있는 것 같다."[168)]

홈스의 이러한 논평은, 헤겔의 다음과 같은 말과 흡사하다. 즉 상식을 잘못 해석하는 경우, 그 상식은 "우리의 의식과 관습적인 생각과 표현 속에 명징한 것으로 고착되어 버린다".[169)] 위와 같은 분석들을 바탕으로 신수사학은, 우리가 "명백하고 뚜렷이 알고 있는" 것이 실제로는 그렇게 명백한 것이 아닐 수 있다는 사실로부터 결론들을 이끌어낸다. 이러한 사회적 · 지적 상황 속에서 새로운 조건에 부응하는 새로운 합리주의의 등장이야말로 해방을 향한 행동이며 진보적인 반란이며 개혁을 위한 부르짖음이라고 할 수 있다.

지나친 단순화나 의도적인 오용에 의해 생겨난 상식(혹은 '본성적' 혹은 '인간적', '일상적 이성')의 오류들을 수사학적으로 설명하는 것은, 변증법과 동일한 출발점을 지닌다. 경험적 관찰(이것은 항상 문명화된 사람들에게 어필하게 마련이다)은 어떤 사회에 널리 퍼져 있는 단순한 믿음과 결합된다. 그 결과 형성된 여론과 감정, 그리고 신념은 역사를 두고 계속 형성되어 왔다. 그것들은 전 세대로부터 아무런 비판을 받지 않고 그대로 계승되어 왔다. 그것들은 전통의 힘과 전통에 대한 존경, 자명한 외관, 그리고 소위 데카르트식의 명확성과 명료함에 의해 강화된 부당한 신임을 누려 왔다. 피상적이고 감각적인 관찰이 전통적 견해들과 결합하여 하나의 견고한 기초를 형성했다. 그 기초 위에 단순한 신념들이 잘 보호된 편견과 신화로 굳어졌으며, 또한 모든 메시지들을 왜곡시키는 "울퉁불퉁한 거울"(베이컨의 표현에 따르면) 위에 자리 잡은 필터로 굳어졌다.

자칫 오도될 수 있는 인간의 특이한 정신적 지향에 대한 수사학적 비판이야

---

168) Oliver Wendell Holmes, *Collected Legal Papers*(New York : Peter smith, 1952), p. 312.

169) G. W. F. Hegel, *The Science of Logic*, in *Collected Works*(Berlin, 1833), p. 12.

말로 이러한 변증법적 방법을 창안한 사람의 지혜로움을 잘 알게 해 준다. 헤라클레이토스Heraclitus는, "자연은 숨기기를 좋아한다"라고 말한 바, 이는 자연이 자신의 비밀을 쉽사리 드러내지 않는다는 말이다. 반대로 관찰자들이 부주의하게도 "사람의 눈과 귀는 불완전한 목격자"라는 격언을 잊었거나 혹은 그들이 너무 의심이 많아 자신들의 감각을 절대 믿지 않을 때, 자연은 자신을 관찰하는 자들을 속이기를 즐긴다. 그때 관찰자들은 '귀머거리처럼', '그 자리에 있었으면서도 없었던 것처럼' 스스로 바보짓을 하여 웃음거리가 되어 버린다. 피상적인 관찰자들은 그들이 경험했던 일에 관해 생각하지도 않고, 무엇을 배웠던가를 제대로 이해하지도 않으면서 자신들이 모든 것을 알고 있다고 생각한다.[170)]

헤겔은 이와 똑같은 생각을 다음과 같은 간단한 문구로 표현한 바 있다 : "알려진 것이라고 해서 반드시 이해된 것은 아니다." 이것이 바로 전통적인 변증법적 접근이며, 헤겔에 와서 이것이 정점에 이르렀던 것이다. 바로 이 시점으로부터 변증법적 방법은 더욱 발전하고 갱신되어야만 했다. 페렐만은 헤겔의 변증법에다가 자신이 창안해 낸 신수사학의 이성이라는 개념과 합리적 장점들을 삽입했다. 이렇게 그는 전통적 철학을 넘어서는 그의 여정을 시작했던 것이다.

페렐만의 가장 중요하고 포괄적인 업적은 아리스토텔레스 수사학의 창조적 재생이라 할 수 있다. 이미 위에서 언급한 바와 같이, 페렐만은 도덕과 공공정책의 영역에서 이성적인 논증이 있을 수 없다는 사실을 용납할 수 없었다. 당시 세계가 겪었던 체험, 즉 전체주의 체제의 진행과정과 결과 그리고 2차 세계대전이 남긴 영향, 공공연한 비합리주의와 광기 혹은 잔인성의 합리화에 근거한 이데올로기의 이름으로 저질러진 잔혹한 행위들을 분석하는 과정에서, 그는

---

170) Heraclitus, "Fragments", in *Selections from early Greek Philosophy*, ed. Milton C. Nahm, 4th ed.(New York : Prentice Hall College Div, 1964), pp. 71-75.

정치학과 윤리학의 분야에 널리 퍼져 있는 학문적 분위기에 자신이 깊은 불만을 품고 있음을 발견했다. 우리가 지적했던 것과 같이, 그는 의문에 가득 차서 다음과 같은 오래된 질문들을 제기하기 시작하였다. 어떤 사유와 결정들이 논리적이지만 비이성적인 것이 될 수도 있을까? 만약 어떤 것이 합리적이라면 그것은 반드시 인도적인가? 만약 도덕적으로나 인도적인 견지에서 권장될 수 없는 이성의 명령이 있다면, 우리의 이성의 범주들은 비판적으로 재평가되어서는 안 되는가? 어떠한 규범체계가 자의적恣意的이며 논리적으로 불확정적인 것이라고 주장하는 것이 이상하지는 않은가?

이렇게 해서 그는 '이해관계와 열정과 편견과 신화[171]에 근거한 비합리적 선택'을 거부하기 위해 '가치판단의 논리'를 개발하기로 결심했다.

그리고 그는 이 문제가 단순히 지적이고 논리적인 것이 아니라, 현 정치에 거대한 영향력을 미치는 것이라고 누누이 강조했다.

> 최근의 역사는, 이러한 태도(예를 들어, 비합리적인 태도)가 가져올 수 있는 엄청나게 슬픈 결과를 충분히 보여 주고 있다.[172]

페렐만은 20세기 후반부의 실제적이고 이론적인 필요성 때문에 전통적인 이론과 방법론을 극복하지 않으면 안 되었다. 전통적인 경험주의, 실증주의, 합리주의의 모든 낡은 형식들은 물론 그것들의 당대의 수정판조차도, 대량학살과 다양한 형태의 전체주의가 대두된 그 시대의 새로운 요구에 부응할

---

171) Ch. Perelman, "The New Rhetoric. A Theory of practical reasoning", *The Great Ideas Today 1970*(Chicago : Encyclopaedia Britannica, 1970). Reprinted in *The New Rhetoric and the Humanities*(Dordrecht, Holland ; Boston : D. Reidel Pub. Co., 1979), p. 8.

172) *Ibid.*, p. 9.

수 없었다.

신수사학은 전통적 가치들을 실질적인 내용으로 현실화하고, 때로는 이성과 품위에 대한 명백한 요구를 단순히 재진술하기도 한다. 조지 오웰George Orwell이 썼듯이—이미 인용했거니와—우리 시대에는 명백한 것에 대한 단순한 재진술이 불행히도 지식인의 우선적인 의무가 되고 있기 때문에, 신수사학이야말로 바람직한 것이다.

4. 새로운 휴머니즘을 향하여

나의 최근의 저서인, 《법실증주의와 인권》(1981) 그리고 《자유와 관용》(1984)은 신수사학의 철학과 방법론의 직접적인 영향 아래 씌어졌다. 이 새로운 수사학은 현대의 사회적·정치적 요구를 충족시키는 법 이론의 정교화를 위해 필요불가결한 도구이다. 《법실증주의와 인권》에서 '실증주의적 리얼리즘'이라 지칭된 법철학은, 전통적인 유럽의 법실증주의와, 국가 내부의 인권의 규범을 규정한 미국 법 이론, 그리고 신수사학의 철학과 방법론, 이 세 가지의 혼합물이라 할 수 있다. 그것은 20세기 말의 새로운 현실에 부응한 법 이론으로 등장했다. 그것은 철학 및 법 실천의 가장 진보적인 전통들과 많은 현대 사회들의 경험을 포괄한다. 그것은 법의 본질을 설명하고, 민주적 사회질서와 인권, 국제 협력, 그리고 주권을 위한 끊임없는 투쟁을 도울 수 있는 법 이론이다.

실증주의적 리얼리즘은 자연법 이론의 반복되는 신화를 극복할 수 있다. 사실상 실증적 법 이론과 자연법 이론은 그들이 가진 상호간의 약점 때문에 살아남았다. 자연법의 18세기 버전에 대한 비판에 이어 19세기에는 법실증주의가 지배하게 되었다. 그러나 20세기 말에 들어 자연법 이론은 부활을 누리게 되었다. 법실증주의자들은, 로크Locke, 루소Rousseau 혹은 그들과 같은 미국의 사상가들에 의해 주장된 자연법 이론이 함축하고 있는 진보적 내용을 통상

과소평가하곤 했다. 그들은 자연법 이론들이 과학적이 아니며, 사람의 삶은 그 변화가 너무도 심원하기 때문에 거기에 절대불변의 법칙이 존재한다고 주장할 수는 없다고 지적했다.

한편 법실증주의는 법학의 과학적인 발전을 향한 하나의 거대한 진전을 보여주었으나, 그 프로그램은 지나치게 제한되어 있었다. 이 이론은 또한 정부의 지원을 받는 테러와 합법화된 불법행위로 악용될 수도 있었다.

나는 나의 저서를 통해, 좁게 해석되고 심지어 왜곡된 법실증주의의 취약점을 법실증주의와 인권 개념을 결합함으로써 극복했다. 이러한 이론들은, 새로운 논증이론을 도입함으로써 새로운 철학으로 확장되고 전환되었다. 이러한 방식으로 신수사학은, 현대의 진보적 법 이론의 철학적 기초이자 국내법과 국제법의 요구 사이의 갈등을 극복하기 위해 필요한 도구로서의 중요한 이론적 · 실천적 역할을 수행할 수 있을 것이다. 그것은 안티고네Antigone의 권리[173]를 전통적으로 적용하는 일을 진부한 것으로 만들어 버리지만, 그녀의 철학 속에 담긴 사상을 영속시키고, 인권과 정치적 자유의 보장을 위임받고 있다.

법의 해석과 적용에 관하여 신수사학은 '주관주의자'와 '객관주의자', 즉 입법자의 주관적 의지를 확립하려는 사람들과 법적 규범의 객관적 의미를 확립하려는 사람들 사이의 전통적인 적대감을 극복할 수 있는 중요한 도구로 기능할 수 있다.

이러한 논쟁들은 결코 중단되지 않겠지만, 미국과 유럽의 경험을 결합시키

173) 그리스의 비극 작가 소포클레스의 작품의 주인공인 안티고네는 공적 시민만을 가치 있는 인간으로 인정했던 당시 그리스 도시국가에서 인간적 가치를 나타내는 인물로 그려진다. 따라서 안티고네의 권리는 부당한 국가권력의 간섭을 배제하고 인간 내면에 존재하는 정의의 영역을 추구하는 권리를 의미한다(옮긴이).

는 것을 돕는 신수사학 덕분에 그러한 논의는 실속을 가지게 되고 민주주의와 인권의 명분을 도울 수 있게 된다.

신수사학은 또한 정치적 다원주의의 필수불가결한 철학적 토대로 기능한다. 우리가 절대적 진리와 단일주의란 개념을 일단 효율적으로 그 근저부터 부수게 되면, 모순적인 가치가 공존하기 위한 이성적인 수사학적 정당화가 확립되게 된다. 신수사학은 삶과 사유의 모든 영역에서 절대적 상대주의를 거부한다. 그러나 동시에 신수사학은, 전통적인 데카르트 학파의 관점에서는 이단이라고 보일지 모르지만, 보다 새롭고 유용한 개념들을 발전시키는 것을 돕는다. 이 경우 법과 정치와 도덕에 관련된 두 가지 모순되는 진술이 어느 정도 정당화될 수 있다. 어느 것이 최선의 해결책을 보여 주는가를 발견해 내기 위해서, 우리는 레싱Lessing의 희곡 《현자 나탄*Nathan the Wise*》의 주인공인 현명한 판사가 사용했던 방법을 적용해야 할 것이다. 모든 사람은 희생, 우정, 사랑 그리고 마음의 교류를 획득하기 위해 노력해야 한다. 최종적 판결은 우리의 '아득한 후대의 자손'들에 의하여 내려져야 한다.

이러한 방식을 통해 신수사학은 현대적 개념으로서의 관용을 위한 철학적 토대가 되었다. 그것은 공적 · 사적인 삶의 모든 영역에 걸쳐 널리 확산되어야 한다.

인류사상의 역사에 나타난 모든 위대한 발견과 같이, 페렐만의 권고는 단순하고 명백한 모습을 띤다. 우리가 그 권고를 좀 더 일찍 알아차리지 못한 것은 기이한 일이라 하겠다. 신수사학 또는 신논증이론이라는 명칭이 그렇게 직접적이고 명백하게 나타내지는 못하지만, 새로운 방법론과 철학이 가지는 의미는 매우 뚜렷하다. 즉 페렐만의 이론은 공식이나 논리적 결론에 국한되지 않는 하나의 합리주의이며, 또한 그것은 이성적인 것과 인본주의적인 추론으로부터 떼놓을 수 없는 이론인 것이다.

새로운 철학으로서의 신수사학의 공표는, 낡고 새로운 그리고 소박하고 현학적인 형태의 정신적 · 감성적 노예상태에 대항하는 이성과 계몽의 끝없는 투쟁에 있어 또 하나의 전환점이라 할 수 있다. 암흑의 제국에 대항하여, 효과적으로 싸울 수 있는 방법을 모색하는 사람이라면 누구나 카임 페렐만이 정교하게 만들어 낸 방법들을 다양한 방식으로 활용해야 한다. 그가 재발견한 수사학은 진보와 휴머니즘과 자유와 관용을 위하여 분투하는 사람들에게 있어서, 심각한 결과를 초래하지 않는 한 결코 무시될 수 없는 것이다. 우리는 신수사학의 창시자의 이름이나 그의 업적에 대해 언급하지 않고도 수사학적 방법과 수단을 활용할 수 있지만, 그러나 그 모두를 완전히 무시할 수는 없다. 신논증이론은 자유와 관용과 이성적인 행위의 영역을 보존하고 확장시키려는 사려 깊은 사람들의 공동의 재산이 되고 있는 것이다.

제10장

신수사학은 현대의 휴머니즘이다

1. 새로운 문제들

신수사학을 꼼꼼히 살펴볼 경우, 우리는 오늘날 신수사학은 휴머니즘의 새로운 양식들을 발전시키는 도구가 되었다는 결론에 도달하게 된다. 즉 그것은 그 자체로 휴머니즘적인 것이다.

'휴머니즘' 그리고 '휴머니즘적'이라는 말은 다양하게 해석된다. 이 단어는 중세와 근대가 만나는 시점에 널리 퍼지게 되었다. 의심할 바 없이 휴머니즘적 경향은, 비록 같은 말로 불리지는 않았지만 그 이전의 시대에도 알려진 것이었다. 개인들이 사회 구조와 정치권력에 의해 압제받는 어느 시대 혹은 어느 장소에서든, 이러한 압제에 반대하는 항의는 반드시 제기되어야 한다. 이러한 항의야말로 존엄하고 자유로운 삶을 위한 모든 투쟁의 핵심인 것이다.

많은 형태의 억압이 존재하고 그리고 그만큼 많은 형태의 휴머니즘이 존재한다. 모든 억압적인 행위는 결국 진보와 휴머니즘에 적합한 힘들을 불러일으키게 마련이다. 말할 것도 없이 현대의 휴머니즘은 그 이전의 휴머니즘적인 운동들, 투쟁들, 승리들, 그리고 패배들에 기반을 두고 있다. 현대 사회는 과거의 어느 때보다 더욱 미묘하고 복합적인 새로운 형태의 정신적인 노예상태를 만들어 왔다. 그러므로 그러한 노예상태의 양상들을 감지하고, 비판하고, 투쟁하고, 극복하는 것은 때로 어려운 일이 된다. 휴머니즘을 위한 투쟁은 결코 끝나지 않는다.

때로는 사회적 행동주의와 인성개발에 적대적인 세력들을 감지해 내는 것이 매우 중요한 일이 되기도 한다. 이것이야말로 휴머니즘을 위한 수사학적 방법론의 첫 번째 임무인 것이다. 즉 무엇이 잘못되어 가고 있고, 그 원인은 무엇이며 어떻게 예방될 수 있는가를 밝혀내는 것이다.

휴머니즘에 대해 때로는 일반적이고 때로는 세부적인 수천 가지의 서로 모순되는 정의들이 존재함을 우리는 알고 있다. 19세기의 경험에 비추어 볼 때, 우리는 삶에 대한 휴머니즘적 접근의 가장 본질적인 특징은 다음과 같다고 결론지을 수 있다. 즉 각 개인들은 자신의 개인적 재능과 에너지를 개발할 수 있는 기회를 부여받아야 한다. 그리고 창조적이며 행복할 수 있어야 한다.

이런 점에서 현대 휴머니즘과 자유 개념의 창시자 중 한사람인 피코 델라 미란돌라Pico Della Mirandola는, 신이 자신의 형상대로 인간을 창조했다는 성경의 유명한 구절을 구체적으로 설명한 바 있다. 그는 신의 가장 중요한 특징은 창조성이며, 자연 혹은 신이 준 이러한 선물은 모든 인간 존재에 있어 가장 값지고 가장 특징적인 것으로 여겨져야 한다고 주장했다. 몇몇 랍비나 탈무드 연구자의 해석의 연속선상에서, 피코는 인간 존재를 오히려 신의 단순한 종인 천사보다 우월한 최상의 창조물이라고 주장했다. 신의 독자적 의지와 계획에 따르면, 인간은 거의 신과 동등한 존재이다. 이것이야말로 모든 형태의 휴머니즘이 지닌 신조인 것이다.

피코의 모든 신학 사상은 사실상 비종교적인 것이었음이 명백하다. 그는, 인간이 그 본질과 가치가 창조성과 자기결단인 지선至善의 창조물임을 나타내기 위해서 성경을 하나의 도약대로 사용했을 따름이다.

휴머니즘의 이러한 기본적 개념은 또한 신수사학의 철학적 기초가 되었다. 일단 신수사학이 인간 존엄성 외에 절대적으로 선하거나 신성한 것은 없다는 논리를 기본 명제로 삼는다면, 우리는 삶의 더 높은 가치와 더 나은 양상과 방식들을 끊임없이 모색하지 않으면 안 된다. 현대 휴머니즘에 있어 각별히 중요한 세 가지의 특수한 영역이 있다. 그것은 사회적 · 개인적 정의, 압제로부터 벗어나 품위 있는 삶을 위한 진정한 기회를 향유할 자유, 관용과 프라이버시이다.

2. 사회적 정의와 개인적 정의

정의의 개념은, 부정의不正義한 것으로 인식되었던 경험적 사실로부터 나온 것이다. 정의는 개인과 사회의 관련성에 부수된 개념이다. 개인의 상황과 관련된 정의의 모든 문제들은 사회적 행위, 활동, 사상이라는 보다 넓은 개념에 따라 해석되어야 한다. 여기서 플라톤의 추론을 구태여 되풀이할 필요는 없을 것이다. 그는, 소크라테스를 자신의 둘도 없는 친구로 묘사하면서도, 만약 어떤 사람이 국가나 혹은 곤란에 처한 자신의 친구를 위해 선한 의도로 행한 것이라면 거짓말(가령 친구에게 약물을 주면서 그것을 약이라고 하지 않고 '포도주'라고 속이는 것)이나 도둑질조차도 선한 행위로 인정되어야 함을 증명했다.

정의에 관련된 수백 편의 논문에서 페렐만은 형식을 갖춘 하나의 정의定義를 이끌어 낼 수 있었다. "정의란, 어떤 동등한 계층의 사람들을 대표하는 이를 대우하듯이 다른 사람을 대우할 때 비로소 존재하는 것이다." 페렐만은, 실재하는 사회의 그룹들과 개인들, 심지어 국가들에 이르기까지 보편적 원칙을 적용하는 것이 문제의 핵심이라고 설득력 있게 증명한 것이다.

모든 사람들이 법 앞에 평등해야 하고 자신들의 생활수준과 사회적 지위를 향상시킬 기회를 가질 수 있어야 한다는 것은, 문명사회에서 의심할 여지가 없는 사실이다. 그러나 보다 나은 사회적 지위 혹은 보다 향상된 생활수준을 규정하는 기준은 도대체 무엇인가? 그리고 보다 낫고 보다 향상된 수준이나 지위를 획득하기 위한 공평한 기회를 가진다는 것은 무엇을 의미하는가? 기회를 부여한다는 것은, 앞을 향해 긍정적인 일보를 내딛는 것을 밀어주는 일을 포함해야 하며, 새로운 지위나 수준을 획득하기 위한 실질적인 도움을 포함해야 한다고 어떤 사람들은 확신하고 있다. 이것은, 경제적이나 혹은 인종적인 측면에서 불이익을 당하고 있는 사람들이 자신들의 불이익을 극복하고 보다 나은 수준으로 나아가는 것을 돕기 위해서는 몇 가지 특권이 주어져야 한다는 것을 의미한다. 그렇기 때문에 공산국가의 정부는 가난한 농민과 노동자의 자녀들을 특별과정에 넣어 주려고 했는데, 그 과정은 비록 그들의 학업성취도가 떨어지더라도 대학 입학을 보장할 수 있는 것이었다. 미국에서는 이러한 문제들을 '차별철폐조치법Affirmative Action'과 같은 제도로 부분적으로 해결하고 있음을 우리는 알고 있다. 이러한 해결책은 사회적으로나 정치적으로 큰 논란을 불러일으켰다. 수사학적 관점에서 보자면 어떤 형식의 '차별철폐조치법'이라 할지라도, 여러 가지 방식으로 해석될 여지가 있는 이른바 '혼란스러운 견해'를 나타내는 것으로 보인다. 이러한 정책은 이익이 될 수도 있고 때로는 해로운 것일 수도 있다. 그러나 어떻게 하면 적극적인 도움을 줄 수 있는가 하는 문제는 여전히 존재한다. 그것은 쉽게 해결할 수 없으나 또한 수수방관할 수만은 없는 문제이다.

우리가 특권을 누리는 나라나 대륙들과 그렇지 못한 곳 사이의 관계를 고려할 때 정의의 문제는 더욱 복잡해진다. 제3세계 국가들은 보다 높은 생활수준을 향유하고 있는 국가들로부터 자신들이 특별한 대우를 받아야 마땅하다고 확신한다. 상대적으로 잘 사는 나라들이 보인 첫 번째 반응은, 자신들의 생활수준이 그다지 높지 않으며 자국 내 존재하는 비특권계층의 문제조차도 해결하지 못하고 있다는 것이다. 비록 잉여자원이 있다 하더라도 미미한 수준이며, 다른 나라들의 기대를 충족시키기에는 불가능하다고 말한다.

흔히 말하듯이 우리의 세계가 지구촌으로 좁아진 이래, 민족 · 국가 · 대륙들이 서로 고립되어 있던 과거의 세대보다도 정의에 관한 한 훨씬 많은 문제들을 안게 된 것으로 보인다. 심지어 우리는 생활할 수 있는 공간을 이전 세대로부터 물려받았는지, 혹은 우리가 미래세대를 위해 단순히 보관만 하고 있는 것인지에 대해서도 논의해 보아야 한다. 과거 어느 때보다도 오늘날 정의의 문제는 전 세계적인 것이다. 인류의 공동재산이라고 여겨져 온 공기와 수자원을 이렇게 낭비하는 것이 과연 정의로운가? 만약 그것들이 인류 공동의 재산이라면, 국가, 사회집단, 그리고 개인들이 천연 자원을 사용하는 것에 대해 어떤 제한을 가하는 것이 정의로운 일인가? 이 모든 물음들은 지극히 복잡하기 때문에 단지 부분적이거나 일시적으로만 해결될 수 있을 뿐이다. 우리는 진정으로 항구적이고 정의로운 해결책은 결코 발견할 수 없을 것이나, 이 문제들을 개방적으로 논의해야 하며 모든 찬반양론의 견해에 대해 논쟁을 벌여야 한다. 우리는 모든 논의의 출발점으로 되돌아가 과거에 결정했던 것을 다시 토론해야 한다는 사실을 자각하지 않으면 안 된다.

정의의 관점에서 볼 때, 세계가 '지구촌'으로 바뀐 지금에 와서 세계적 · 대륙적 · 국가적 문제들은 다음과 같은 영원불변한 질문을 새로운 형식으로 제기하고 있다. 즉 그 질문이란, 개인의 행위와 그리고 그가 사람들로부터 대접받기를 원하는 대로 다른 사람을 대접해야 한다는 원리를 말한다. 만약 황금률이나 칸트의 정언명법定言命法이 개인적 정의와 관련하여 가장 보편적으로 받아들여지는 교훈이라면, 페렐만의 다음과 같은 질문이 다시 떠오른다. 즉 그 보편적인 것이 어떻게 구체적이고 개인적인 것으로 바뀌어질 수 있는가?

개인적 정의의 문제는 따로 고립된 것이 아니라, 개인과 사회의 관계에 속하는 문제이다. 개인과 사회는 항상 내적으로 얽혀져 있게 마련이다.

개인들 사이의 관계는 관습, 도덕, 그리고 법으로 규제된다. 물론 개인들은 도덕률과 예의범절에 따라 법적으로 정해진 의무보다도 더 많은 것을 요구할 것이다. 때로 사람들은 법적으로 부여된 권리를 포기하기도 하는데 그 이유는 그 법적 권리를 굳이 받아들이는 것이 적절치 못할 수도 있다는 도덕적 이유 때문이다. 이러한 생각은 다음과 같은 사실을 보여 준다. 개인에 관련된 법적·도덕적 규범들에 의해 비교적 잘 잘 규제된 지역에서조차도 많은 예외적인 상황이 있으며, 그럴 경우에 사람들은 정의에 대한 보편적 개념과 문제를 염두에 두고 이러한 관계들을 고려해야 한다. 그러나 알다시피 이러한 개념들은 너무나 보편적이기 때문에 어떠한 표징조차도 반드시 창조적인 방식으로 분석되어야 한다. 법과 철학과 정의 이론에 숙달된 사람조차도 서로 의견이 일치하지는 않을 것이다. 그러므로 개인 사이의 관계는 휴머니즘에 입각한 엄격한 기준에 따라야 하며, 이 기준을 마련하는 데는 수사학적 논증이 유용할 것이다.

모든 문명국가에서 법 앞에 만인이 평등하다는 원칙이 쉽게 그리고 저절로 실현될 수 없음을 우리는 잘 알고 있다. 현대 사회에서는 심지어 고객과 판매인이 연루된 매우 간단한 재판일 경우에도 관련 쌍방의 재정적 능력에 따라 판결이 내려질 때가 많다. 형식적이고 법적인 관점에서 본다면, 그 쌍방은 모두 평등하다. 그러나 실제로는 쌍방 중 한 사람이 좋은 변호사를 고용할 능력이 없거나 혹은 질질 끄는 재판과정에 돈을 댈 여유가 없을 때, 부정의不正義의 요소가 개입되게 마련이다. 1991년 미국에서는 대중의 난동을 야기한 한 건의 재판이 벌어졌다. 결국 그 사건은 대법원까지 올라갔다. 사형선고를 받은 피고인의 변호사는 인신보호법을 근거로 재심을 청구했다. 불과 하루 차이로 주법원에 재심을 조기 청구할 최종 시한을 놓쳤기 때문에 그 청구는 각하되었다.

피고인의 설명에 따르면, 그는 수수료를 지불할 돈이 없어 결국 변호사를 고용할 수가 없었다는 것이다. 미국 대법원은, 피고인이 일단 주 법원이 정한 조기 청구의 최종 시한을 놓쳐 버렸다면, 자신들은 형 집행의 연기를 중재하지 않을 것이라는 결정을 내렸다.

휴머니즘적인 그리고 인도주의적인 관점에서 볼 때, 미국 대법원의 결정은 잔인한 것이었다. 신수사학의 총체적 정신과 그리고 페렐만 자신이 분석한 이와 유사한 사례들을 두고 볼 때, 우리가 정의와 휴머니즘을 실현하기 위해서는 생명을 보호하고 법적 오판의 희생물이 될 수도 있는 무고한 사람들을 보호해야 한다는 지선至善의 가치를 염두에 두어야 함을 알 수 있다. 만약 일말의 의구심이라도 든다면, 당연히 생명의 보호와 무죄를 선택해야만 한다.

신수사학은 특별히 부정의에 대항해 개인들을 방어하고 보호하는 일을 도울 수 있는 논증들을 발전시키는 방향으로 작용한다. 이러한 부정의는 사회적 · 정치적 · 법적 제도의 불완전한 시스템에 의해 야기되며, 또한 정의를 집행할 책임을 진 사람들 자신들도 본질적으로 불완전한 존재에 지나지 않는다는 사실 때문에 야기된다.

3. 억압으로부터의 자유—선택과 창조의 자유

많은 종류의 자유 가운데서 억압과 핍박으로부터의 자유가 가장 중요하다. 역사적으로 볼 때도 이러한 사실은 정당화될 수 있다. 무엇보다 먼저 자유는 권위에 의한 자의적이고 변덕스러운 결정으로부터의 자유와 같은 '부정적인' 방식으로 규정되어져야 하며, 그 이후에야 비로소 창조적 활동을 위한 자유와 같은 긍정적인 방식으로 규정되어야 한다.

현대의 휴머니스트들은, 사람들이 전제정부의 폭정을 타도하고 여러 지배자와 독재자의 억압적인 지배로부터 독립된다면 그들은 자유롭게 될 것이라고 주로 강조해왔다. 그러므로 입헌정부와 의회제도의 출현이야말로 자유의 이상과 진정한 개인적 자유의 발전에 있어 결정적인 계기가 된 것이다. 그러나 곧 그러한 혁명적 업적의 결과는 한계를 가진다는 것이 드러났다.

미국과 프랑스 헌법 및 시민의 권리와 인간의 '천부적' 자유에 관한 각각의 선언들은, 자유라는 이상의 발전에 대한 고전적인 표현이다. 그것들은 정부의 압제에 대항하는 방향으로 초점이 맞추어졌다. 그것들은 높이 숭앙받고 있으며 또한 그렇게 되어야 마땅하다. 우리가 비록 자유라는 이상의 진보에 있어 새로운 단계로 진입하고 있긴 하지만, 여전히 침탈로부터 이러한 자유를 방어하는 일이 필요하다. 자유의 보호와 인간의 이익을 증진한다는 핑계 아래, 때때로 정부들은 자유의 원칙에 해로운 법을 제정해 왔다. 우리는 상대적으로 진보적이고 자유로운 사회에서 오히려 좌파와 우파의 전제주의가 발전할 수 있다는 사실을 잊어서는 안 된다.

2차 세계대전 기간에 팽배했던 파시스트의 전제주의가 패배한 이후, 그리고 스페인의 프랑코 정권과 포르투갈의 살라자르 정권과 같은 파시스트 정부가 몰락한 후에, 수많은 공산주의 전제 정부도 잇따라 붕괴되었다. 그럼에도 불구하고 전제주의의 병균은 근절되지 않았으며, 많은 사회적 · 정치적 요인들이 그것의 재생을 북돋우고 있다.

그러므로 모든 서구 국가들의 헌법과 유엔의 선언들과 기록들에서 표현된 자유, 그것을 위한 투쟁은 반드시 지속되어야 한다. 이러한 캠페인은 새로운 정치 상황과 환경들을 반드시 고려해야 한다.

서구 사회에서 자유라는 개념을 이해하는 데 있어, 자유가 '일반적으로 받아들여진 필요성'이라는 유명한 헤겔의 말은 새로운 해석이 필요하게 되었다. 헤겔의 말은, 보수주의나 개혁주의 식으로 혹은 혁명의 측면 등으로 수많은 갈래의 해석이 이루어져 왔다. 현실적인 것은 무엇이든 필요한 것이며 필요한 것은 무엇이든 현실적인 것이라는 헤겔의 말을, 프러시아 왕당파들은 현 왕조에 대한 찬미로 해석했다. 그러나 진실로 필요하고 현실적인 것은 오직 이성적인 것이라는 사실이 곧 분명하게 되었다. 한편 시대에 뒤진 정치체제와 같은 비이성적인 것은 변혁되어야 하며, 이러한 변혁 이후에라야 비로소 자유와 이성, 필요와 현실 사이의 균형이 회복되는 것이다.

헤겔의 변증법적 철학에 의하면 현실적인 것이 비이성적이고 불필요한 것이 되었을 때, 그 현실은 단순히 존재로서만 나타난다. 정말 모든 시대에 뒤진 것들은, 자유를 열망하는 사람들에 의해 필요하다면 강제로라도 타도되어야 한다. 결과적으로, 자유에 대한 개념은 19세기 후반 들어 바뀌었으며, 20세기에는 이 바뀐 개념이 거의 보편적인 것으로 되었다. 이 새로운 개념에 따르면, 인간이 자유롭고 평등하다는 헌법상의 선언만으로는 불충분하다. 인간의 재능과 생명력을 발전시킬 기회가 반드시 주어져야 한다.

자유에 대한 이러한 새로운 생각은 많은 정치 철학가들에 의해 발전되었으나 어떤 것은 모순되고 논쟁의 여지가 있는 것으로 비쳐진다. 사회주의 철학, 신자유주의(그중 몇 가지), 복지국가, 가톨릭의 사회적 독트린, 뉴딜 정책이나 '위대한 사회' 등이 가진 미국의 이상은, 인간의 능력과 자유를 발전시키고 강화하며, 사회 정의를 보장할 수 있는 현실적인 기회를 사람들에게 부여하는 책임을 정부가 떠맡아야만 한다는 점을 강조했다. 이러한 새로운 개념에 따르면, 정부를 비판한다는 단순한 권리, 그것만으로는 충분할 수 없다. 자유와 정의를 지켜내기 위해서, 사회는 단순히 프라이버시나 개인적인 언론의 자유를 지키는 것보다 더 많은 의무를 져야 한다. 모든 시민들이, 중등교육 혹은 그 보다 높은 수준의 교육까지 포함하여 자신들이 원하는 교육을 받을 수 있는 환경을 만들어 내어야 한다. 그들은 빈곤과 품위를 떨어뜨리는 사회적 조건들로부터 자유로워야 한다. 인간의 일차적인 경제적 · 문화적 욕구는 동등한 기회를 보장하기 위해서는 반드시 충족되어야 한다.

새로운 도덕적 규범과 행복의 추구에 관한 우리의 생각과 관련지어 볼 때, 현재 널리 퍼져 있는 휴머니즘적 견해는, 정부가 시민들이 자신의 개인적 재능을 발전시키도록 도울 수 있는 수단을 제공하도록 요구한다.

페렐만은 그의 저작들에서 자신이 이차적인 현대적 개념으로서의 자유를 지지하고 있음을 명백히 했다. 그는 자유가, 개인의 욕구와 목표의 달성을 가로막고 있는 난관과 장애를 극복하는 힘, 거기에 있음을 강조하곤 했다. 또한 그는 헤겔의 용어를 사용하지 않으면서, 자유는 오직 이성적인 욕구만이 충족될 수 있다는 견해와 분리될 수 없다고 주장하였다. 이렇게 해서 신수사학의 창시자는 신수사학을, 이성적인 것이 무엇인지 그 이성적인 것을 성취하기 위해 무엇을 해야 하는지, 그리고 개인과 국가의 목표를 추구하는 사람들을 만족시키기 위해 무엇을 해야 하는지를 확립하는 이론으로 정립하였다.

그러므로 신논증이론은, 현실을 보다 잘 이해하고 현실을 자유와 정의의 현대적 의미에 맞추는 것을 돕는 도구로 간주될 수 있다.

4. 관용과 프라이버시

신수사학의 본질과 기초는 관용이다. 신수사학의 방법은 관용적 분위기에서만 발전되고 적용될 수 있다. 그것은 또한 관용이라는 목표를 향해 투쟁하기 위한 도구이다. 그러나 일단 관용이 생활양식이 되는 경우—설사 제한된 것이라도—, 민주주의와 자유의 더 큰 발전은 일상생활에서의 수사적 방법론의 적절한 적용에 달려 있다.

신수사학적 방법론의 가장 위대한 정신적 선구자의 한 사람은 스피노자 Benedict Spinoza이다. 그의 종교관에 대한 비난과, 기독교 교조주의자들의 묵시적이고 비공식적인 승인 아래 이루어진 유대 종교 공동체로부터의 제명이라는 사건은, 스피노자가 그 특유의 모든 결론을 이끌어 낼 수 있었던 잊을 수 없는 교훈이 되었다. 자신의 저작들을 통해 스피노자는 관용을 옹호하는 기본적이고 고전적인 논증을 밝혔다.

스피노자의 궁극적 결론은 다음과 같이 나타낼 수 있다. 사상과 언론의 자유는 집회의 자유와 분리될 수 없다. 만약 사람들이 자신의 생각을 말하는 것이 금지된다면, 그들은 심지어 생각하는 것조차 두려워하게 될 것이고 결국 그것은 모든 인류의 손실이 될 것이다. 만약 사람들이 자신들의 생각을 교환하기 위해 모이는 일이 금지된다면 언론의 자유는 물론 사상의 자유조차도 소용없게 될 것이다. 사회적 · 정치적 이유로 집회를 금지시키는 것은 헛된 일이다. 왜냐하면 사람들은 어떤 방식으로든 은밀하게 집회를 열 것이기 때문이다. 이 세 가지 분리할 수 없는 자유를 방해하는 법률들은 시민들에 의해 혐오를 받고 무시당할 것임에 틀림없다. 사람들이 이러한 법률들을 거부하고 복종하지 않을 때, 모든 정치 구조는 그 근거를 훼손당하고 시민들은 권리를 침해하는 정부로부터 이탈해 나갈 것이며 시민들과 권력 사이에 반드시 필요한 신뢰의 유대는 단절되게 된다.

스피노자는 사상과, 언론과 집회의 자유가 불가분의 것이라고 말한 첫 번째 사상가일 것이다. 그는 이 자유들(그중의 하나로는 종교의 자유도 포함될 수 있다) 사이의 관련성을 가장 먼저 설명한 사람이었다. 사실상 그는 오늘날 우리가 자유들의 고리라고 부르는 것을 창안해 내었다. 오늘날 그 연결고리 중의 하나를 끊어 버리는 것은, 고리 전체를 파괴하는 것이며 이러한 자유를 박탈하는 정부는 그 자신의 존재의 근거를 훼손하는 셈이 된다. 최근 우파와 좌파의 권위적 정부가 몰락하고 있는 현상은, 3세기도 더 전에 자신의 관찰을 기록했던 스피노자가 옳았음을 가장 잘 증명해 준다.

물론 스피노자는, 오늘날의 이러한 비관용적인 정부가 자신의 정치적 존재와 도덕적 합법성을 근저에서부터 훼손할 뿐 아니라 국민들의 경제력의 발전을 저해할 수 있다는 사실을 몰랐을 것이다. 종종 '진정한 사회주의'라고 불리었던 소련의 정치적 · 경제적 시스템의 몰락은, 독재와 비관용으로 야기된 도덕적 타락이 다른 분야의 발전도 마찬가지로 저해한다는 사실을 입증하였다.

스피노자의 관찰은 액튼Acton 경의 그 유명한 견해, 즉 "모든 권력은 부패하게 마련이며 절대 권력은 절대적으로 부패한다"는 것보다 더 심오하고 더 원대한 것이었다. 스피노자는, 지배자뿐 아니라 피지배자들도 권력에 의해 도덕적으로 타락한다고 받아들였다. 그리고 마침내 그는, 시민들로부터 자유를 박탈하고 자유롭고 독립적으로 사유하는 사람들을 박해하는 정부는, 자기 국민들뿐 아니라 이웃 국민들의 복지와 평화조차도 위협한다고 결론지었다. 우리는 스피노자가 "평화는 평화를 영속시키고, 자유는 자유를 강화한다"(마넬리, 《자유와 관용》, p. 103)는 말과 같은 의견을 지녔다고 결론지을 수 있을 것이다.

관용에 관한 스피노자의 견해와 자유에 관한 그의 철학 사이에는 밀접한 관련성이 있다. 그의 사유의 출발점은, 인간 존재가 기계의 한 톱니바퀴로 여겨져서는 안 된다는 것이었다. 자신 속에 원래 가치를 지닌 자율적인 존재인 인간은, 모든 사회조직과 정치제도의 목적이자 목표로 대우되어야 한다. 미래의 구원에 대한 희망과 행복한 영생永生에 대한 요구가 그의 활동을 제한해서는 안 되며, 그의 삶을 지배해서도 안 된다.

스피노자는 또한 인간존재의 사회적 본질을 간파했다. 그의 사상은, '이성에 충실한, 사람들 간의 협력'이라는 말로 간단히 표현될 수 있다. 즉 사람들 간의 어울림은 순간적인 충동에 얽매여서는 안 되며, 자유인은 이성의 요구에 따라 서로에게 봉사해야만 한다.

스피노자가 내린 결론은 또한 신수사학의 출발점의 하나이기도 하다. 진정으로 자유롭기 위해서는, 사람들은 이성적이어야 하며 동시에 식견을 갖추어야 한다. 합리성과 자유 사이에는 어떤 연계가 있으며, 오직 이성적인 사람만이 진실로 다른 사람들과 조화롭게 살아갈 수 있다. 이성은 감성을 다스려야만 한다. 왜냐하면 열정에 지배되는 사람은 선과 악을 제대로 구별할 수 없기 때문이다.

"그렇지만 인간의 자유가 커질수록, 사람들은 더욱 이성에 의해 인도될 수 있고, 자신의 욕구를 절제할 수 있을 것이다"(스피노자, 《정치학 논고*A Political Treatise*》, 《스피노자의 주 저작들》, 도버출판사, 1955, p. 298).

신수사학의 방법론 역시, 사람은 사회와 정부 속에서 자신이 처한 상황에 대한 충분한 정보를 가지고 있어야만 한다는 스피노자의 견해로부터 영향을 받았다. 정부 차원에서의 비밀은 사회적 성취와 자유에 해를 끼치게 된다.

> 시민들의 등 뒤에서 모든 것을 멋대로 처리하려고 하면서, 동일한 사안에 대해 시민들이 나쁘게 판단하지 않을 것이며 또한 모든 것에 대해 불리한 해석을 가하지 않을 것이라고 기대하는 것은 참으로 어리석은 일이다. 왜냐하면 만약 민중들이 스스로를 절제할 수 있어서, 잘 알지 못하는 일에 대한 판단을 미루거나 혹은 이미 알고 있는 최소한의 사실로써 일들을 올바르게 판단할 수 있다면, 그들은 지배당하기 보다는 지배하는 편이 훨씬 어울릴 것이기 때문이다(스피노자, 《신학 정치학 논고*A Theologico-Political Treatise*》, 도버출판사, 7장 27절).

이것은 또한 신수사학의 접근 방식이기도 하다. 그릇된 정보를 가지고 있거나 혹은 정보를 제공받지 못한 사람들은 올바른 결정을 내릴 수 없다. 정부 편에서 볼 때 더욱 나쁜 것은, 그들이 비밀을 지키는 정부에 해로운 쪽으로 사건들을 해석하는 경향이 있다는 사실이다. 신수사학과 스피노자의 관용의 철학에 따르면, 지식 · 정보 · 자유 · 관용 · 효율적 정부와 피지배자의 행위 사이에는 밀접한 연관성이 있다고 한다.

신수사학은 또한 계몽주의 시대에 확립된 정신적 기초를 가지고 있다. 디드로Diderot와 달랑베르D'Alembert가 편찬한 《백과전서》에는 '관용'을 다음과 같이 설명하고 있다.

> 일반적인 용어로서의 관용은, 자신과 유사한 피조물들과 함께 살도록 운명지워진 모든 연약한 존재들의 미덕이다.

이것이 계몽주의 철학의 출발점이다. 인간이란 연약한 존재이다. 즉 삶이란 비참하고 추악한 것이기 때문에 사람들은 서로 관용을 베풀면서 함께 살아가도록 운명지어져 있는 연약한 존재인 것이다. 인간의 지성은 지식과 열정의 결핍 때문에 제한적일 수밖에 없다. 이러한 인간의 약점은, 적어도 부분적으로는 이성의 힘과 상호 존중의 성향에 의해 중화될 수 있다. 서로에 대한 존중은 관용의 핵심인 것이다.

계몽주의 철학자들에 따르면, 관용의 원리는 철학자들에 의해 설명되고 전파되어야 한다. 그들은 온갖 편견과 광신에 대항하여 싸워야만 하며, 이러한 방식으로 사람들이 일상생활에서 열린 마음을 가지고 관용을 닦도록 북돋아 주어야 한다. 관용과 평화 그리고 상호 협동이 없는 한, 진보와 번영은 결코 찾아오지 않는다.

신수사학은, 수많은 근원적인 불화와 모순과 불일치가 존재하고 있다는 계몽주의 철학자들의 견해에 동의한다. '관용'에 대한 논문의 저자인 로밀리M. Romilly는, 인간성이란 갈등과 오해를 빚어내기에 매우 적합한 토양을 가지고 있다고 기술했다. 그러나 근원적인 차이와 불일치가 많을수록 우리가 상호존중과 관용을 북돋워야 할 이유는 더욱 많아진다는 것이 우리의 원칙이자 신수사학의 견해이기도 하다.

또한 신수사학은 계몽주의의 또 다른 사상을 받아들이고 있다. 일단 우리가 인간의 심성이 부정확한 도구라는 사실, 우리가 절대적인 진리에 도달할 수 없다는 사실, 어떤 사람에게는 명백한 것이 딴 사람에게는 불명확하다는 사실을 받아들이고 또한 어떤 사람에게는 충분하다고 생각된 증거가 딴 사람에게는 설득력이 없다는 사실을 받아들일 경우, 우리는 관용적이 될 수밖에 없다. 그렇지 않고서는 인간의 심성과 사유가 지닌 피할 수없는 결함을 극복할 도리가 없는 것이다.

계몽주의 이래, 관용을 북돋워 왔던 사람들은 관용적인 태도 및 행동과 '무관심의 죄' 사이의 차이를 명백히 구분해 왔다. 백과전서의 저자들은, 인간에 대한 옹호를, 잘못을 저지르는 사람들에 대한 관용으로부터 구분해야 한다고 생각했다. 우리는 잘못된 생각을 견지하고 있는 사람들에 대한 무관심과 용서를, 반인간적인 광신주의를 주장하고 자유에 무관심한 사람들로부터 구별한다. 관용을 파괴하려 하고 이성의 법칙 대신에 칼의 법칙을 사용하며, 박해나 범죄로 관용을 대체하려는 사람들에게까지 관용을 충분히 베풀 수는 없다. 관용의 적들에 대항하여 관용과 관용적인 생활방식을 지켜내기 위해서 어떤 방법이 동원되어야 하는가? 이것이 문제다. 프랑스 혁명 기간에 성 쥐스트St. Just가 말한, "자유의 적을 위한 자유는 없다"는 것이 해답일 수는 없음이 명백하다.

신수사학 역시 이러한 물음을 제기한다. 절대적으로 옳은 답은 없다. 그러나 우리는 민주주의의 및 사회문화의 발전, 그리고 그 발전을 논증과 반논증의 과정에 연계시키는 것이야말로, 독재로의 복귀를 불가능하게 만들 분위기를 창출할 수 있다고 확신한다. 그럼에도 불구하고 확실한 보장은 없다.

마지막으로, 신수사학은 개인의 행복과 관용 사이에는 밀접한 관련이 있다는 디드로의 말과 견해를 같이한다. 디드로는 다음과 같이 쓰고 있다.

> 나는 행복하기를 원하다. 그것은 모든 법률과 모든 종교적 시스템보다 우월한

법전의 첫 번째 조항이다(디드로, 《선집*Selected Writings*》, 1966, p. 304).

신수사학은, 인간이 행복을 추구할 권리를 가지고 있는지 혹은 행복해야 하는지 따위를 묻는 것은 아무런 의미가 없다는 것에 견해를 같이한다. 왜냐하면 모든 사람이 행복을 추구하는 것은 당연한 일이며, 모든 정부와 입법자들은 사람의 본성과 이성 그리고 품위와 관련된 이러한 교훈을 기억해야 하기 때문이다. 디드로는 자주 "입법부와 도덕이 순수한 기쁨을 방해하는 일이 없도록 하라"(디드로, 위의 책)는 말을 되풀이 사용하곤 했다.

디드로와 그 외 다른 합리주의자와 휴머니스트들은, 옛날이나 지금이나, 도덕과 정치에 다음과 같은 의학적인 격언을 적용하고 있는 것처럼 보인다. "무엇보다 남에게 해를 끼치지 마라primum non nocere." 이 격언은 도덕과 품위에 있어 가장 중요하고 자명한 원칙 중의 하나이다. 사람들이 자신들 고유의 방식으로 자신들의 행복을 찾아가는 것을 막지 말아야 한다. 사람들이 자신들의 소망과 애호에 따라 심지어 남을 해치지 않는 한은 변덕을 부려서라도 행복을 얻는 것을 금지하지 말아야 한다. 사회도 정부도 사람들의 작고 큰 기쁨에 간섭해서는 안 된다. 디드로의 최종적 권고는 다음과 같은 방식으로 표현될 수 있다.

> 어떤 사람의 일이든지 남의 일에 간섭하지 말 것이며 들추어 내지 마라. 네 이웃의 영혼에 끼어들지 마라! 관용을 베풀라!(마넬리, 《자유와 관용》, p. 107)

르네상스와 계몽주의 시대의 철학자들은 이성이 모든 열정과 감정을 억제해야 한다고 믿었다. 그러나 그들이 잘 알고 있던 바와 같이 인간이란 존재는 열정적임에 틀림없으며, 열정이 없는 인간은 괴물에 불과하다(디드로, 《초기의 철학적 저작*Early Philosophical Work*》, 1915, p. 29).

인간이란 현실적으로 어떤 존재인가 하는 문제에 대한 디드로의 견해는, 다른 청중들의 지지를 얻기 위한 적절하고 이성적인 호소를 추구하는 점에서 신수사학의 주목을 받았다. 행복과 관용을 이루기 위해서는, 지선의 절대적인 진리를 아는 체하면서 당사자가 좋아하든 말든 인류를 구원하겠다고 나서는 광신자나 몽상가의 손아귀에 정치권력을 맡겨서는 안 된다는 점을 우리는 또한 깊이 인식해야 한다.

비관용이 자발적인 현상으로 홀로 존재하지는 않는다는 점을 두고, 신수사학은 또한 디드로와 그 외 다른 합리주의자 및 휴머니스트들과 견해를 같이한다. 비관용은 언제나, 사람들의 복지에는 관심이 없고 추상적이고 독선적인 원칙과 권력 그 자체에만 더욱 관심을 가지는 비관용적인 정치 시스템의 핵심인 것이다.

통상 교조주의자들과 특히 성직자들은, 상대방의 기를 꺾고 경악하게 만들기 위해서 두려움을 널리 퍼뜨린다. 교조주의자들은 보통 지식과 지성이 둘 다 부족하기 때문에 상대방을 설득하려 하는 대신에 모욕을 준다. 논거가 부족할 때, 그들은 욕설을 퍼붓는 것으로 도피처를 삼는다. 백과전서파들은 그리스 신화에 나오는, 메니푸스Menippus가 주피터Jupiter에게 했던 다음과 같은 대답을 상기시켰다. "당신은 대답 대신에 호통을 치는데, 그렇게 되면 당신이 잘못한 것 아닙니까?"

이것 또한 신수사학이 가지고 있는 확신이다. 논거가 부족한 자들은 욕설을 퍼붓고 호통을 치게 마련이다. 이처럼 신수사학은 대화에 관련해 디드로가 최종적으로 권고했던 다음과 같은 말과 견해를 같이한다. "논거들을 찾아라"(디드로, 같은 책).

위에서 논의한 바 정의와 자유와 관용의 전통은, 궁극적으로 20세기 들어 브랜다이스Brandeis 판사와 미국 법 이론에 의해 주창된 프라이버시에 대한 법적 · 도덕적 · 정치적 개념으로 귀착된다.

현대 문명에 대한 이러한 미국의 기여는, 또한 현대 휴머니즘의 가장 귀중한 자산의 하나가 되었다.

이런 방식으로, 현대 휴머니즘과 신수사학 사이에는 하나 이상의 연결고리가 형성되었다. 이것이야말로 우리가 신수사학을, 휴머니즘을 위한 부가적인 철학적 기초이자, 영속적이고 동시에 늘 새로운 휴머니즘적 사회 가치를 정교화하고 정당화하는 하나의 방법으로 여기고 있는 또 하나의 이유이다.

제11장

철학과 방법론으로서의 신수사학

1. 기본 전제

이제까지 우리는 여러 가지 측면에서 의미심장한 이 책의 제목이 담고 있는 함의를 강조해 왔다. 신수사학은 새로운 세기를 위한 철학이자 방법론이기도 하다. 신수사학의 창시자 페렐만이 적용했던 방법론과 철학적 시스템 사이에는 항상 밀접한 관계와 상호의존성이 존재하고 있다.

우리가 이미 언급한 대로, 페렐만은 공개적이거나 은밀한 비판에 대항해 끊임없는 투쟁을 벌이는 와중에서 자신의 사상을 창조하고 발전시켜야만 했다. 그는 상아탑 속에 안주하는 대신, 행동하고 싸우고 논쟁을 벌여야만 했다. 그는 자신이 진심으로 표현하고자 했던 방식으로 조목조목 논리정연하게 자신의 철학을 다듬을 시간과 여유가 늘 부족했다.

학문적 · 사회적 생활의 요구는 그로 하여금 어떤 주어진 시간과 환경 속에서도 가장 새롭고 중요한 문제들을 제기하게끔 만들었다. 결과적으로 그의 논제 중 어떤 것들은 충분히 기록되지 못하였으나, 오늘날 그가 남긴 것들을 철학적으로 분석함으로써 잘 다듬어질 수 있다.

신수사학의 창시자로서의 페렐만이 더 이상 이 세상에 존재하지 않는다는 사실과 그 이론에 무엇을 덧붙일 수 없다는 사실 때문에, 그의 업적은 지금 완결된 것으로 존재한다고 말할 수 있다. 그러나 우리 자신의 관점에 따라 그의 사상을 제시하려고 해서는 안 되며, 그가 기여한 바의 실체를 있는 그대로 보아야 할 것이다. 그 자신의 지적 발전의 단계들을 열거하는 것은 불필요한 일이다. 올바르고 창조적으로 해석되어야 할 것은 그의 모든 저작들이기 때문이다. 페렐만의 업적을 평가할 경우, 우리는 실증주의적 도덕 이론에 대한 그의 비판이라는 가장 기본적이고도 어려운 문제로부터 출발해야 한다. 우리는, 그가 도덕·정치와 사회적 가치들, 그리고 법 규범을 정당화하는 일이 비합리주의자들에게 맡겨져야 한다는 생각을 거부했음을 잘 알고 있다. 그는 이러한 지적·도덕적 매도賣渡행위야말로 자신이 신수사학이라는 독자적인 이론을 발전시킨 가장 직접적이고도 중요한 동기의 하나라고 명백히 밝힌 바 있다.

그는 도덕과 정치에 관한 실증적이고 실용적인 관점을 거부했을 뿐 아니라, 그러한 개념들을 강조하는 철학적 전제들조차도 거부했다. 그럼에도 불구하고 그는 형이상학에 반대하는 실증주의자들의 캠페인에 끼어들 수가 없었다. 그는 슈리크Moritz Schlick, 비트겐슈타인Ludwig Wittgenstein, 카르납Rudolf Carnap, 러셀Bertrand Russel 등의 실증주의자들과는 견해를 달리했다. 그러나 에이어A. J. Ayer와는 비록 그의 철학 원리들을 거부하긴 했지만 개인적으로 좋은 관계를 맺었다. 에이어 자신은 공식적으로 실증주의를 거부하긴 했지만, 실증주의의 기본 명제들은 묵시적으로 받아들이고 있었다. 실증주의와 페렐만 철학의 차이점은 학문적인 이유로, 이제까지 문헌에서 주어져 왔던 것보다 더 많은 주목을 받을 만하다. 왜냐하면 신합리주의의 기초들이 그 차이점들 속에 함축되어 있기 때문이다.

여기서 우리는, 페렐만이 자신에게 주로 영감을 주었던 것이 아리스토텔레스의 수사학이라고 말한 것을 살펴보는 것이 좋을 것이다. 실제로 그는 아리스토텔레스의 철학, 인식론 그리고 진리에 관련된 사상들로부터 다른 중요한 요소를 전용했다. 아리스토텔레스에 따르면, 진리는 사물과 정신의 조응adaequatio rei et intellectus이 있을 때라야 비로소 명료해진다고 한다. 페렐만은, 베이컨이 말했던 것처럼, 우리의 마음은 우리가 살고 있는 세계가 비쳐지는 거울과 같다는 점을 결코 의심하지 않았다. 또한 페렐만은, 거울의 표면이 고르지 않기 때문에 결국 거기에 비친 것이 왜곡될 수도 있지만, 그러나 어느 정도에 지나지 않는다는 베이컨의 비유를 수긍하고 있다. 즉 그것은 완전한 허위가 아니라 불완전한 것에 지나지 않는다는 것이다. 그럼에도 불구하고 실체는 그대로 존재하며, 거울에 비친 그것의 상像은 인간의 마음에 나타나게 마련이며, 항상 부분적으로는 옳은 것이다. 이런 방식으로 페렐만은 우리가 정말 실제 세계를 다루고 있는 것인지 혹은 다만 주관적인 인상이나 감각적인 지식만을 다루고 있는 것인지에 대한 모든 실증주의적인 의문을 쓸어 붙이고 거부해 버렸다. 칸트 철학에 나타난 초월성에 관한 모든 문제 역시 비실재적인 것으로 거부했다. 세계와 우리의 마음 사이에 건널 수 없는 장벽이란 존재하지 않는다. 물론 그는 우리의 지식을 증대시키는 과정이 매우 복잡하며, 때로 지식이 가진 무시무시한 가능성 때문에 위험하기도 하고 휘청거릴 수도 있다는 견해에 동의한다. 그러나 만약 우리가 실제적인 인간 행동에 있어서의 필요와 요구를 감안한다면, 관념적인 철학자들의 망설임이나 의심들은 극복되어야 한다. 마르크스주의자들과 실용주의자들은 앞에서 언급한 실증주의의 결함을 극복하려고 했으나, 데모크리투스Democritus와 아리스토텔레스에 의해 서구에서 시작된 전통에 따라 자신만의 올바르고 근원적인 해결책을 찾았던 사람은 바로 페렐만이었다.

이 사실은 페렐만 철학의 두 번째 전제를 우리에게 제시해 준다. 이미 여러 차례 강조했지만, 페렐만의 철학은 순수한 추론의 도구로서 혹은 토론의 도구로만 사용하도록 고안된 것이 아니다. 또한 그것은 단순히 잘못된 견해를 논박하기 위한 도구도 아니다. 그것은 이성적이고 합리적인 행동을 북돋우기 위한 하나의 고안물인 것이다. 결과적으로 비트겐슈타인이 《논리철학 논고》에서 말하고 있는 바, 유아론唯我論이 정말 옳을 수도 있으며, 엄격히 적용되기만 한다면, 순수한 리얼리즘과 일치할 수도 있다는 그의 추론은, 신수사학의 정신이나 문맥과는 서로 이질적이다. 이성적이고 실제적인 개인들은 결코 유아론의 유희에 빠질 수 없다.

흄Hume의 추론과 같은 주관적 이상주의로 불리는 모든 철학들, 즉 우리의 주관적인 경험이나 주관적인 감각에 의해 얻은 지식만을 다루는 철학을 페렐만이 거부하고 있다는 점은 뚜렷이 부각되어야 한다. 페렐만은 지적이고 실제적인 목적을 위해 자신의 이론을 심화시켰고, 그에 따라 그는 감각정보를 세계나 사회와 같은 실재하는 사안을 반영하는 하나의 도구로 간주했다. 인가르덴Roman Ingarden이 그의 저서 《세계의 존재 여부에 관한 담론》에서 논의한 문제는 페렐만과는 서로 이질적이다. 페렐만은 세계라는 존재를 의심하지 않았으며, 그에 따라 자연적이고 사회적인 현상을 연구하는 도구로서 그의 이론을 발전시켰다. 이것이 바로 인간의 이성적 행동과 자유를 확장시키기 위한 그의 독특한 전통적이고 혁신적인 방법이었던 것이다.

페렐만의 존재론과 인식론을 분석해 보면 그가 스승이었던 코타르빈스키Kotarbinski 교수에게 바친 논문을 왜 그렇게 중요시했던가를 잘 알 수 있다. 코타르빈스키는 20세기의 합리주의 · 유물론 · 자유주의 그리고 관용적 사고를 대표하는 위대한 폴란드의 철학자였다.

공산 치하의 폴란드에서 통렬히 비판받았던 코타르빈스키의 유물론은 공산주의 유물론이 아니었다. 코타르빈스키와 마찬가지로 페렐만은, 비판적 유물론이라는 최상의 유럽 전통을 계승했는데, 이것은 모든 교조적 추론으로부터, 그리고 소련판 변증법적 유물론의 절대주의적 주장으로부터도 벗어난 것이었다.

페렐만은 이러한 존재론과 인식론적 기초 위에서 자유 · 정의 · 관용 · 평등과 같은 가치에 관한 자신의 철학을 구축했다. 그는 가치들이 합리적으로 정당화될 수 없다는 생각을 거부했는데, 이러한 그의 논리는, 가치들이 역사적으로 발전해 왔다는 사실과 점점 더 많은 보편청중들이 그 가치를 받아들인다는 사실에 근거한다. 그는 정의와 자유에 대한 인식을 고립된 것이거나 완전히 유아론唯我論적인 것이거나 혹은 주관적인 것으로 간주하지 않고, 대신 개인과 사회적 행위의 상호 의존성을 염두에 둔다. 일단 사람들이 의사소통을 하게 되면, 반드시 합의에 이르러야 한다. 청중의 견해는 조만간에 객관적인 것이 될 수 있으며, 또한 그렇게 대접받아야만 한다. 이것이 바로 페렐만의 인식론과 존재론 그리고 사회학을 이어주는 연결고리이다. 신수사학이 단순한 논쟁과 비판을 위한 훈련으로 여겨져서는 안 되며, 새롭고 독창적이고 실증적인 그러나 실증주의적은 아닌 철학 · 인식론 · 존재론 · 사회학으로 여겨져야 하는 이유가 여기에 있다.

이 저서의 주목적 중의 하나는, 수사학적 논증과 흔히 연관되곤 하는 부정적인 이미지를 불식시키고 거부하는 것이다.

신수사학은 기존의 신념들의 근저를 파괴하기 위한, 그리고 폐쇄적인 도그마를 교란하기 위한 도구로 국한되어서는 안 된다. 사실상 신수사학은 기본적으로 새로운 이상과 새로운 삶의 개념을 다듬어 내기 위한 하나의 방법인 것이다. 그것이 지닌 주된 목적은, 비판을 위한 비판을 하는 것이 아니라, 낡고 새로운 문제점들에 관한 새로운 해결책을 찾기 위한 비판을 제공하는 것이다.

그것을 적절히 변용한다면, 법의 해석에 관한 수사학적 이론에 관해서도 동일한 말을 할 수 있을 것이다. 법의 해석은 법 규범에 대한 비판적 분석을 목적으로 할 뿐 아니라, 또한 새로운 사례들에 그것을 적용시킬 수 있는 새로운 가능성과 새로운 해석을 목표로 해야만 한다. 이때 새로운 사례란 입법자들이 과거 아는 바가 없고 예측도 하지 못한 사례도 포함된다. 그러므로 신수사학은, 실제적 목적을 달성하기 위한 도구라고 다시 한 번 강조하는 것이 적절할 것이다.

2. 새로운 사회적 자각

일단 우리가, 신수사학이 인간정신 및 우리의 문명과 문화의 역사적 성취에 기반을 두고 있다는 사실을 받아들인다면, 우리는 다른 어떤 요소보다도 더욱 헤아리기 어렵고 사라지기 쉬운 하나의 요소를 고려해야 한다. 그것은 바로 인간정신의 비판적 능력에 관한 문제로서, 이 능력은 사회적 관점으로부터 모든 형식의 전체주의와 '비열한 전체주의'를 그 근저로부터 파괴한다. 우리는 '파시스트'와 '공산주의적 전체주의'를 구별하곤 한다. 그보다 더 중요한 것은, 전체주의적 이데올로기와 선전이 여러 국가에 대해 끼치는 효과라 할 수 있다.

오늘날 공산국가와 탈공산국가에서 벌어진 1989-1992년에 걸쳐 전개된 사건들의 결과, 우리들은 교육과 문화의 영역에서 공산 혁명(소위 중국의 '문화혁명'과 혼동하지 말 것)이 '구소련문제연구자'와 그 외 다른 공산주의 '전문가'도 예측하지 못한 결과를 낳았다는 사실에 주목하지 않으면 안 되게 되었다. 동유럽의 진보적인 사상가들은 수십 년 동안 역사와 세계문학 그리고 철학의 강제적인 학습을 통해 심대하게 촉진된 심리적 변화를 체득하게 되었다. 공산주의 사상을 주입시키기 위해서는 이러한 학습이 필요했다. 당국은 텍스트를 선별해 학습시키려 했지만, 그 선별된 텍스트도 결국 텍스트인 것이다. 비록 교사의 목적이 한쪽으로 치우쳐서 정부에 유리한 방향으로 학생들을 몰고 가려 해도, 인간 정신사에 관한 지식은 결국 독립적인 사유를 계발하고 자극하게 마련인 것이다. 인간의 지성이 가진 창조적 재능은, 일단 한번 쏟아져 나오면 다시는 주워 담을 수 없는 물과도 같다.

공산주의의 일반적 · 정치적 교육 시스템이 스스로의 '무덤을 파는 사람들'을 준비했다는 우리의 결론에는 분명한 이유가 있는 것이다. 아이러니하게도 무덤 파는 사람들이란, 마르크스와 엥겔스가 자본주의 체제 하에 있는 프롤레타리아를 지칭하곤 했던 용어인 것이다. 민주주의라는 눈사태가 휩쓸고 지나간 모든 탈공산주의 국가에서 우리들은, 자신들의 민주적 목표를 달성하기 위하여 충분히 독립적으로 사유할 수 있고 비판적으로 행동할 수 있는 수천 명의 재능 있고 잘 교육받은 사람들을 발견할 수 있었다.

신수사학은 다음과 같은 사실들을 염두에 두어야 한다. 그 사실이란, 동구와 서구뿐만 아니라 탈식민지 국가에서도 비판적이고 진보적으로 사유할 수 있는 사람들의 숫자가 점점 증가하고 있다는 것이다. 그들은 모든 독재적이고, 메시아적인 그리고 유토피아적인 경향을 거부하는, 수사적 개념의 사회를 위한 토대를 만들어 왔다. 진보를 위한 투쟁과 자유 · 관용 · 복지를 위한 분투를 위해, 세속적이든 종교적이든 간에 지상 혹은 천상의 파라다이스에 대한 믿음이 뚜렷이 흘러넘치게 되었다. 우리가 지금 일상의 기반 위에서 이성적으로 행동하면서 자유, 독립자존, 사회적 · 도덕적 책임이라는 우리의 이상을 의식적으로 구현할 수 있을 정도로, 인류는 이미 스스로의 지식과 경험을 확대시켰다.

수사학적 철학과 방법론은, 과거의 파산한 정치적 · 사회적 시스템과 그것들의 낡은 이데올로기와 철학의 폐허 위에 기반을 두고 있다기보다는, 새로운 사회적 자각과 우리의 선조가 우리를 위해 정화시켜 준 무한한 경험 위에 기반을 두고 있다.

3. 새로운 세기를 위한 해답

최근 발생한 사건들은 서구와 마찬가지로 동구에서도 이데올로기의 위기가 얼마나 심각한가를 다시 한 번 보여 주고 있다. 특히 소련에서 일어난 공산주의 체제의 총체적 붕괴는, 선험적인 계획에 따라 새로운 사회 혹은 새로운 사회적 · 정치적 시스템을 건설하려는 시도들이 얼마나 비이성적인가를 다른 어떤 역사적 사건보다도 훨씬 잘 보여 준다. 세속적이든 종교적이든 간에 지상에 파라다이스를 세우려는 계획은, 우리의 일상생활과 이성이 요구하는 것이나 경험한 것과는 양립할 수 없다.

신수사학은 새로운 세기를 위한 철학이다. 왜냐하면 우리는 인류가 과거 어떤 때보다도 많은 경험을 축적한 시대에 살고 있기 때문이다. 다양한 형태의 정부, 공산주의자와 자본주의자, 복지국가와 통제되지 못한 시장경제체제, 식민주의와 탈식민지주의, 다양한 모습의 민주화와 전체주의 등은 우리로 하여금 진보적이고 이성적으로 행동하는 방법에 필요한 결론을 도출해 낼 수 있게 한다.

20세기에 존재했던 모든 사회적 · 정치적 시스템은 대중에게 몇 가지 이점들을 제공했지만 동시에 또 다른 이점들은 거부해 왔다. 우리는 때때로 헉슬리 Aldous Huxley의, "시간은 멈추어야 한다"는 말을 되풀이하려는 경향을 보일 정도로 많은 경험을 축적하고 있다. 그러나 시간은 멈출 수 없으며, 우리는 새로운 방법을 적용해서 새로운 형식의 사회조직을 개발해야 한다.

신수사학은 이러한 단계에서 우리를 도와줄 수 있는 방법론을 제공한다. 일단 우리가 어떠한 제도나 방법도 완전할 수 없다는 것에 동의한다면, 우리는 새로운 생각과 실험에 개방적이어야 하며, 그것들을 적용하려고 노력해야 한다. 동시에 우리는 우리 주변에서 일어나는 모든 것들을 관찰하고 분석한 다음, 무엇이 유익한가를 결정짓고, 선이라고 생각되는 것을 계속 행하고, 또는 새롭게 얻은 실망감과 경험을 고려해, 다시 시작해야 한다.

새로운 것과 낡은 것의 이러한 지속적인 부침浮沈은 많은 고통을 가져다줄지도 모른다. 사회제도와 삶의 양식을 새롭게 시작할 때마다, 우리는 자신들의 계획을 순조롭게 만들어 줄 수 있는 전문가는 존재하지 않는다는 사실을 깨달아야 한다. 최근의 사례들을 보더라도, 사회주의 경제 시스템이 파멸함에 따라 사유재산과 경쟁에 기초를 둔 새로운 시스템이 구축되어야만 하는 지금, 창조적 상상력이 얼마나 필요한가를 잘 알 수 있다. 시장경제의 원리를 아는 사람들은 다만 서구의 상황에만 익숙해 있을 뿐, 공산주의가 붕괴된 나라에 여러 형태로 남아있는 구제도와의 연관성 및 세부적인 일들은 제대로 알지 못한다.

신수사학은 한 경제체제로부터 다른 경제체제로의 이행과, 그리고 권위주의와 전체주의로부터 새로운 형태의 민주주의로의 전환이 쉽게 이루어질 수 있도록 도와주는 방법론이자 철학이다.

우리는 또한 서구 국가들에서 발생하고 있는 새로운 위기를 목도하고 있다. 이 위기에는 이데올로기, 정치철학, 경제와 정치 등등의 요소들이 복잡하게 얽혀 있다. 지금까지 매우 성공적으로 수행되어 온 경제정책과 정치적 민주주의의 방법들이 현재 노후화되는 징조를 보여 주고 있는 것은 의심할 수 없는 사실이다. 새로운 모순들이 모든 민주주의 국가에서 점점 심화되고 있다. 각각의 이런 나라들과 서구 국가 전체는 새로운 방법을 모색해야 하며, 각 개별 국가에 보다 적합한 새로운 형태들을 발견해야 한다. 보편적인 처방은 있을 수 없으며, 자유시장과 민주국가에 대한 경험만이 보편적이자 특수적일 수 있다. 다원주의야말로 문명화된 사람들의 생활양식인 것이다. 대중이 문명화되면 될수록 개인들의 행동과 발전은 더욱 다양화된다.

이러한 추론은 식민지에서 해방된 국가들에도 마찬가지로 적용된다. 식민지에서 벗어난 신생독립국가들은 단 하나의 공통적인 특징을 지닌다. 즉 그들은 스스로 식민권력의 압제로부터 해방되었으며 또한 그들은 자신의 운명을 스스로 결정지었으나, 새로운 삶을 구축할 방도를 알지 못하고 있다. 식민주의는 다양한 형태를 가졌으며 또한 식민체제는 나라마다 각양각색이었다. 다양한 식민체제 아래에서 각 국가는 자신만의 독자성을 보존해 왔다. 해방을 맞은 이후, 이 신생국가들이 서로 다른 모델을 선택했다는 것은 결코 이상한 일이 아니다.

어떤 국가는 의도적으로 자본주의의 길을 선택해 왔다. 즉 많은 국가들이 자유경쟁과 복지국가라는 서구의 이상으로부터 영향을 받았던 것이다.

반면 상대적으로 크게 낙후된 국가들은 공산주의 체제로부터 영향을 받았다. 식민지를 벗어난 모든 국가의 일부 정치인들은, 문화적 낙후성을 빨리 극복하기 위해서는 공산주의의 경험이야말로 보다 빠른 진보와 보다 많은 가능성을 보장해 준다고 믿기도 했다.

공산주의 체계의 잇따른 붕괴와 서반구에서의 위기는, 신생독립국가들로 하여금 자신의 경험과 방법 및 제도를 재검토하게끔 강요했다.

말할 필요도 없이 수사학적 추론은 그러한 복합적인 과제들을 달성하기 위해 필요불가결한 도구라 할 수 있다. 새로운 생활양식을 다듬기 위해서는 과거와 현재의 사회구조에 의해 축적된 유용한 지식과 경험들을 염두에 두어야 한다고 신수사학은 강조한다. 수사학적 방법은 과거를 부정하기 위해서가 아니라, 현재와 미래의 예측에 유용한 과거의 요소들을 보존하기 위해서 활용되어야 한다.

이러한 추론은, 새로운 인간적인 사회의 건설이, 과거 어느 때보다 비판적이고 동시에 자신들의 신념과 협동에 보다 관용적인 사람들에 의해 수행되어야 한다는 점을 보여 주고 있다.

신수사학은 또한 대중들로 하여금 보다 지적이고 문명화되며 딴 사람의 견해도 존중할 수 있도록 이끌어 주는 하나의 방법이다. 편협한 전문 관료들은 자신들의 전성기를 맞이했으나 계속 실패해 왔다.

전문 관료에 의한 통치에는 반드시 인도적 정신이 수반되어야 한다.

신수사학이 과거의 경험과 새로운 사회적 자각에 근거해서 새로운 세기를 위한 현실적인 해결책을 발견하려는 방법임을 강조할 경우, 그것은 우리가 추구해야 할 목표를 가진 일정한 방향이 있음을 의미한다. 파라다이스를 만들 처방이 우리에겐 없지만, 그러나 모든 새로운 제도와 새로운 계획을 향한 모든 발걸음은, 개인과 사회의 자유를 확대시키고, 관용과 모든 문제에 대한 이성적이고 실제적인 접근을 촉진시키는 방향으로 나아가야 함을 우리는 잘 알고 있다. 이러한 이상들은 순전히 사변思辨에서 나오는 것이 아니며, 또한 선험적이거나 도덕적인 것도 아니다. 그것들은 우리들의 문화와 문명의 발전 추세에 대한 평가에 근거하고 있다.

모든 세대는 정의 · 관용 · 안전 및 자유를 위해서 싸워 왔으며, 이에 따라 우리의 합목적적인 노력을 이끌 수 있는 물질적 · 사회적 · 심리적 힘을 창출해 왔다.

이렇게 해서 마침내 학문적 서클은 완성된다. 신수사학은 하나의 철학이자 방법론이며 새로운 사회적 발전의 추구인 것이다.

역자 후기

페렐만Perelman의 '신수사학'은 나 그리고 당신의 평소 생활에서 만 가지 문제의 핵심이 되는 가치판단의 기준, 가치결정과 행위선택, 그리고 행동의 접목실천에 관한 모든 것을 담지하고 있다. 내가 남과 더불어 가정과 집단과 사회에서 공존할 수 있는 상생의 길, 그것이 오늘날 우리들의 생활철학과 행위양식이 요구하는 이성적인 행위의 목표이다. 오늘의 생활인과 생각하는 사람들은 마넬리Maneli의 이 저서를 읽고 삶의 온기와 생기를 가질 것이다.

역자에게 수사학Rhetoric은 낯선 명칭이었다. 30여 년 전 대학에 다닐 때, 젊은 날의 나에게 수사학이란 말이나 글을 꾸며 보다 그럴듯하게 표현을 다듬는 장식기술로 부정적인 관념의 반갑지 않은 어휘였다. 짧은 직장생활을 체험하고 외국에서 사회학을 공부한 이후 사회학도로 활동하는 최근까지, 필자는 수사학이란 용어가 내포한 교언영색의 어휘적 선입견을 떨치지 못하고 있었다. 그런데 몇 해 전, 젊은 수사학도들과 '레토릭'이란 주제를 함께 학습하며, 페렐만의 《수사제국*The Realm of Rhetoric*》을 접하게 되었고, 이번에 그의 친구 마넬리의 *Perelman's New Rhetoric as Philosophy and Methodology for the Next Century*를 우리말로 옮기면서 필자의 수사학에 대한 생각은 장식용의 부정어에서 개인과 사회에 대한 가치담론의 철학과 방법론의 종합학문으로 바뀌었다.

신수사학은 인간의 심성, 사유, 행위를 학문의 대상으로 하는 인문과학의 종합체계로, 그것은 문학, 어학, 역사, 사회, 심리, 철학, 정치, 경제, 법학 그리고 경영학 등의 모든 인문 및 사회과학의 탐구영역을 함께 아우르는 인간의 인식론이요, 인본주의의 실제적 실천방법을 포괄하는 방법론으로 부각되고 있다. 역자는 심령이 가난한 어설픈 사회학도로서 사회학의 이론과 방법론이 인간의 현상인식과 행위실천의 많은 부분을 해명하지 못한다는 사실에 불안해 하고 있었다. 특히 다양한 명칭의 현대의 사회학 이론들은 사후 합리화로 유형화된 인간의 지표 행위를 어느 정도 논리 합리화하지만, 인식체계의 충분조건으로 작용하는 무의식의 의식 전환을 설득력 있게 설명하지 못하는 것으로 생각하였다. 더구나 자연과학의 과학적 입증방법을 준용하는 사회과학의 논증방법론은 설명요인의 70-80퍼센트의 변화내용을 설명하지 못하는 요인으로 방치하여, 개인과 사회의 실제적 현상과 사실에 관한 설명이 지극히 파편화된 부분적 입증이라는 데 실망하고 있었다.

인간은 주어진 신성으로 이성과 경험의 직관으로 총체적인 인지감각이 있는바, 합리주의 과학관으로 아직 입증하지 못하는 무의식의 인지세계에서의 의식전환을 납득할 수 있는 논리로 제시하고, 개인 및 사회의 사실적 제반 현상을 서로의 앎의 수준으로 의사소통하는 인식론과 방법론을 무척이나 아쉽게 느끼고 있었다. 그런데 그러한 것이 있을까? 세상에 똑똑한 사람들이 얼마나 많은데, 그런 것이 있다면 이미 많이 알려져 있고 우리나라에서도 진지한 학도들이 이름을 빛내고 있겠지 하였다. 필자의 좁은 소견은 과학의 세분화된 특정 학문으로는 그토록 복잡하고 다양한 인간과 사회의 고난도 현상을 우리의 직관과 일치하게 우리를 이해시키고 현상을 해명 설복시킬 수 있는 학문은 있을 수 없다고 속단하고 있었다. 그러나 놀랍게도 그러한 것이 있었다. 완전할 수 없는 인간이 불완전하지만, 그래도 인간의 지성세계에는 낱개의 개별적인 사실들facts이 자연스럽게 결집된 총화로서, 삶의 어떤 현상이나 사건을 진실의 모습으로 현화하는 실체의 본질적 구현양식을 이해할 수 있도록 모든 것을 수렴할 수 있는 인식론과 방법론이 엄연히 존재하여 왔다. 단지 내가 오만한 지성으로 인간사의 진리탐구를 합리적으로 은폐하고 있었을 뿐이었다. 그것은 평범하게도 현대의 지성들이 망각하고 있었던 수사학이었다.

오늘날 우리가 신봉하는 학문의 모체는 그리스-로마시대에 이미 수사학이란 이름으로 인간과 사회에 대한 인식과 행위의 총체적 설명체계로 집대성되었다. 나에게 신화적 전설로 간주되던 소크라테스, 아리스토텔레스, 플라톤, 고르기아스, 키케로, 퀸틸리아누스, 그리고 궤변술의 소피스트들 등, 그들 모두가 인간의 가치질서와 생존양상에 고개를 흔들며 고뇌하고 온몸으로 몸부림치며 시행착오를 하던 수사학도들이었다. 특히 아리스토텔레스는 수사학의 정립자로 실체적인 현실세계의 의미구성을 이론Theoria으로 제시하고 그것을 실제의 생활에서 실천하는 프락시스Praxis의 행위방법론을 주장하였다. 고대의 수사학은 키케로식의 논쟁이나 추론의 기술을 강조하는 위상논리학topique의 대가인 16세기의 라무스Petrus Ramus 이후, 중세의 암흑기에 서서히 시들어 식자의 뇌리에서 잊혀져 갔다. 17세기, 뉴턴의 과학적 인식과 방법론의 신기원, 그리고 명쾌하고 확실한 개념 규정을 지향하는 데카르트의 혁명적인 인식과학의 철학 관점은 죽음으로 스스로의 존재를 마감할 수밖에 없는 인간으로 하여금 삶의 한계적 불완전성을 극복하고, 영원한 구원을 믿는 피안의 신념세계를 추구하는 실천 불가능의 절대적 진리의 몽상을 강요하였다. 근대 학문의 과학 및 철학적 지향은 지극히 인간적인 고대의 수사학을 짜디짜고 질척거리는 끈적끈적한 갯벌에 깊게 매장하고 근대 지성인의 인식구조에서 망각되게 하였다.

아리스토텔레스의 고대 수사학은 페렐만에 의해 신수사학—새로운 논증의 이론으로 재탄생하였다. 과학의 발달로 인한 풍요로운 물질생활 덕분에 행복하여야 할 세계 만민의 생활세계는 소수자의 행복과 다수의 불행으로 귀결되어 개인과 사회에서의 가치이념과 행위갈등이 깊게 배인 상처와 고통으로 힘들어 하고 있다. 특히 20세기 공산주의 국가의 몰락과 사회주의 이념의 쇠퇴, 신생 민족국가의 독자발전과 시행착오, 그리고 자본주의 사회구조의 정체와 한계노정은 개인, 집단, 그리고 국가 간의 현실상에 대한 가치인식과 행위선택의 준거를 상실하게 할 만큼 통제 불능인 공황의 여건을 조성하고 있다. 다양하고 복합적인 오늘의 현실에서 현대인은 인식가치의 준거를 어느 곳에 두어야 하는가? 그들은 누구를 위하여 가치판단을 하고 어떠한 행동으로 일상생활을 영위해야 하는가? 실제의 삶의 현장에서 가치의 준거설정과 행위의 실천문제는 학문적인 담론에만 존재하는 강 건너의 불꽃이 아니라, 일상의 생활에서 매순간 만나는 너와 나의 사실적인 현실과제로 드러나고 있다.

페렐만의 신수사학은 집단이나 국가의 인식철학과 정책실행의 논거를 논의할 뿐만 아니라, 사회 구성의 기본단위인 개인의 상황인식과 행위선택의 가치논거를 설정하고, 자신의 선택가치를 삶의 현실에서 실천하는 인간 공존의 생존양식을 천명해 주고 있다. 페렐만의 인본주의는 인간을 신과 동격으로 간주하여 인간의 개인적 실체는 그 나름의 생존여건에서 진실된 삶을 이어가는 실체적 존재로서의 정당한 근거를 지닌다고 주장한다. 그러므로 나의 가치기준으로 남의 존재를 부인하는 합리적 논거는 독선으로, 사실적 존재여건이 다른 그가 비록 남으로 나와 다른 가치를 가지고 나에게 적대적 행위를 한다고 하여도 그의 생명과 존재성을 해치는 것은 합리적인 이성적 행위로 간주할 수 없다. 실체적 존재가 다른 나와 남이 다른 생각과 행위를 한다고 하여도, 우리는 각자 나름대로의 실체적 사실을 생각과 행동으로 실천할 수밖에 없는 주어진 조건에서의 참의 존재이기 때문에, 한계적인 삶을 지속하기 위해서는 공존이 가능한 상생의 길로 상호간의 공생이 가능하게 하는 대화에 의한 이성적인 합의를 끊임없이 지속적으로 모색하는 길만이 최선이라는 것이다. 상황과 여건이 변하면 오늘의 적이 내일의 친구이며, 오늘의 친구도 내일의 원수로 변하는 것이 인간 세상의 이치이다. 세월과 공간의 역사적 순환에 따른 가치기준과 행위선택의 역사변증의 현실에서 우리는 허망한 절대가치를 전제하는 형식논리의 합리주의를 추구하는 대신, 부족하나마 인간적인 한계 내에서 서로의 경험과 이성을 총체적인 최대 공약수로 도출하여, 공존의 가치와 생존의 방법을 공동으로 모색하고 실천해 나가는 것만이 현실적인 최선의 길이라는 수사학적 논증을 새롭게 수용할 필요가 있을 것이다.

신수사학의 관점은 과학적 합리성을 전적으로 신뢰하지 않는다. 개인과 집단의 생존은 현대의 소피스트 주장이라 할 수 있는 절대적 합리성의 가치가 담보하는 것이 아니라, 너와 나의 공존의 실체 성을 수용하는 이성적인 가치합의에 의해서 상호 보장될 수 있다는 논리를 구성한다. 실체적 존재가 다른 다양한 개인들의 공존구조는 상호간의 상황 및 환경조건에서의 실체적 지식과 정보의 교환 즉, 말과 글, 그리고 몸짓의 대화를 통한 의사소통으로 사실적 본질에 대한 변증법적 인식전환을 이룰 수 있으며, 우리가 서로 간에 현상의 본질에 대한 실체인식을 독립적으로 공유하고 상호 인정할 때, 인간의 비합리적인 만행과 독선적 행위, 그리고 합리성 빙자의 생명파괴행위가 예방될 수 있다. 이러한 방식으로 신수사학의 관점은 개인과 사회세계의 다원주의 공존철학을 내세운다. 수사학에서 인간의 실체와 인본주의 인식가치에 따른 행위의 실천방법은 공유가치 및 행위실천의 이성적 합의가 성사될 때까지 끊임없는 인식전환을 요구하는 온갖 수단의 대화를 통한 변증법의 생활실천이다. 논리적 연역의 절대가치의 사실적 구현은 인간의 실존에서는 불가능하다. 나와 남의 한계적 실존성의 인식은 상호대화에 따르는 자연적인 이치적 귀결물로서 상대의 독립적 실존에 관한 당위성의 이해이다. 상호간의 사실적 실체에 대한 본질적 인정수준이 우리가 설정할 수 있는 개인과 사회의 도덕수준이고 현실의 생존수준이라 할 수 있을 것이다.

페렐만의 신수사학에 대한 마넬리의 해석과 설명은 개인이 일상으로 접하는 오늘의 생활양식이 만들어 내는 수많은 인간갈등과 시행착오의 행동을 쉽게 해결할 수 있는 용기와 믿음을 선물한다. 이 책은 내가 얼마나 허구적인 삶을 살아왔는가를 깨닫게 한다. 지금까지 우리가 합리성의 명분 아래 추종하려고 했던 절대적 완결성의 합리적 관념이 유한한 생존의 실체 앞에서는 얼마나 공허한 것인가를 잘 보여 준다. 가치와 도덕, 합리적인 것과 이성적인 것, 본질과 외양, 경제생활과 정치적 행위결정의 중요성, 법실증주의와 정의의 실현, 그리고 대화의 변증법에 의한 절대적 독선과 허위의식의 폐기와 의식의 전환, 진리에의 각성과 선행의 실천 등등, 우리의 현실생활에 긴요한 가치설정과 행동의 실천적 지침들을 이 책은 듬뿍 담고 있다. 더구나 신수사학의 생활철학과 일상의 대화에 의한 생활양식은 미천한 나 개인의 삶이 얼마나 진솔하고 아름다운 의미를 형성하는가를 터득하게 한다. 왜소하고 못난 내 존재의 실체적 삶이 그렇게 귀중한 실존의 의미임을 스스로 알게 하고, 나를 거듭나게 하는 그 놀라운 능력이 절대적 가치를 신봉하는 허위존재인 그들에게 있는 것이 아니라 실존의 나 자신에게 있음을 알게 하는 기적의 깨달음도 가능하다. 읽고 생각할수록 진국의 별미를 더해 주는 페렐만의 혜안과 마넬리의 해설은 엄청난 학문의 중압감에 짓눌려 쪼그라든 나와 당신의 가슴에 내가 그릇된 길을 가고 있지 않구나 하는 안도와 평화의 가슴을 열어 줄 것이다.

어찌 보면 어떻게 살든 한 인간의 인생은 그 나름대로의 아름다운 삶이다. 역사에서 현실에서 살아가는 사람, 오늘의 삶의 현실에서 떠나가는 사람들 그리고 이미 사라진 사람들, 그들의 실체적인 삶의 양식들이 어떠한 것이든, 그들의 본질적인 삶의 실상이 잘못된 것이라고 과학적으로 규정할 수 있는 철학적인 논거는 없다. 절대적 가치를 전제로 하는 너와 나의 독선적 가치합의는 너와 나의 가치와 행위에 반하는 남의 삶에 대하여 잘못이라고 손가락질하는 우를 범하게 할 수 있다. 잘못된 실체적 본질인식에 따르는 뜻있는 자들의 절대적 가치기준의 담합, 그것이 우리가 사랑하는 사람의 생명을 앗아갈 수도 있다. 오늘의 생활세계에 만연되어 있는 합리적 논리의 가치담합이 우리의 실존 생활을 슬프게 한다. 독립된 개체적 존재에 대한 인간의 존중과 죽음을 극복할 수 없는 개인의 무력한 실체를 이해하고 감싸주는 인간의 학문이 그립다. 죽음을 극복하겠다는 영웅주의 학문은 오늘의 사실적인 생활에서는 더 이상 어울리지 않는다.

끝으로, 이렇게 좋은 책을 옮길 수 있는 기회를 베풀어 준 고려대학교출판부에 정말 고맙다는 말씀드린다. 아울러 이 책이 나올 수 있도록 마음 써 주신 모든 분들에게 감사의 마음을 전한다.

손장권

찾아보기

수사학총서 · 10

페렐만의 신수사학

초판 발행 2006년 3월 30일
초판 1쇄 2006년 3월 30일

지은이 미에치슬라브 마넬리
옮긴이 손장권 · 김상희

펴낸곳 고려대학교출판부
www.kupress.com
kupress@korea.ac.kr
136-701 서울특별시 성북구 안암동
02-3290-4230~2
Fax 923-6311

찍은곳 이환기획인쇄

ISBN 89-7641-578-7 04800
ISBN 89-7641-428-4 (세트)

값 12,000원
* 잘못 만들어진 책은 바꿔드립니다.